NOSTRADAMUS
NEUE PROPHEZEIUNGEN BIS 2025

Jean-Charles de Fontbrune

Nostradamus

Neue Vorhersagen bis 2025

Aus dem Französischen von
Marie-Therese Hartogs
und
Ursula Rahn-Huber

Hestia

Die Originalausgabe erschien 1995 unter dem Titel
Nostradamus. Nouvelles prophéties 1995 – 2025
bei Éditions Ramsay, Paris

Hestia ist ein Imprint der
VPM Verlagsunion Pabel Moewig KG, Rastatt
© Éditions Ramsay, Paris
© der deutschen Übersetzung 1996 by
VPM Verlagsunion Pabel Moewig KG, Rastatt
Titelbild: AKG, Berlin
Druck und Bindung: Graphischer Großbetrieb Pößneck
Printed in Germany 1996
ISBN 3-8118-1893-7

*Nicole für ihre wertvolle Hilfe
und dem Astrologen Henri Lagardère
für seine kompetente Unterstützung gewidmet.*

PRÄAMBEL

Hole dein Werk zwanzigmal hervor,
Feile immer wieder daran – ohne Unterlaß,
Ergänze es manchmal, öfter aber streiche etwas.

BOILEAU, *L'Art poétique*

Die Menschheit stöhnt halb erdrückt unter dem Gewicht des Fortschritts, den sie gemacht hat, ohne sich ausreichend bewußt zu sein, daß ihre Zukunft von ihr abhängt.

HENRI BERGSON, *Die beiden Quellen der Moral und der Religion*

Das vorliegende Werk soll in erster Linie informieren und warnen. Der Mensch befindet sich an einem entscheidenden Wendepunkt in seiner Geschichte. Angesichts der von ihm heraufbeschworenen Verheerungen des zwanzigsten Jahrhunderts (zwei Weltkriege, Völkermorde, Terrorismus, ökologische Katastrophen wie das Waldsterben, der Treibhauseffekt, Tschernobyl, der Aralsee und so weiter) ist es unerläßlich, ihn für die Wahnsinnstaten zu sensibilisieren, denen er sich – wenn er so weitermacht – zu verschreiben droht und die von Nostradamus vorhergesagt wurden. Es liegt an ihm, Nostradamus Lügen zu strafen. Es bieten sich ihm heute zwei Alternativen: Entweder nimmt er vor 1998 sein Schicksal in die Hand, um für weltweiten Frieden und eine geistige Erneuerung zu sorgen, oder er verbleibt im Teufelskreis seines zerstörerischen Materialismus gefangen. In letzterem Fall aber trägt er das Seine zur Verwirklichung der Prophezeiungen des Nostradamus und der Offenbarung des Johannes bei ...

»Wissenschaft ohne Gewissen ist nichts anderes als der Ruin der Seele« (François Rabelais).

Seit 1980 sind eine Reihe der von Nostradamus vorausgesagten Ereignisse eingetreten, und so ist es an der Zeit, heute – gut eineinhalb Jahrzehnte später – Bilanz zu ziehen. Dabei gilt es auch, Fehler zu korrigieren. Der Ablauf der Geschichte hat eine genauere Bewertung und Zuordnung der von Nostradamus bereits im sechzehnten Jahrhundert prophezeiten Ereignisse möglich gemacht. Dies gilt beispielsweise für den Zusammenbruch des Kommunismus in Osteuropa mit Ausnahme von Albanien und dem früheren Jugoslawien (sieben von neun Ländern, so hat er gesagt).

Der apokalyptische Charakter der Prophezeiungen des Nostradamus zählt zu den häufigsten Kritikpunkten. Die Analyse der sich auf vergangene Ereignisse beziehenden Vierzeiler ergibt sehr oft, daß das katastrophale Ausmaß dieses oder jenes historischen Ereignisses stark übertrieben war. Doch dies läßt sich nicht in allen Fällen behaupten. Beispielsweise übertreibt Nostradamus im Zusammenhang mit der Judenverfolgung keineswegs, wenn er schreibt *(IX, 17 – Nostradamus, Historiker und Prophet):* »Der Erste des [Dritten Reichs] wird noch Schlimmeres tun als Nero. Er wird ebenso tapfer sein, wenn es darum geht, Menschenblut zu vergießen wie es zu verbreiten.«

Es lohnt sich jedoch, sich einmal Gedanken über die Gründe bestimmter Übertreibungen zu machen. Da das Hauptziel der Prophezeiungen darin bestand, den todbringenden Wahnsinn der Menschheit zu verdammen, erschien es Nostradamus wohl aus einer moralischen Zielsetzung heraus gerechtfertigt, zum Mittel der Karikatur zu greifen, um den Menschen, wenn schon nicht zur Veränderung, so doch zumindest zum Überdenken seines Handelns zu bewegen. Da aber Nostradamus für die Endzeit seiner »Botschaft« (1955–2025) weitaus beängstigendere Ereignisse vorhersagt als für die Periode davor, ist andererseits anzunehmen, daß er hier bewußt übertrieben hat, um Angst zu verbreiten und auf diese Weise einem Prozeß Einhalt zu gebieten, der die Menschheit an den Rand eines Abgrundes zu führen droht. Damit hätte dieser im sechzehnten Jahrhundert verfaßte Text die geradezu unglaubliche »Mission«, eine Menschheit zu retten, die einem Selbstzerstörungswahn anheimgefallen ist.

Bei der Entschlüsselung eines derart komprimierten prophetischen Textes, wie es die Vierzeiler von Nostradamus sind, stellen sich einem vor allem zwei Hindernisse in den Weg. Da ist zum einen unsere Phantasie, »jene Herrin der Fehler und Falschheit, überdies so trügerisch, weil sie es nicht immer ist«, wie es Pascal so trefflich formulierte. Sie ist es, die uns zu aus der Luft gegriffenen oder subjektiven Deutungen anhand von korrekten Interpretationen oder, schlimmer noch, zu widersinnigen Auslegungen, ausgehend von fehlerhaften Übertragungen, gelangen läßt. Aus diesem Grunde haben viele Versuche, die Prophezeiungen des Nostradamus zu entschlüsseln und zu deuten, der These Vorschub geleistet, daß es sich hierbei um nichts weiter als Unsinn handele, aus dem man nach Belieben alles herauslesen könne. Es wäre jedoch sicherlich unklug, diese Schriften als sinnlos zu verwerfen, nur weil irgend jemand irgendwann einmal alles Mögliche oder Unmögliche in sie hineininterpretiert hat. In der Tat handelt es sich hier aber um eines jener Argumente, das die Kritiker im Zusammenhang mit den Centurien am häufigsten anführen. Viele Exegeten haben Nostradamus als eine Art Fundgrube betrachtet und die Texte vergewaltigt, um aus ihnen das herauszulesen, was sie erfahren wollten oder was in ihr philosophisches, politisches oder religiöses Weltbild hineinpaßte. Die Parapsychologen und anderen Okkultisten beziehungsweise Esoteriker haben in dieser Hinsicht sicherlich den Vogel abgeschossen. Sie haben es nicht verstanden, jenen Vierzeiler zu beherzigen, den Nostradamus einem Leuchtfeuer gleich seinen Centurien zur Orientierung für seine Interpreten vorangestellt hat und in dem er sich ausdrücklich zu diesem Punkt äußert:

I, 1
Assis de nuit, secret estude
Seul reposé sur la selle d'airain,
Flamme exigue sortant de solitude
Fait prosperer qui n'est à croire vain.

Während ich dasitze, nachts, auf einem bronzenen Stuhl, und allein an einem *abgeschiedenen* Ort studiere, dringt eine Flamme aus der *Einsamkeit* und bringt Dinge (Vorhersagen) hervor, die man nicht für eitel halten soll.

Es ist absolut untypisch für den Propheten, etwas mehrmals zu wiederholen. Wenn Nostradamus es hier für notwendig erachtet hat, zweimal innerhalb eines Vierzeilers auf diesen einen Punkt hinzuweisen, so liegt dies sicherlich daran, daß für ihn zweifelsfrei feststand, daß man ihm bestimmte Etiketten aufzudrücken versuchen oder ihn dieser oder jener Gruppierung, Glaubensgemeinschaft oder Kirche zuordnen würde.

Exegeten jenseits der französischen Landesgrenzen wollten in den Vierzeilern die Geschichte ihres eigenen Landes wiederfinden und vergaßen dabei, daß sich diese im wesentlichen auf die Geschichte Frankreichs beziehen. Angelsächsische Autoren und allen voran die Amerikaner haben sich mit ihren Versuchen, den Text mit ihrer Geschichte in Einklang zu bringen, in großen Werken verewigt. So findet man in vielen Büchern Hinweise auf die Ermordung von John F. Kennedy, die Zerstörung von New York und so weiter. Wie ist es möglich, daß solche Autoren, deren intellektuelle Redlichkeit außer Frage steht, jenen anderen wichtigen Hinweis übersehen konnten, den Nostradamus in seinem Brief an Heinrich, König von Frankreich[1], gibt: »Ich habe also meine nächtlichen und prophetischen Berechnungen, die dank eines natürlichen Instinktes eine poetische Ausdrucksform nach den Regeln der Dichtkunst gefunden haben, dem Höchsten gewidmet und dabei die meisten dieser Berechnungen anhand von astronomischen Methoden in Beziehung gesetzt zu den Jahren, den Monaten, den Wochen, den Regionen, den Ländern und den meisten der Orte und Städte in ganz Europa einschließlich Afrikas und eines Teils von Asien, in denen es zu Grenzverschiebungen kommen wird ...«? Es ist doch demzufolge völlig sinnlos, in den Centurien nach Ereignissen zu suchen, die sich direkt auf die Geschichte des amerikanischen Kontinents beziehen; und in gewisser Hinsicht ist dies auch ganz gut so!

Die angelsächsischen Autoren haben den Ausdruck »la grande cité«, also die große Stadt, so für sich in Anspruch genommen, daß sie nun die Zerstörung von New York verkünden! Dabei stehen doch diese beiden Wörter, die in den Prophezeiungen insgesamt elfmal ohne nähere geographische Angaben vorkommen, immer für Paris und beziehen sich auf Ereignisse, die in direktem Zusammenhang mit der französischen Hauptstadt stehen, wie beispielsweise das Massaker von Saint–Barthélemy[2]. Das,

---

1 Heinrich, König von Frankreich: Nostradamus richtet seinen Brief an »Henry, roy de France second.« Es ist umstritten, ob es sich dabei um Heinrich II. handelt, wie es in vielen nach 1611 erschienen Ausgaben heißt. »Second« steht nämlich in den ursprünglichen Texten nicht nach »Henry«, sondern nach »Roy de France« und bezieht sich folglich auf letzteren Begriff. Man muß demnach seine Bedeutung im lateinischen Wort »secundus« suchen, also »günstig, zum Guten wenden.« Der Brief wäre somit nicht an Heinrich II. gerichtet, da dieser König nur äußerst kurz regierte und am 11. Juli 1559 ziemlich unrühmlich in einem Turnier ums Leben kam, sondern an einen König von Frankreich, der an einem besonders kritischen Punkt der Geschichte dieses Landes auftreten müßte.

2 Massaker von Saint-Barthélemy: In Paris in der Nacht vom 23. zum 24. August 1572 (Bartholomäus-Nacht) an Protestanten verübtes Massaker, bei dem über dreitausend Menschen starben.

was bereits eingetreten ist – die Vergangenheit also – dient dazu, die Zukunft greifbar zu machen und die Bedeutung einzelner von Nostradamus gebrauchter Wörter oder Wortgruppen besser zu verstehen. Weil wir uns dem Ende der Prophezeiungen (2026) nähern, kommt es uns sehr gelegen, daß wir die sich mit der Zukunft befassenden Vierzeiler mittlerweile über ein oder zwei Jahrhunderte hinweg im Lichte bereits eingetretener Entwicklungen betrachten können; schließlich liegt eine Zeitspanne von nur noch dreißig Jahre vor uns. Dennoch macht die Fülle der Angaben über das Ende der europäischen Zivilisation die Einordnung keinesfalls einfach.

Der zweite Unsicherheitsfaktor bei der Analyse dieser Texte ist der völlig irrationale Aspekt der Geschichte. So erscheint ein Ereignis, dessen Eintreffen für in zehn Jahren vorausgesagt wird, aus heutiger Sicht absurd und unmöglich, während dasselbe Ereignis, wenn es zehn Jahre später in die Geschichte eingeht, auf der Hand zu liegen scheint. Betrachten wir hierzu einmal folgendes Beispiel: Stellen wir uns vor, ein außergewöhnlich begabter Seher hätte 1938 folgende Prophezeiung verkündet: »In zwei Jahren, 1940, wird die Dritte Republik zusammenbrechen. Ein alter General wird die Macht ergreifen. Er wird die drei bislang als unantastbar geltenden Worte Freiheit, Gleichheit, Brüderlichkeit[1] in die Schublade verbannen und durch Arbeit, Familie, Vaterland ersetzen.« Man hätte diesen Seher zweifellos für verrückt erklärt und womöglich in eine geschlossene Anstalt eingewiesen. Dennoch aber ist wider alle Logik eben dies geschehen. Man muß also zu dem Schluß gelangen, daß unser Verstand ein ungeeignetes Mittel ist, Einblick in die Zukunft der Menschheit zu erlangen. Wäre dem nicht so, bräuchten wir keine Propheten mehr, und der Ablauf der Geschichte wäre programmiert!

Mir ist es so ergangen, als ich 1975 bei einem Vortrag in der Kongreßhalle von Aix-en-Provence drei Jahre vor dem tatsächlichen Ereignis den Sturz des Schahs von Persien voraussagte. Meinem Publikum erschien diese Aussage völlig absurd. Dennoch gab es einen Vierzeiler, der eben jene historische Umwälzung beschrieb:

---

[1] Liberté, égalité, fraternité: die drei Leitbegriffe der französischen Revolution.

I,70
Pluye, faim, guerre en Perse non cessée
La foy trop grande trahira le monarque
Par la finie en Gaule commencée
Secret augure pourà un estre parqué.

Revolution (das Wort »pluye«, also Regen, steht ebenso wie Überschwemmung für Aufruhr und Störungen), Hunger und Krieg werden in Persien kein Ende nehmen. Der religiöse Fanatismus (Synonym für »foy trop grande«, also einen allzu großen Glauben) wird den Schah (persisch für »monarque«, also Monarch) verraten, dessen Ende in Frankreich beginnen wird. Die letzte Zeile dieses Textes ist beispielhaft dafür, welche Fallen Nostradamus für die Interpreten aufgestellt hat. Ihre offensichtliche Unverständlichkeit ist darauf zurückzuführen, daß der Prophet sich hier im Französischen unter Zuhilfenahme einer lateinischen Konstruktion ausdrückt, bei der das Verb am Satzende und die Ortsbestimmung (»secret« vom lateinischen *secretum*, was so viel bedeutet wie geheimer Ort) am Satzanfang erscheint. Mithin lautet die Übersetzung: Wegen eines Propheten (lat. *augur*), der sich an einen versteckten Ort zurückgezogen hat. Heute wissen wir, daß es sich dabei um Ayatollah Khomeini handelte, jenen im Exil lebenden schiitischen Propheten, der sich in Neauphle-le-Chateau verborgen hielt.

Während der sich an den Vortrag anschließenden Diskussion wurde anhand der bissigen Kommentare mehrerer Kritiker deutlich, daß sie sich ernsthafte Sorgen um die geistige Gesundheit des Redners machten. Im Jahre 1975 den Sturz des Schah vorauszusagen, war aus der logischen Sicht des Augenblicks heraus irrational. Die Haupteinwände, die gegen ein solches Ereignis sprachen, waren allenthalben in der Presse nachzulesen: Die Schutzmacht am Golf verfügte über die drittgrößte Armee der Welt. Die Amerikaner würden den Schah niemals fallenlassen ... So oder so ähnlich lauteten die rationalen Argumente, die der Prophezeiung entgegenstanden. Drei Jahre später, im August 1978, wurde das Feuer in Teheran entfacht. Fünf Monate später ging der Schah mit seiner Familie nach Kairo ins Exil und löste damit eine Destabilisierung im Mittleren Osten aus, deren Folgen heute noch zu spüren sind. Der Westen entschloß sich dazu, einem anderen Land des Mittleren Ostens zur Seite zu stehen: dem Irak. Niemand außer dem Propheten konnte voraussehen, daß sich eben dieses Land einmal gegen jene wenden sollte, die es so großzügig bewaffnet hatten!

Um die in die Zukunft schauenden Vierzeiler begreifen zu können, muß man die Logik bis zu einem gewissen Maß beiseite lassen und dem Grundsatz Glauben schenken, daß ein Ereignis, das zu einem gegebenen Zeitpunkt unrealistisch erscheint, später doch eintreffen wird. Die Analyse der Schriften des Nostradamus und seine Vision der Geschichte lehren uns, daß alles, was uns heute weiß erscheint, morgen schwarz sein kann und umgekehrt. Hat nicht Alfred Sauvy in seinem Buch *Croissance Zéro* geschrieben: »Die Geschichte der Menschheit hat sich nie auf rationelle Weise abgespielt«; und an anderer Stelle fügt er hinzu: »Die Zukunft ist deshalb so schwer zu erfassen, weil die zugrundeliegenden Schemata erst neu erfunden werden müssen.« Diese Feststellung erklärt großenteils den Entrüstungssturm, den *Nostradamus, Historiker und Prophet* im Laufe des Jahres 1981 entfesselt hat. 1980 den Fall der Berliner Mauer zu verkünden, wo Gorbatschow mit seiner Perestroika doch erst 1985 auf den Plan getreten ist, muß schon sehr überraschend geklungen haben; denn noch fünfzehn Tage vor dem Eintreffen dieses folgenschweren Ereignisses hatte kein einziger Politologe so etwas kommen sehen. Dieses Versäumnis war damals in den Medien kommentiert worden. Eine solche Voraussage stellte ja auch die in Jalta vollzogene Aufteilung der Welt in Frage – einen Status quo also, der in Europa unantastbar erschien. Hier der Vierzeiler, der den Fall der Mauer zehn Jahre zuvor vorhersehen ließ:

> V, 81
> L'oiseau royal sur la cité solaire
> Sept mois devant fera nocturne augure:
> Mur d'Orient cherra tonnerre esclaire,
> Sept jours aux portes des ennemis à l'heure.

Der königliche Vogel (der amerikanische Adler) wird sich mit der Stadt der Sonne (Heliopolis, die Hauptstadt des alten Ägypten, deren Namen ethymologisch gesehen »Stadt der Sonne« lautet) verbünden. Bei der Koalition gegen den Irak spielten die USA und Ägypten eine führende Rolle; sie entsandten die größten Kontingente an Soldaten in jene Region. Sieben Monate vor dieser Allianz wird es ein nächtliches Vorzeichen geben: Die »Mauer des Orients oder Ostens« (»mur d'Orient«) wird unter Blitz und lautem Getöse zusammenbrechen. Jeder wird sich an das große Fest erinnern, das am 31. Dezember 1989 am Brandenburger Tor unter dem Gedonner eines Feuerwerks begangen wurde, um den Fall der Mauer zu feiern. Sieben Monate später, im August 1990, werden die Feinde in sieben Tagen die Tore der Stadt (Kuweit City) in ihre Gewalt bringen. Und tatsächlich marschierten die irakischen Truppen in der Nacht vom 1. auf den 2. August in Kuweit ein, und sieben Tage darauf, am 8. August, wurde Kuweit von Bagdad annektiert.

Soweit also der Text, wonach man bereits 1980 den Fall der Berliner Mauer vorhersehen konnte. Seither ist in bezug auf diese »Mauer des Orients« vor allem ein Einwand laut geworden: Warum sollte es sich hier nicht um die große Chinesische Mauer handeln? Der Grund ist ganz einfach: Nostradamus' Interesse galt vor allem der Geschichte Europas. Das Schlüsselwort in diesem Vierzeiler ist ganz offensichtlich die »Mauer des Orients«. Zudem ist ein Fall der Chinesischen Mauer angesichts ihrer enormen Länge nur schwer vorstellbar. Und schließlich war im sechzehnten Jahrhundert das Wort Orient der gängige Begriff für das moderne Wort Osten.

Nostradamus hat das Auftreten Saddam Husseins und seinen Aufstieg zur Macht vorhergesehen. Er hat sogar den Wochentag des Überfalls auf Kuweit genannt und einen Teil des Namens der von den Westmächten gegen den Irak eingeleiteten Operation »Wüstensturm« gewußt:

> I, 50
> De l'aquatique triplicité naistra,
> D'un qui fera le jeudy pour sa feste,
> Son bruit, loz, regne sa puissance croistra,
> Par terre & mer aux Oriens tempeste.

Das Wort »triplicité«, also Triplizität, bezeichnet etwas Dreifaches und »loz« oder »los« ist das altfranzösische Wort für Lob, Ehre bzw. Ruhm.

Eine Person (Saddam Hussein) wird zwischen drei Wassern (dem Tigris, Euphrat und Persischen Golf) geboren werden, und einen Donnerstag wird er für seine Feier (die Invasion in Kuweit und die Wiederinbesitznahme dessen, was er als die neunzehnte irakische Provinz betrachtet) wählen. Der Lärm um ihn, sein Ruhm und seine Macht, werden wachsen. Schließlich wird es im (Mittleren) Osten einen (Wüsten-)Sturm geben – zu Lande und zu Wasser.

Saddam Hussein wurde in Tikrit geboren, einer kleinen irakischen Stadt am linken Ufer des Tigris zwischen Euphrat und dem Golf. Die irakische Armee marschierte am Donnerstag, dem 2. August 1990, in Kuweit ein. In Kapitel III finden sich die weiteren Vierzeiler zum Thema Irak und zukünftigen Ereignissen.

Als im Jahre 1980 durch die Presse ging, Erzbischof Lefebvre würde eine Spaltung der Kirche heraufbeschwören, hatten die katholischen Würdenträger allen Grund, verunsichert zu sein, da so etwas doch seit 1533 nicht mehr vorgekommen war; damals war Heinrich VIII. von England exkommuniziert worden, und infolgedessen war ein Schisma entstanden.

V, 46
Par chapeaux rouges querelles et nouveaux schismes,
Quand on aura élu le Sabinois:
On produira contre lui grands sophismes,
Et sera Rome lésée par Albanois.

Nach der Wahl des Ausländers (im alten Rom wurde der Begriff »Sabinois«, also Sabiner, als Synonym für Fremder oder Ausländer verwendet), das heißt des polnischen Papstes, wird es wegen der Bischöfe Streitigkeiten und neue Schismen geben. Man wird große Scheinbeweise gegen ihn und damit den Traditionalismus vorbringen, und die römische Kirche wird durch die Leute von Albano Schaden erleiden. Und in der Tat kam es infolge der Ernennung von Bischöfen durch Monsignore Lefebvre zu dessen Exkommunikation und einer Spaltung in der Kirche. Erinnern wir uns in diesem Zusammenhang daran, daß die Bewegung des Monsignore von zwei wichtigen Stützpunkten ausging: dem Seminar von Econe unweit des Genfer Sees und dem Seminar von Albano südlich von Rom in unmittelbarer Nähe Sabiniens – eine Falle also für jene Exegeten, die das französische Wort »Albanois« mit Albanien in Zusammenhang brachten.

Und was sollte man mit der beunruhigenden Ankündigung anfangen, der Irak werde sich gegen den Westen erheben, wo dieses Land doch im Jahre 1980 als der Stabilitätsfaktor im Mittleren Osten galt und die westlichen Nationen, allen voran Frankreich, es aufgrund dieser vernunftbegründeten Einschätzung mit Waffen der modernsten Art versorgten!

Es liegt auf der Hand, daß die Schriften des Nostradamus all jenen ein Dorn im Auge waren, die man gemeinhin als die Mächtigen bezeichnet. Nostradamus ist nicht der erste Prophet, der von der Obrigkeit geächtet wurde, da doch schon Kassandra, die schöne Tochter des Priamos, von ihrem eigenen Vater in die Verbannung geschickt wurde, als sie den Untergang Trojas verkündete, wenn das Pferd der Griechen in die Stadt käme. Auch Jeremia wurde von Sedekias, dem König von Juda, in den Kerker geworfen, als er den Untergang Jerusalems ankündigte. Das hinderte Nebukadnezar II. jedoch keineswegs daran, den Tempel im Jahre 586 zu zerstören, Sedekias zu ergreifen und ihn blenden zu lassen, so daß er in Babylonien ein jämmerliches Ende fand, und das Königreich von Juda mit ihm.

Es überrascht zu sehen, wie sich die bedeutenden Würdenträger der katholischen Kirche im zwanzigsten Jahrhundert gegen Nostradamus stellen und ihn angreifen, da er doch im sechzehnten Jahrhundert, als die Inquisition in vollem Gange war, unter dem Schutz derselben Kirche stand und diese nichts gegen seine Beisetzung in der Klosterkirche der Minoriten in Salon-de-Provence einzuwenden hatte. Wie könnte man sich auch nur eine Sekunde lang vorstellen, daß ausgerechnet in jener Zeit der Hexenverfolgungen jemand in einer Kirche beigesetzt worden wäre, der im Verdacht der Ketzerei stand?

Propheten und Prophezeiungen sind gleichermaßen störend für den Rationalismus, dem die Franzosen seit Descartes so ergeben sind. Ich möchte an dieser Stelle eine kleine Anekdote erzählen, die ich selbst Ende Januar 1986 in Puy-Saint-Vincent in den französischen Seealpen erlebt habe. Der Journalist Jean-Yves Casgha hatte gemeinsam mit Jacques Pradel ein Kolloquium zum Thema Grenzwissenschaften organisiert, an dem nicht nur hochkarätige Wissenschaftler teilnahmen, sondern auch Leute wie ich, die von eben jenen Wissenschaftlern per se dem Bereich des Irrationellen zugeordnet werden. Welch eine Anmaßung! Da wir alle zivilisierte Menschen sind, kam es zu keinen Handgreiflichkeiten, doch während der Diskussionsrunden mangelte es nicht an Zündstoff. Hauptthema dieses Kolloquiums war der Halleysche Komet. Unter den Rednern befanden sich neben Astrophysikern und Direktoren von Sternwarten auch solche ohne wissenschaftlichen Anstrich, die vielleicht auch etwas über die Bahn des Kometen sagen konnten. In letztere Kategorie hatte man mich eingeordnet und unter diesem Aspekt eingeladen. Ich sollte berichten, ob Nostradamus im zeitlichen Zusammenhang mit dem Erscheinen des berühmten Kometen irgendein besonderes Ereignis vorhergesehen habe. Am letzten Tag des Kolloquiums waren alle Teilnehmer im großen Saal versammelt. Es waren etwa zweihundert Personen –

eigentlich sollte ich sagen zweihundert Zeugen – zugegen. Jean-Yves Casgha fragte mich also, ob Nostradamus ein oder mehrere besondere Ereignisse zum Zeitpunkt des Erscheinens des Kometen im Jahre 1986 prophezeit habe. Nachdem ich zur Sicherheit vorausgeschickt hatte, daß meine Aussagen nur für den Fall gälten, daß es sich tatsächlich um dieses Erscheinen des Kometen handelte, trug ich als Antwort die Deutung eines sehr detaillierten Vierzeilers vor, demzufolge es zwischen dem 1. und dem 30. April 1986 auf unserem Planeten ein Feuer geben sollte, das sich über eine große Fläche ausdehnen würde. Daß ich diese Vorbemerkung machte, war übrigens eher eine Frage des Stils, denn ich war damals überzeugt, daß es sich nur um dieses Erscheinen des Kometen handeln könne, nachdem es seit 1555, als die Prophezeiung verfaßt wurde, während der periodischen Wiederkehr des Kometen keine Brandkatastrophe größeren Ausmaßes gegeben hatte und die von Nostradamus genannten astronomischen Koordinaten zudem mit keinem früheren Erscheinen vor 1986 übereinstimmten. Da aber die Prophezeiungen selbst vor der nächsten erwarteten Wiederkehr des berühmten Kometen aufhören, bestand an der Zuordnung keinerlei Zweifel. Ein Astrophysiker, gleichzeitig Leiter eines Observatoriums, erhob sich und richtete folgende Worte an mich: »Monsieur de Fontbrune, ganz im Ernst, es gibt doch jeden Monat irgendwelche Brände. Damit wäre doch wieder einmal bewiesen, daß man mit Nostradamus einfach alles voraussagen kann.« Ich erinnere mich noch genau daran, was ich ihm antwortete. Ich entgegnete, daß Nostradamus von einem Feuer gesprochen habe, das sich über eine große Fläche ausbreiten werde. Es könne also nicht vom Brand eines Gebäudes in Paris oder andernorts die Rede sein. Am 26. April 1986 überhitzte sich der Atomreaktor von Tschernobyl, und der nukleare Wind verbreitete sich über ganz Europa bis in die Bretagne! Heute möchte ich meinem Kritiker von damals zurufen: »Gott sei Dank gibt es ein Tschernobyl nicht jeden Monat!« Am Morgen des 27. April rief mich Jean-Yves Casgha an, um mir meine Worte vom 29. Januar in Puy-Saint-Vincent in Erinnerung zu rufen.

Hier nun der berühmte Vierzeiler, den ich am 13. März 1986, also etwas über einen Monat vor dem Eintreffen des ersten hierin angekündigten Ereignisses, gedeutet und kommentiert hatte:

IV, 67
L'an que Saturne et Mars egaux combust,
L'air fort seiché, longue trajection:
Par feux secrets d'ardeur grand lieu adust,
Peu pluie, vent chaud, guerre, incursion.

Im Jahr, in dem der Komet (bei dem Begriff »trajection« handelt es sich um eine im Zusammenhang mit der Reimbildung entstandene Abwandlung von »trajectoire«, was zu deutsch so viel wie Flugbahn bedeutet) bei gleichem Abstand zu Saturn und Mars aufleuchten wird, wird die Luft stark austrocknen und ein großer Ort in einem lodernden Feuer aufgehen, das geheimgehalten wird. Diese Hitze wird nicht vom Regen, sondern durch den Wind verbreitet; es wird aufgrund eines feindlichen Einfalls zu einer Kriegshandlung kommen.

Der Halleysche Komet sollte im April im gleichen Abstand zu Saturn und Mars stehen, und so erklärte ich vor den zweihundert Anwesenden, daß es zwischen dem 1. und 30. April ein Feuer geben werde, das sich über eine große Fläche ausdehnen werde. Ferner würde es aufgrund eines feindlichen Einfalls – einer Inkursion, wie Nostradamus es bezeichnete – zu einer Kriegshandlung kommen. Das erste der hier prophezeiten Ereignisse fand am 15. April statt, denn just an diesem Tag starteten achtzehn US-Bomber des Typs F 111 in Großbritannien zu einem Bombenangriff auf Tripolis und Benghazi. Das zweite Ereignis fand am 26. April, also elf Tage danach, statt: Tschernobyl. Eine riesige radioaktive Wolke wurde von den Winden praktisch über ganz Europa getragen (die stark ausgetrocknete Luft!). Und in der Tat wurde das Feuer geheimgehalten, denn bis zum heutigen Tage ist man uns die ganze Wahrheit über diese schreckliche und erste große Nuklearkatastrophe schuldig geblieben, die der Mensch als »Zauberlehrling« heraufbeschworen hat.

Zu allen Zeiten haben die Mächtigen dieser Welt Propheten und deren Prophezeiungen bekämpft, sofern sie diese nicht zu ihren eigenen Zwecken nutzen konnten. So haben auch die vielen sogenannten christlichen Kirchen die Propheten des Alten und Neuen Testaments in erster Linie nur deshalb anerkannt, weil sie sie in ihrem Bekehrungseifer gut verwenden konnten und diese Prophezeiungen, die sich ihren Aussagen zufolge alle bereits erfüllt haben, ihren Zukunftsplänen nicht mehr in die Quere kommen können. In dem Versuch, uns zu bekehren, bedient sich eine jede dieser verschiedenen Kirchen genau derselben Redensarten und Bibelstellen, um uns zu beweisen, daß gerade sie die einzig authentische Vertreterin Christi sei. Diese Kirchen sind im achtzehnten Jahrhundert in Erscheinung getreten, und ihre Zahl hat sich in der zweiten Hälfte des neunzehnten, vor allem aber im zwanzigsten Jahrhundert, vervielfacht. Wird nicht in Kapitel XXIV des Matthäus-Evangeliums eben diese Verbreitung der Kirchen oder Sekten angekündigt, die alle ihre Alleinvertretungsansprüche für das Christentum anmelden, und ist nicht in den nachfolgenden Textpassagen die Rede von Kriegen zwischen den Nationen?

»Jesus antwortete ihnen: Gebt acht, daß euch niemand irreführt. Denn viele werden unter meinem Namen auftreten und sagen: Ich bin der Messias!, und sie werden viele irreführen. Ihr werdet von Kriegen hören, und Nachrichten von Kriegen werden euch beunruhigen. Gebt acht, laßt euch nicht erschrecken! Das muß geschehen. Es ist aber noch nicht das Ende. Denn ein Volk wird sich gegen das andere erheben und ein Reich gegen das andere, und an vielen Orten wird es Hungersnöte und Erdbeben geben. Doch das alles ist erst der Anfang der Wehen (Mt 24,4–8).« »Viele falsche Propheten werden auftreten, und sie werden viele irreführen (Mt 24,11).« »Dann sollen die Bewohner von Judäa [Palästina] in die Berge fliehen (Mt 24,16).« Sollte etwa der Golfkrieg ein Vorzeichen hierfür sein? »Denn es wird mancher falsche Messias und mancher falsche Prophet auftreten, und sie werden große Zeichen und Wunder tun, um, wenn möglich, auch die Auserwählten irrezuführen (Mt 24,24).«

Die Botschaft des Nostradamus unterscheidet sich nicht von der des Matthäus. Mit der weltweiten Ausbreitung von Kriegen im zwanzigsten Jahrhundert bewahrheitet sich dieser Text des Evangeliums in aller Deutlichkeit. Seit der Gründung des Völkerbundes im Jahre 1925 und seiner Wiedergeburt in der Organisation der (sogenannten) Vereinten Nationen gibt es Zwist und Streit zwischen den Ländern, und die Zahl der Auseinandersetzungen nimmt in dem Maße zu, wie durch den Zusammenbruch des englischen, französischen, österreich-ungarischen, osmanischen und kürzlich erst sowjetischen Imperiums – die baltischen Republiken, Jugoslawien und die ehemaligen Sowjetrepubliken – immer neue Staaten entstanden sind. Zum dritten Mal seit Beginn des zwanzigsten Jahrhunderts steht Europa vor allgemeinen Unruhen und läuft Gefahr, noch einmal einen weltweiten Krieg über unseren Planeten zu bringen.

Der Niedergang des Kommunismus in den Ostblockstaaten wurde von Nostradamus auf das genaueste vorausgesagt. Seine

Schriften enthalten dazu zwei Zeitangaben: Erstere billigt dem Kommunismus eine Lebenserwartung von dreiundsiebzig Jahren und sieben Monaten und letztere der Sowjetunion eine von siebzig Jahren zu. Hier der Abschnitt aus dem Brief an Heinrich, König von Frankreich, hinsichtlich der ersten Zeitangabe: »Und das wird extreme Machtveränderungen, Revolutionen und Erdbeben nach sich ziehen, und das neue ›Babylon‹ wird wuchern (das heißt, die UdSSR als materialistische und antisemitische Macht), jener elende Sproß, dessen Greuel durch den ersten Holocaust (die Verfolgungen der Nazis) noch verstärkt werden; sie wird nicht länger als dreiundsiebzig Jahre und sieben Monate währen.« Ist es nicht überraschend, daß Nostradamus zur Bezeichnung des an den Juden begangenen Völkermords eben jenes Wort verwendet, dessen sich die Geschichtsschreibung viereinhalb Jahrhunderte später bedient, nämlich Holocaust?

Nostradamus weist hier auf die Mitverantwortung von Sowjetrußland an der Judenverfolgung hin. Der Gipfelpunkt antisemitischer Verderbtheit bestand darin, die Juden daran zu hindern, das sogenannte kommunistische Paradies zu verlassen, um sie so besser demütigen zu können. Wenn Nostradamus die UdSSR als neues »Babylon« bezeichnet, so geschieht dies wohlbemerkt im Hinblick auf deren materialistisches und militaristisches System, aber auch wegen der Verfolgung der Juden.

Das jüdische Volk wurde siebzig Jahre lang in babylonischer Gefangenschaft gehalten – von 605 bis 536 v. Chr. Möglicherweise ist auch eine Parallele zwischen den drei Königen Babyloniens und den drei deutschen Reichen zu sehen. Und eben diese Zeitspanne billigt Nostradamus auch der UdSSR zu: »Und dieses Triumvirat (die Troika) wird sich in siebzig Jahren erneuern, und das Ansehen dieser Partei wird sich über den ganzen Planeten verbreiten, und trotzdem wird das Opfer der heiligen und unbefleckten Hostie weiterhin dargebracht (in Polen, den Baltikumstaaten, Ungarn und so weiter).« Am 30. Dezember 1922 wurde die Union der Sozialistischen Sowjetrepubliken proklamiert. Am 21. Dezember 1991 wurde in Alma-Ata die Gemeinschaft unabhängiger Staaten (GUS) gegründet, womit die UdSSR also nach siebzig Jahren minus zehn Tagen Dauer ihr Ende fand. Man wird Nostradamus wohl verzeihen, daß er seine Zeitangabe um diese paar Tage aufgerundet hat!

Interessant ist auch der Hinweis von Nostradamus, daß der Katholizismus ungeachtet der unter dem kommunistischen Joch herrschenden Christenverfolgung weiter praktiziert werden würde, wie dies beispielsweise in Polen oder Litauen geschehen ist. Man weiß heute, welch wesentlichen Anteil die christlichen Kirchen (die katholische, evangelische, orthodoxe und unierte) am Zusammenbruch des Systems hatten. Nostradamus, selbst ein Katholik, schreibt seiner Kirche zweifellos deshalb eine so wichtige Rolle zu, weil man den Beginn des Endes aus Polen kommen sah und auch wegen des polnischen Papstes, den die Vorsehung – nach Auffassung der Rationalisten rein zufällig – gerade zur rechten Zeit auf den heiligen Stuhl gesetzt hat!

Der Westen war womöglich etwas vorschnell in seiner Freude über den Zusammenbruch des Ostblocks, denn er konnte sich kaum vorstellen, welche anderen Gefahren an seine Stelle treten könnten. Hélène Carrère d'Encausse, neuernanntes Mitglied der Académie Française, brillante Historikerin und Rußlandexpertin, versicherte in ihrem Buch *L'Empire éclaté*, daß es zu einer Abspaltung der islamischen Republiken von Rußland kommen werde, während Nostradamus die Bildung jenes russisch-islamischen Blocks vorhersagte, der uns in der heutigen Gemeinschaft Unabhängiger Staaten (GUS) gegenübertritt. Dies ist ein ausgezeichnetes Beispiel für den Graben, der den Historiker vom Propheten trennt. Auf rationaler Ebene hatte Hélène Carrère d'Encausse vollkommen recht, doch, wie es Alfred Sauvy formuliert, »die Geschichte des Menschen nimmt niemals einen rationalen Verlauf«; und so kann eben nur jener, der die Geschichte und ihre Ereignisse vor deren Eintreten durchlebt hat, korrekt und detailgetreu von seiner Vision berichten.

Paradoxerweise wurde der Frieden in Europa durch das Atomwaffenarsenal der beiden Supermächte garantiert. Es machte einen Konflikt unmöglich, dessen Konsequenzen derart zerstörerisch gewesen wären, daß er sich für keine Seite gelohnt hätte; denn schließlich wird Krieg geführt, um mehr Macht zu erlangen und sich die Reichtümer des Nachbarn einzuverleiben. In seinem Werk *Der Peloponnesische Krieg* analysiert Thukydides[1] die Hintergründe des Krieges zwischen dem diktatorisch regierten Sparta und dem demokratisch geführten Athen im Jahre 431 v. Chr. Er kommt dabei zu einer überraschenden Schlußfolgerung: Diese beiden rivalisierenden Städte zogen nicht etwa deswegen in die Schlacht, weil sie so verschieden, sondern weil sie sich so ähnlich waren. Würde man das Ganze auf die Frage

---

1 Thukydides: griech. Geschichtsschreiber (460-400 v. Chr.) und Kritiker; gilt als Ahnherr der krit. Historiker.

reduzieren, ob nun die Demokratie gut und die Diktatur verwerflich sei, so hieße das, man habe die wahren Gründe dieses Krieges überhaupt nicht begriffen. Thukydides hat verstanden, daß sich »Sparta und Athen zwangsläufig feindselig gegenüberstehen mußten, weil beide die Macht erstrebten« – so seine Worte. Am Schluß seiner Ausführungen verdammt er die Macht als einen »Dämonen, der die Menschheit korrumpiert« und so lange immer neue Kriege heraufbeschwören wird, »bis der Mensch es lernt, sich besser zu verhalten«.

Leider müssen wir jedoch feststellen, daß die Menschheit seit Thukydides kein bißchen weiser geworden ist. Vor dem Hintergrund des zwanzigsten Jahrhunderts bringt dieser Mangel an Weisheit und der damit einhergehende Machthunger einen Großteil der Menschen in Lebensgefahr. Die Mittel und Wege zur Massenvernichtung sind weitaus besorgniserregender als damals, in der guten alten Zeit von Bogen und Lanze. Die Entstehung von Supermächten und die Perfektionierung des Waffenarsenals haben in diesem Jahrhundert einen Großteil des Planeten in zwei Kriege von ungeheurem Ausmaß gestürzt. Die Vision des Nostradamus befaßt sich vor allem mit der europäischen Geschichte und beschreibt bis in alle Einzelheiten das zwanzigste Jahrhundert. Es erscheint fast so, als seien die Angaben für die Zeit von 1555 bis 1900 nur dazu gedacht, die Authentizität seiner Vorausschau zu demonstrieren – gewissermaßen als Nachweis für die Anhänger des Rationalismus. Wie könnte man seine Augen vor der Tatsache verschließen, daß Nostradamus 1555 die Namen Rousseau, Franco und Rivera (Gründer der spanischen faschistischen Partei) buchstabengetreu niederschrieb. Wer würde zu bezweifeln wagen, daß man in den Vierzeilern den Namen der Stadt Varennes nachlesen kann, in die sich Ludwig XVI. im Jahre 1791 mit der königlichen Familie flüchtete. Noch subtiler ist Nostradamus' Nennung des kleinen lombardischen Marktfleckens Buffalora, wo die Armeen von Napoleon III. am 4. Juni 1859 zur gleichen Zeit wie in Magenta die Österreicher schlugen. Magenta und Solferino sind in die Geschichtsbücher eingegangen, Buffalora hingegen geriet in Vergessenheit.

Dem Leser wird an dieser Stelle vielleicht verständlich, warum es sechzehn Jahre intensiver Recherchearbeit kostete, um in der Geschichte solche Details zu entdecken. Hier ein weiteres überraschendes Beispiel: Nostradamus sieht im Jahre 1555 einige Schiffe in dem kleinen italienischen Fischerhafen Magnavacca an der Adriaküste vor Anker gehen. Und genau an dieser Stelle geht Garibaldi 1870 an Land, um Zuflucht vor der ihn verfolgenden österreichischen Flotte zu finden. Man muß schon eine Biographie Garibaldis lesen, um diese Rätsel zu entschlüsseln, denn es liegt auf der Hand, daß sich in diesem kleinen Fischerdorf nicht gleich mehrere Ereignisse von historischer Tragweite ereignet haben! Nach eingehender Erfassung und Analyse der Schriften des Nostradamus – insgesamt 1.142 Vierzeiler beziehungsweise 4.568 zehnsilbige Verse – ging es also darum, sich durch Unmengen von Geschichtsbüchern hindurchzuarbeiten, um dort die in den Vierzeilern beschriebenen Einzelheiten zu finden. Man könnte fast meinen, Nostradamus habe in seinen Schriften so viele Details angeführt, um auf diese Weise seine Interpreten zum Arbeiten zu bringen, so wie man es zu seiner Zeit, im sechzehnten Jahrhundert also, zu tun pflegte.

In dem Brief an seinen Sohn César weist Nostradamus die Exegeten darauf hin, daß er Ortsnamen als Anhaltspunkte angegeben habe. Nur sehr wenige haben diesem Hinweis Beachtung geschenkt. Diese Ortsnamen sind also Schlüsselbegriffe, ähnlich wie in den allerneuesten Marketingtechniken. Magnavacca kann also ganz offensichtlich nicht mit »große Kuh« übersetzt werden ... Doch betrachten wir ein anderes, ein noch deutlicheres Beispiel:

III, 11
Les armes battre au ciel longue saison
L'arbre au milieu de la cité tombé:
Verbine rongne, glaive en face, tyson,
Lors le monarque d'Hadrie succombé.

Den Druckern des sechzehnten Jahrhunderts, die mit der Vervielfältigung der Schriften des Nostradamus betraut waren, war das Wort »Verbine« unbekannt. Manche hielten sich an die Schreibweise des Propheten. Andere entschlossen sich dazu, wie es oft gemacht wird, das dem Begriff »verbine« ähnlichste Wort zu wählen, und machten daraus »vermine«, was zu deutsch soviel wie Gesindel oder Ungeziefer bedeuten würde. Und nachdem die Exegeten dieses wichtige Schlüsselwort des Vierzeilers nicht richtig verstanden hatten, ordneten sie diesen Text entweder Heinrich IV. oder Hitler zu. Erinnern wir uns daran, daß die französische Sprache im sechzehnten Jahrhundert noch fest in ihren lateinischen und griechischen Ursprüngen verwurzelt war und sowohl lateinische als auch griechische Wörter nach Belieben französiert wurden. Und eben dies hat Nostradamus mit *Verbinum* getan, dem lateinischen Namen der belgischen Stadt Vervins. In der wohl dilettantischsten Deutung, die mir je begegnet ist, wurde daraus gar Berlin! Solche aus der Phantasie geschöpften Übersetzungen oder Interpretationen waren natürlich Wasser auf die Mühlen all jener, die die Schriften des Nostradamus verwerfen und unter Heranziehung eben solcher irrtümlicher Deutungen behaupten, man könne in sie jeden beliebigen Sinn hineinlegen.

Dutzende, wenn nicht gar Hunderte solcher Fehler wurden gemacht. Doch kehren wir zu »Verbine« oder Vervins zurück, und wenden wir uns der Frage zu, auf welche Seite des Geschichtsbuches sich dieser Hinweis bezieht. Hier also eine Deutung des Vierzeilers:

Man wird über lange Zeit hinweg Luftwaffen herstellen. Wenn der Baum (der Stammbau des Hauses Habsburg-Lothringen) inmitten der Stadt (Sarajevo) gestürzt ist, wird man sich nach Vervins zurückziehen (»rongne« ist der altfranzösische Begriff für »retrancher« in der Bedeutung: sich verschanzen); indessen wird ein Komet leuchten und der Monarch der Adria (Papst Pius X.) gestorben sein.

Bereits in dem Vierzeiler 43, Centurium IV, verwendet Nostradamus den Ausdruck »les armes battre au ciel«, also am Himmel kämpfende Waffen oder Luftwaffen, zur Ankündigung der Erfindung der ersten Raketen durch die Engländer. Die Rakete wurde in der Tat von dem Ingenieur William Congreve erfunden und von der englischen Marine erstmals im Jahre 1806 beim Angriff auf Boulogne eingesetzt. In diesem Fall sieht Nostradamus die Erfindung einer neuen Luftwaffe voraus: des Flugzeugs, das auf den Schlachtfeldern des Ersten Weltkrieges seinen ersten Auftritt hatte. Der Krieg von 1914 bis 1918 suchte sich als Vorwand die Ermordung des habsburgischen Thronfolgers, des Erzherzogs Franz-Ferdinand, am 28. Juni in Sarajevo. Dieser Mord beendete jäh die Regierungszeit dieser Dynastie, die »inmitten der Stadt gestürzt« ist. Das französische Wort »glaive« wurde im sechzehnten Jahrhundert zur Bezeichnung von Kometen verwendet – so bei dem Kometen von 1527, von Ambroise Paré in einer Zeichnung als Schwert dargestellt. Bei dem Begriff »face« haben wir es mit einer jener Fallen zu tun, mit denen die Texte des Nostradamus gespickt sind. Er ist hier vom lateinischen fax, facis, hergeleitet, was soviel bedeutet wie Fackel, aber auch Stern und Feuerschweif. »Tyson« kann sich hier sowohl auf den Kometen als auch auf vom Himmel fallende Sprengkörper beziehen. Im Augsut 1914, zeitgleich mit dem Ausbruch des Ersten Weltkrieges, beobachteten die Astronomen des Observatoriums von Yerkes im US-Bundesstaat Wisconsin den Kometen Delavan. In Europa überstürzen sich zur gleichen Zeit die Ereignisse: Am 7. August erobert die deutsche Wehrmacht Lüttich und rückt durch Belgien vor; dies trifft den französischen Generalstab, der nicht an eine Invasion glaubte, völlig überraschend. Am 29. August halten die Truppen von General Lanrezac[1] den deutschen Vormarsch auf der Linie Guise-Vervins auf und retten die fünfte Armee vor der Einkesselung, können aber den Rückzug nicht verhindern.

Siebzehn Tage nach der deutschen Kriegserklärung an Frankreich (3. August 1914) stirbt Papst Pius X. – in eben jenem Augenblick, da die deuschen Truppen die Linie Guise-Vervins erreichen. Doch warum bezeichnet Nostradamus Papst Pius X. als »monarque d'Hadrie«, also Monarchen der Adria? Monarch wohl deshalb, weil der Papst uneingeschränkter Herrscher über die Kirche ist. Und wurde Giuseppe Sarto nicht in der kleinen venezianischen Stadt Riese geboren, in einer Provinz also, die an die Adria grenzt? Leo XIII. wurde 1893 zum Patriarchen von Venedig ernannt. Hat man einen solchen Vierzeiler erst einmal auf diese Weise analysiert und entschlüsselt, erscheint es so gut wie unmöglich, in der Geschichte andere Ereignisse zu finden, die sich ebensogut in den Kontext der darin enthaltenen Vorhersagen einfügen. Bei der Entschlüsselung der Vierzeiler muß man sich also durch Eliminierung des Unmöglichen Schritt für Schritt vortasten und damit den Knoten gleichsam Faden für Faden entwirren. Dabei zeigt sich, daß die Texte nur eine einzige Bedeutung haben können – doch wie schwierig ist es, diese aufzudecken! Eines der bleibenden Merkmale seiner Schriften besteht in ihrer Kürze und Knappheit, die Nostradamus durch das Verschlüsseln erreicht hat, wie er selbst in seinem Brief an César sagt. So gelingt es ihm, mit wenigen Worten und ein paar Zahlen oder Ortsangaben mehrere Seiten Geschichte zu schreiben – eine Technik, die man mit Fug und Recht als genial bezeichnen kann.

Ein weiteres großes Problem liegt in der Unmöglichkeit, die Vierzeiler chronologisch zu ordnen. Bei Nostradamus kann es in der Tat vorkommen, daß in ein und demselben Vierzeiler zwei durch mehrere Jahre oder gar Jahrzehnte getrennte Ereignisse

---

[1] General Lanrezac: im Jahre 1914 Oberbefehlshaber der fünften Division der französischen Armee.

miteinander verknüpft werden, denn er sieht den Ablauf der Ereignisse und keine Zeittafel, wie sie in Schulbüchern zu finden ist. So sagt uns Nostradamus in dem zuvor zitierten Vierzeiler zum Sturz des Schahs von Persien (I,70), daß von diesem Zeitpunkt an Revolution und Krieg im Iran kein Ende nehmen würden. Die iranische Revolution nahm im August 1978 ihren Anfang, und die Revolutionsregierung der Mullahs hält sich noch immer. Der Krieg mit dem Irak brach am 22. September 1980 mit dem Vorstoß irakischer Truppen auf iranisches Gebiet aus. Die Feindseligkeiten zwischen den beiden Staaten sind zwar beigelegt worden, doch die islamische Revolution setzt ihren Siegeszug nicht nur im Iran, sondern auch in anderen muslimischen Ländern fort; der Iran ist Motor und Geldgeber der islamischen Fundamentalistenbewegung. Auch hier fällt die Entscheidung nicht leicht, welchem Abschnitt der Geschichte dieser Text nun zuzuordnen ist. Nostradamus projiziert wie auf eine Leinwand den Ablauf und die Verstrickungen der Ereignisse und stiftet angesichts dieses ungewöhnlichen Ansatzes der Geschichtsbetrachtung Verwirrung unter seinen Lesern. Wenn er beispielsweise das Ende des Ancien régime[1] ankündigt, nimmt er eine Bewertung vor, die nur durch diesen Filter verständlich wird. So schreibt er in seinem Brief an Heinrich, König von Frankreich: »Und sie (die Monarchie) wird dauern bis zum Jahre siebzehnhundertzweiundneunzig (1792), das man als eine Erneuerung des Jahrhunderts betrachten wird.« Auf den ersten Blick mag dieser Satz sonderbar erscheinen. Er wird jedoch klar, wenn man sich Nostradamus vor seiner Leinwand vorstellt. Er sieht gleichzeitig auf der einen Seite die dreizehn Jahrhunderte, die die Monarchie überdauerte (von der Taufe Chlodwigs in Reims im Jahre 497 bis zur Proklamation der Ersten Republik am 22. September 1792, mit der das Jahr eins der Revolutionszeitrechnung beginnt), und auf der anderen die fünf Republiken, von denen keine einzige ein ganzes Jahrhundert alt wurde. Ziehen wir einmal Bilanz:
– Erste Republik: vom 22. September 1792 bis zum 18. Brumaire[2] 1799 = sieben Jahre;
– Zweite Republik: vom 4. Mai 1848 bis zum 2. Dezember 1851 = drei Jahre und sieben Monate;

1 Ancien régime: Herrschafts- und Gesellschaftssystem des absolutistischen Frankreich vor der Revolution 1789.
2 Brumaire: Monat des französischen Revolutionskalenders (23.10. bis 21.11).

– Dritte Republik: vom 4. September 1870 bis zum 10. Juli 1940 = neunusechzig Jahre und zehn Monate;
– Vierte Republik: vom 21. Oktober 1945 bis zum 28. September 1958 = dreizehn Jahre;
– Fünfte Republik: vom 28. September 1958 bis 1999 – 2000 = zwei- bis dreiundvierzig Jahre.

Vor diesem Hintergrund macht Nostradamus seine Aussage: »...das man als eine Erneuerung des Jahrhunderts betrachten wird« – aber mit dem heimlichen Vorbehalt, daß es keine ist! Es wird ganz offensichtlich, daß man, um zu dieser Auslegung zu gelangen, sämtliche politischen und religiösen Überzeugungen beiseite legen und die oftmals gemeine und unangenehme Last der Ereignisse als gegeben hinnehmen muß. Vor 1792 hätte sich ein begeisterter Monarchist nie das Ende seines Regimes vorstellen können, und heute kann sich kein überzeugter Republikaner mit dem flüchtigen Charakter der Republiken identifizieren. Solche geschichtlichen Umwälzungen sind jedoch gang und gäbe und erklären, was Nostradamus in dem an seinen Sohn César gerichteten Brief schreibt: »Doch wegen der Ungerechtigkeit nicht nur in der Gegenwart (Inquisition), sondern auch der meisten künftigen Zeiten, wollte ich schweigen und mein Werk aufgeben. Ich wollte es nicht niederschreiben, weil die Regierungen, die Sekten und die Länder Veränderungen erleben werden, die in so diametralem Gegensatz zur Gegenwart stehen, daß, wenn ich die Zukunft enthüllen würde, die Vertreter der Regierungen, Sekten, Religionen und Überzeugungen sie mit ihren ausgeklügelten Vorstellungen derart unvereinbar fänden, daß sie zu verurteilen veranlaßt wären, was man erst in den kommenden Jahrhunderten (im zwanzigsten Jahrhundert) zu sehen und zu erkennen wissen wird.«

Als Nostradamus diese Worte niederschrieb, wußte er, daß es mehrere Jahrhunderte dauern würde, bis seine Botschaft zu weltweiter Bekanntheit gelangen würde. Gleichzeitig erkannte er, daß man seine Schriften bis in alle Zeiten angreifen und verunglimpfen würde, denn die Inquisition ist nicht auf eine bestimmte Epoche begrenzt; andernfalls wäre Nostradamus sicher auch kein echter Prophet. Heißt es nicht im Lukas-Evangelium in Kapitel VI, Vers 26: »Weh euch, wenn euch alle Menschen loben; denn ebenso haben es ihre Väter mit den falschen Propheten gemacht.« An anderer Stelle fügt Nostradamus in seinem Brief hinzu: »... und die Ursachen werden überall auf der Welt verstanden werden.« Selbst die hartnäckigsten Zweifler werden an dieser Stelle zugeben müssen, daß zumindest dieser Teil der Prophezeiung bereits eingetreten ist, denn Nostradamus ist mittlerweile zu weltweiter Berühmtheit gelangt, ganz besonders in Japan, wo er einen unvergleichlichen Siegeszug angetreten hat. Dies ist von großer Bedeutung für den Ablauf der weiteren Ereignisse, wie wir später sehen werden.

Nachdem sich eine chronologische Klassifizierung der Ereignisse als unpraktikabel erwiesen hatte, entschloß ich mich zu einer themenorientierten Vorgehensweise. Seit dem Erscheinen meines ersten Buches und angesichts zahlreicher Hinweise, die ich von meinen Lesern erhalten habe, wurde deutlich, daß man sich darin nur sehr schwer zurechtfinden konnte.

Ich bin es mir schuldig, hier eine wichtige Richtigstellung im Zusammenhang mit dem Besuch von Papst Johannes Paul II. in Lyon vom 4. bis 7. Oktober 1986 vorzunehmen. Alle Welt wird sich noch an den »Belagerungszustand« erinnern, der damals das Stadtbild von Lyon prägte: Zur Sicherheit des Papstes waren zehntausend Mann abgestellt worden, am Himmel schwirrte ein Hubschrauber neben dem anderen, die Geheimpolizei war allgegenwärtig, und der Polizeipräfekt verkündete über sämtliche Radiosender: »Ich pfeife auf die Worte des Nostradamus!« Diese allgemeine Mobilmachung war dennoch eine höchst sonderbare Art, die Prophezeiung zu ignorieren! Mit Ausnahme einiger weniger Journalisten hatten sich die Medien auf die berühmte Prophezeiung des Nostradamus gestürzt, die nach der Machtübernahme durch die Rose (Sozialisten) den Grundstein für den Erfolg von *Nostradamus, Historiker und Prophet* bildete:

> II, 97
> Romain pontife garde de t'approcher
> De la cité que deux fleuves arrosent:
> Auprès de là ton sang viendra cracher,
> Toi et les tiens quand fleurira la rose.

Dieser Vierzeiler, dem *Nostradamus, Historiker und Prophet* seinen Erfolg zu verdanken hat, bezieht sich nicht auf das von dem Türken Ali Agça am 13. Mai 1981 auf dem Petersplatz in Rom verübte Attentat auf Johannes Paul II. Letzteres Ereignis war zweifellos ein erster Hinweis darauf, was später geschehen sollte; und der erste Papstbesuch in Lyon war wahrscheinlich der zweite Hinweis – erinnern wir uns in diesem Zusammenhang, daß der 13. Mai zufällig auch der Tag der ersten Erscheinung von

Fátima[1] im Jahre 1917 war. Das Attentat vom 13. Mai 1981 fand in Rom statt – in einer Stadt also, wo es nur einen Fluß, den Tiber, gibt. Dies ist der erste Einwand, der gegen die Hypothese des Bezugs auf den Zwischenfall vom 13. Mai 1981 spricht. Einen weiteren Einwand bieten Nostradamus' Worte »*dein* Blut und das Blut der *Deinen*«, denn das Attentat damals richtete sich ausschließlich gegen den Papst. Ich hatte nach dem Attentat in den Medien verschiedentlich auf diese Tatsache hingewiesen. Erinnern wir uns an das, was in *Paris Match* in der vielzitierten Ausgabe vom 17. Juli 1981 zu lesen war: »Während dieser islamischen Invasion, die sich über Westdeutschland, Frankreich, Spanien, Italien, England, die Schweiz, ja ganz Westeuropa ergießt, wird der Papst Rom verlassen und nach Frankreich kommen. Er wird das Rhônetal hinauffahren und schließlich nach Lyon gelangen, wo er an einem 13. Dezember (Namenstag der heiligen Lucia und Tag der letzten Erscheinung von Fátima) ermordet werden wird.« Ich habe meine Auslegung dieses Vierzeilers nie geändert; dies gilt auch für dessen Ergänzung:

IX, 68
Du mont Aymar sera noble obscurci,
Le mal viendra au joinct de Saone et Rosne:
Dans bois cachés soldats jour de Lucie,
Qui ne fut onc un si horrible throsne.

Um das übliche zehnsilbige Versmaß einhalten zu können, hat Nostradamus Montélimar mittels Synkope in »mont Aymar« verwandelt. Die Ortsangabe – Zusammenfluß von Saône und Rhône – ist absolut eindeutig. Dort also wird er von Soldaten ermordet, die sich im Wald versteckt halten; und noch nie wurde dem Thron (des heiligen Petrus) so etwas Furchtbares zugefügt. Nostradamus wählt die Bezeichnung »Nobler« für den Pontifex wegen der Waffen, die alle Päpste nach ihrem Amtsantritt wählen. Im September 1984 wußte ich angesichts der Tatsache, daß sich der Papst am 13. Dezember nicht in Lyon aufhalten würde, daß keine Gefahr für ihn bestünde, wie ich im Juli desselben Jahres Isaur de Saint-Pierre mitgeteilt hatte. Dieser ließ meine Ausführungen in der zweiten Ausgabe der Zeitschrift *N comme Nouvelle* vom 17. September

---

1 In der portugiesischen Stadt Fátima berichteten 1917 drei Hirtenkinder, in der Cova de Iria (Irenengrotte) sei ihnen die Heilige Jungfrau erschienen. Heute ist Fátima ein vielbesuchter Wallfahrtsort.

1986 wie folgt abdrucken: »Eingedenk der Genauigkeit, die ich bei Nostradamus gewohnt bin, müßte der Heilige Vater vor tragischen Ereignissen sicher sein, nachdem der Papst zu keinem der beiden Namenstage der heiligen Lucia (19. September und 13. Dezember) in Lyon sein wird.« Am Sonntag, dem 23. September 1986, vertrat ich denselben Standpunkt gegenüber Patrick Poivre d'Arvors in seiner Fernsehsendung »A la folie, pas du tout«. Doch anstatt den Medienrummel um ein Ereignis einzustellen, das nicht stattfinden würde, hörte mir niemand zu. In Lyon herrschte Panikstimmung, und ich konnte nichts dagegen unternehmen. Mir wurde sogar vorgeworfen, eine Kehrtwendung eingeschlagen zu haben, obgleich ich um kein Jota von dem abwich, was ich sechs Jahre zuvor geschrieben und fünf Jahre zuvor in *Paris Match* erklärt hatte. Es war gerade so, als wäre die Ankündigung des Nichteintreffens der Katastrophe eine Enttäuschung für die Medien gewesen, weil sie sich damit um ihre Exklusiv- und Sensationsberichte gebracht sahen! Trotzdem hängt eine dunkle Wolke über dem Papst, der diesem zukünftigen Ereignis zum Opfer fallen soll. In der Tat könnten einige der Vierzeiler, die Johannes Paul II. zugeschrieben wurden, seinen Nachfolger betreffen, wenn dieser, wie in dem Buch *La Prophétie des papes de saint Malachie* (Editions du Rocher, 1984) vermutet wird, in der Person von Monsignore Lustiger, dem Erzbischof von Paris, zu finden sein sollte, der genau wie der derzeitige Heilige Vater polnischer Herkunft ist.

Im folgenden werden acht bislang unveröffentlichte Vierzeiler, die die Vergangenheit betreffen, in derselben Form wie in *Nostradamus, Historiker und Prophet* vorgestellt. Man beachte die bemerkenswerte Übereinstimmung zwischen den von Nostradamus verwendeten und den inzwischen in die Geschichtsbücher eingegangenen Worten, die in den Kommentaren zur Verdeutlichung kursiv dargestellt sind.

BELAGERUNG VON WIEN DURCH DIE OSMANEN 1683 KARA MUSTAFA UND KÖPRÜLÜ PASCHA

X, 61
Betta, Vienne, Emorre, Sacarbance,
Voudront livrer aux Barbares Pannone:
Par picque & feu, énorme violance,
Les conjures descouverts par matrone.

Betta steht hier für griechisch *bessa*, also Tal; »Emorre« ist ein Anagramm aus den Worten »e(t la) Mor(é)e«, zu deutsch: und Morea, die im sechzehnten Jahrhundert gebräuchliche Bezeichnung für den Peloponnes. Bei dem Begriff »Scarbance« haben wir es mit einem durch eine Synkope verkomplizierten Anagramm zu tun: »Cara (de) B(y)sance«, also Kara von Byzanz oder Kara Mustafa. Das Wort »livrer«, also liefern, stellt eine Falle dar; es handelt sich hier um die durch Aphärese verkürzte Form von »délivrer«, also befreien. »Pannone« ist die altfranzösische Bezeichnung für Ungarn. Auch bei dem Begriff »matrone« haben wir es mit einer Falle zu tun: Es handelt sich hier um die französische Version des griechischen Wortes *metros*, was soviel bedeutet wie Onkel. Dieser Vierzeiler ist ein beeindruckendes Komprimat und beispielhaft für Nostradamus' Talent, mit wenigen Worten viel auszusagen.

Um den Hintergrund dieses Vierzeilers zu erhellen, möchte ich an dieser Stelle eine Passage aus Stanford Shaws Werk *L'Histoire de l'Empire ottoman* (Editions Orwath, 1983) zitieren: »Wenn Kara Mustafa dazu bereit war, einen für ihn unvorteilhaften Frieden mit Rußland zu schließen, so lag dies vor allem an den neuen Unruhen in *Ungarn,* die ihn zu einem Krieg gegen die Habsburger drängten ... der Vormarsch der Österreicher in *Ungarn,* in jenes Gebiet also, das symbolisch für die Ausbreitung des österreichischen Einflusses in ganz Europa stand, untergrub die Moral der Osmanen und ihrer Organisation ... Der Vormarsch der Osmanen auf *Wien* begann Ende Juni 1683, doch bereits im September sahen sich diese zum Rückzug gezwungen. Sie hatten sich bei einer Reihe von Plünderungszügen in anderen Teilen Österreichs einer *enormen* Kriegsbeute bemächtigt ... Als die aus der Donauregion kommenden Soldaten die Vororte von Istanbul erreichten, wurden sie von einer großen Schar Notabler (den Verschwörern) und den Ulemanen[1] in die Stadt geleitet, die sich auf Geheiß von Köprülü Pascha in der Hagia Sophia versammelt hatten. Es war ein leichtes, ein Fetwa[2] zu verkünden, durch das Sultan Mohammed IV. unter dem Vorwand

---

1 Ulemanen: religiöse Gelehrte und Repräsentanten der religiösen Institutionen des Islams; im Osmanischen Reich durch das Tragen des Turbans ausgezeichneter Stand.
2 Fetwa: Rechtsgutachten der Muftis, in dem festgestellt wird, ob eine Handlung den Grundsätzen des islamischen Rechts entspricht. Das Fetwa hat für die Rechtsprechung die Bedeutung eines Gesetzes.

entmachtet wurde, daß er seinen Aufgaben nicht mehr gerecht werde (Köprülü Pascha war der *Onkel* des künftigen Großwesirs Köprülü Mohammed).« Weitere Einzelheiten sind in Théophile Lavallées *Histoire de l'Empire ottoman* (Garnier, Paris 1855) nachzulesen: »Kara Mustafa sprach von neuen Eroberungszügen in der Größenordnung Suleymans: Er soll, so sagt man, 700.000 Mann, 100.000 Pferde und 1.200 Kanonen aufgeboten haben. All das schmolz auf ein Heer von 150.000 *Barbaren* zusammen ... Die Truppen Sobieskis stießen über Königstetten, Sankt Andreas, das Tal von Hagen und Kirling nach Klosterneuburg vor, wo er sich mit den Österreichern und Sachsen vereinigte ... Mit den Angriffen auf Bosnien, Dalmatien, Griechenland und *Morea* bereitete Wien den Osmanen massive Schwierigkeiten ...«

KRIEG ZWISCHEN DEM OSMANISCHEN REICH UND RUSSLAND FRIEDE VON KARLOWITZ 1699

I, 49
Beaucoup avant telles menées,
Ceux d'Orient par la vertu lunaire:
L'an mil sept cens feront grands emmenées,
Subiugant presque le coing Aquilonaire.

Lange vor solchen Angriffen (»menée« ist das altfranzösische Wort für Angriff) werden die Muslime (»lunaire« steht hier für den arabischen Halbmond) Asiens (das osmanische Reich) um das Jahr 1700 große Feldzüge führen und fast eine ganze Ecke Rußlands (»Aquilon« ist Nostradamus' Bezeichnung für das Reich des Nordens, also Rußland, das den größten Teil der nördlichen Hemisphäre einnimmt) unterjochen.

Nach der Niederlage des osmanischen Reichs vor Wien *(»telles menées, also solche Angriffe)* im Jahre 1683 beginnt Rußland einen Rückeroberungsfeldzug. Durch den im Jahre 1699 geschlossenen Frieden von Karlowitz sowie die Nachfolgeverträge von Prut 1711, Passarowitz 1718, Belgrad 1739, Küçuk Kaynarçi 1774 und Jassy verliert das osmanische Reich die Nordküste des Schwarzen Meeres von Bessarabien bis zum Kaukasus sowie die Krim *(»le coing Aquilonaire« oder die Ecke Rußlands)*. Auch an dieser Stelle wird deutlich, wie Nostradamus ein Schlüsseldatum innerhalb eines wichtigen Abschnitts der Geschichte nennt.

DER KRIEG VOR DEM NIEDERGANG DER MONARCHIE
DIE SCHRECKENSHERRSCHAFT[1]
NAPOLEON: HILFE AUS ALEXANDRIEN
DIE INSELN ELBA UND SANKT HELENA

I, 37

Un peu devant que le Soleil s'absconse,
Conflict donné, grand peuple dubiteux,
Profligez, port marin ne fait response,
Pont et sepulchre en deux estranges lieux.

Der Krieg wird ausgelöst, bevor die Sonne, d.h., die Monarchie (vgl. Ludwig XIV., der Sonnenkönig), verschwindet (vom lateinischen *abscondere*, sich verbergen). Das große französische Volk wird in Zweifel und Ruin geraten (lat. *profligare*, zugrunde richten oder ruinieren). Die Antwort wird nur aus einem Hafen kommen (Alexandria), und dann wird (Napoleon) sein Ende und sein Grab an zwei fernen Orten (die Inseln Elba und Sankt Helena) im Meer (*pontos*, griechisch für Meer; dieser Begriff kommt in mehreren Vierzeilern vor) finden.

Wir haben es hier mit einem guten Beispiel für Nostradamus' Reisen durch Zeit und Raum zu tun. Stellen wir diesen Vierzeiler der Geschichte gegenüber:

– 20. April 1792: *Kriegserklärung* an Kaiser Franz II. und erste Feindseligkeiten unweit von Lille am 28. April.

– 21. September 1792: Die verfassunggebende Nationalversammlung verkündet die *Abschaffung des Königtums* und ruft die Republik aus.

»Schreckensherrschaft, *verabscheuungswürdiges Regime,* das vom 31. Mai 1793 bis zum 9. Thermidor (27. Juli 1794), dem Tag der Verhaftung Robespierres auf Frankreich lastete. Diese *unheilvolle Zeit,* während derer Robespierre und der Wohlfahrtsausschuß im Namen der Bergpartei die Macht ausübten, wurde durch die Errichtung der Revolutionsregierung bestimmt (19. Vendémiaire des Jahres II im Revolutionskalender). *Ganz Frankreich war von Schafotten überzogen.*« *(Dictionnaire d'histoire* von Bouillet)

»Bonaparte faßte den Entschluß, Ägypten zu verlassen und alles zu riskieren, um französischen Boden zu betreten. Er befahl

---

[1] Schreckensherrschaft: Bezeichnung für die Phase der Herrschaft Robespierres (Juli 1793 bis Juli 1794) während der Französischen Revolution.

Gantheaume, zwei *im Hafen von Alexandrien* vor Anker liegende Fregatten unter Segeln zu halten ... Am 6. Fructidor (23. August 1799) ging er heimlich in Damiette an Bord und erreichte Fréjus und damit Frankreich am 15. Vendémiaire des Jahres VIII. Am 24. war er in Paris. Mit der Landung Bonapartes an der Küste der Provence war die *Republik gerettet;* doch sie war weit entfernt von jenem Rang, den sie nach dem Frieden von Campoformio eingenommen hatte ... Die Nachricht von seiner Landung wurde allenthalben mit außerordentlicher Freude aufgenommen. Die Unstimmigkeiten im Direktorium und den Räten waren den Franzosen nicht verborgen geblieben; man fürchtete (*»dubiteux«, also Zweifel haben*) um die Verfassung und glaubte, daß einzig und allein der starke Arm Bonapartes sie zusammenhalten und konsolidieren könne.« (*Histoire de France* von Anquetil).

– 20. April 1814: Napoleon bricht von Fontainebleau zur *Insel Elba* auf.

– 13. September 1815: Napoleon trifft auf *Sankt Helena* ein.

– 5. Mai 1821: Napoleon stirbt auf Sankt Helena *(Grab).*

BELAGERUNG VON SARAGOSSA
VOM 20. DEZEMBER 1808
BIS ZUM 21. FEBRUAR 1809

I, 33
Près d'un grand pont de plaine spatieuse,
Le grand Lyon par forces Césarées,
Fera abattre hors cité rigoureuse,
Par effroy portes lui seront resserrées.

In der Nähe einer großen Brücke auf einer weiten Ebene wird sich der große (britische) Löwe wegen der Niederlage der Streitkräfte von Saragossa geschlagen geben und diese kühne Stadt durch die geöffneten Tore (*reserare*, öffnen) inmitten des Schreckens verlassen.

Schlüsselwort dieses Vierzeilers ist der Begriff *Césarée*. Saragossa, die Hauptstadt von Aragon, hieß ursprünglich Salduba und dann Caesaraugusta. In bezug auf *»pont«*, also *Brücke,* gibt uns Bouillets *Dictionnaire d'histoire* Aufschluß:

»Voller Stolz durch den Widerstand, den sie im Jahre zuvor geleistet hatten, und im Bewußtsein des Wertes ihrer Stadtmauern entschlossen sich die Aragonier dazu, im Zuge der Verteidigung ihrer Hauptstadt Rache zu nehmen für alle Niederlagen, die sie auf offenem Gelände *(weite Ebene)* hatten einstecken müssen. Nach Tudela hatten sie sich mit insgesamt fünfundzwanzigtausend Mann dorthin zurückgezogen; in ihrem Gefolge waren zwanzig- bis fünfundzwanzigtausend Bauern mitgekommen, die nicht nur fanatisch, sondern auch hervorragende Schmuggler waren und gut schießen konnten, so daß sie hoch oben von einem Dach oder einem Fenster aus eben jene Soldaten Mann für Mann töten konnten, vor denen sie auf der *Ebene* die Flucht ergriffen hatten ... Man entdeckte, daß die Belagerten auf ihrer Seite Gänge gegraben hatten, und diese füllte man nun mit dreitausend Pfund Pulver. Um besonders viel Blut auf einmal fließen zu sehen, wurde ein offener Angriff vorgetäuscht, um so eine möglichst große Anzahl an Feinden auf die Verteidigungsposition zu locken. Und sogleich fanden sich Hunderte von Spaniern auf der Stadtmauer ein. Als der Kommandant des Angriffscorps, Oberst Breuille, den Befehl zum Zünden der Lunte gab, kam es zu einer ungeheuren Explosion, die die ganze Stadt erschütterte, und eine ganze Kompanie des valencianischen Regiments flog gemeinsam mit den Trümmern des Klosters San Francisco in die Luft. Es bot sich ein unfaßbares Bild des Schreckens ... Man schrieb den 18. Februar; fünfzig Tage währte unser Angriff auf Saragossa *(Caesar*augusta*)*, und wir hatten neunundzwanzig Tage lang versucht, die Mauern zu durchbrechen. An eben jenem Tag sollten wir die Universität in der Stadt in die Luft jagen und das unweit der *Ebrobrücke* am Stadtrand gelegene Kloster in unsere Gewalt bringen... Indessen wurden so viele Soldaten wie möglich hineingebracht, und vom Kloster aus lief man zur *Brücke...* Diese brillante und entscheidende Operation, die von Lannes selbst angeführt wurde, hatte uns nicht mehr als zehn Tote und hundert Verletzte gekostet... Am darauffolgenden 20. fand sich die Junta im Lager ein und erklärte sich zur Übergabe der Stadt bereit. Den Vereinbarungen zufolge sollte das, was von der Garnison übrig geblieben war, die Stadt durch das *Haupttor* – das sogenannte Portillo – *verlassen,* die Waffen abgeben und in Kriegsgefangenschaft gehen ... Damit nahm dieser zweite Spanienfeldzug ein Ende, der in Burgos, Espinosa und Tudela seinen Anfang und in Saragossa *(Caesaraugusta)* sein Ende gefunden hatte. Ein Feldzug, der durch die Anwesenheit Napoleons auf der Iberischen Halbinsel, den überstürzten *Rückzug* der Engländer (des großen Löwen) und einer neuen offensichtlichen

Ergebenheit der Spanier König Josef gegenüber gekennzeichnet war.« (*Histoire de l'Empire,* Adolphe Thiers)

DIE NIEDERLAGEN IN ITALIEN
DIE SCHLACHT VON TOULOUSE 1814

II, 33
Par le tourrant qui descend de Veronne,
Par lors qu'au Pau guidera son entrée:
Un grand naufrage, et non moins en Garonne,
Quand ceux de Genes marcheront leur contrées.

Über den Fluß (die Etsch), der aus Verona herabfließt, wenn (die österreichische Armee) bis zum Po (lat. *Padus*) vordringt, wird es eine große Niederlage geben, die nicht weniger bedeutsam ist als die an den Ufern der Garonne (Toulouse), wenn jene, die in Genova eingetroffen sind, den Boden ihres Landes betreten (»marcheront« vom altfranzösischen Wort »marchier«, also mit Füßen treten, betreten).

Zur Verschlüsselung des Wortes Po und zur Einhaltung des Versmaßes greift Nostradamus auf zwei grammatikalische Kunstgriffe zurück: Durch eine Synkope entfällt das mittlere »d« aus *Padus* und durch eine Apokope das »s« am Wortende. Andererseits wird Verona durch Hinzufügung eines zweiten »n« zu »Veronne«, damit es sich auf »Garonne« reimt.

»Murat[1] hielt es 1813 weiterhin für seine Pflicht und in seinem Interesse, die letzten Anstrengungen des Kaisers zu unterstützen, und nahm so am Ende jenen Jahres gemeinsam mit diesem die Gefahren des Deutschlandfeldzugs und der Schlacht von Leipzig auf sich. Diese letzte Niederlage und der Vorstoß auf französisches Gebiet in den ersten Monaten des Jahres 1814 führten zu einer völligen Loslösung der italienischen Interessen von den französischen. Die beiden Könige (Eugen und der König von Neapel) waren sich zuletzt uneins. Eugen konnte Murat nicht verzeihen, den Kaiser zu früh im Stich gelassen zu haben; Murat hingegen wollte sich nicht länger mit Neapel zufriedengeben und strebte die Herrschaft über ganz Italien an. Ein jeder wollte auf Kosten des anderen seinen Vorteil wahren. Im ent-

---

1 Murat: französischer Marschall; 1808 von Napoleon zum König von Neapel bestimmt.

scheidenden Augenblick brachten die Zwistigkeiten zwischen den beiden alles zum Erliegen. Während Vizekönig Eugen sich in *Verona* auf die Verteidigung der Etsch gegen die österreichischen Truppen unter Bellegarde konzentrierte, brachte Murat ein Manifest gegen ihn in Umlauf und versuchte, hinterrücks die Oberhand über ihn zu gewinnen; dann besetzte er Rom, Ancona und Bologna und behinderte damit sämtliche Operationen, die er eigentlich hätte unterstützen müssen... Eugen seinerseits versuchte, Anhänger und Freiwillige zu gewinnen, indem er ein wenig Tatkraft zeigte und einige Schlachten am Mincio gewann. Murat machte deren Nutzen zunichte, indem er Bellegarde über Bologna die Hand reichte und damit alles verlor. Bentinck, mit dem er gerechnet hatte, war mit siebentausend Sizilianern und Engländern in der Toskana an Land gegangen und erklärte die Provinz für von der französischen Verwaltung befreit; er bemächtigte sich der Stadt *Genova* und *besetzte* so zwischen den beiden französischen Königen *sämtliche bedeutenden Punkte der Halbinsel (werden den Boden ihres Landes betreten)...* Der österreichische General Bellegarde stieß mit dem ausdrücklichen Einverständnis Eugens, der für sich alles verloren sah, auf das Gebiet von Mailand vor und *drang* unter dem Vorwand, dort für Ordnung zu sorgen, ohne Widerstand in die Hauptstadt des italienischen Königreichs *vor;* zwei Monate später, am 12. Juni, wurde in den Pariser Verträgen Italien bis zum Po und ins Tessin der österreichischen Monarchie zugeschlagen.« *(Histoire de l'Italie,* Jules Zeller)

Am 10. April 1814 schlägt Wellington eine weitere Schlacht gegen Soult, die ihm die Tore von Toulouse (in der *Garonne*) öffnet.

DER FRANKREICHFELDZUG
DAS ENDE VON NAPOLEON I.

I, 22

Ce qui vivra et n'ayant aucun sens,
Viendra léser à mort son artifice,
Autun, Châlons, Langres et les deux Sens,
La gresle et glace feront grand maléfice.

Jener, der ohne gesunden Verstand gelebt haben wird, wird sein Talent (»artifice« heißt im Französischen nicht nur Kunstgriff oder List, sondern auch Talent oder Begabung) dem Tode weihen, nach Autun, Châlons, Langres und den beiden Sens [Sens und Paris]:»Sens war lange Zeit die Metropole von Paris: der Erzbischof der Stadt gab sich den Titel des ›Primat des Gaules‹ (also des Primas der Gallier).« (*Dictionnaire d'histoire* von Bouillet). Hagel und Eis werden großen Schaden anrichten.

»Zur Eröffnung des Feldzugs befehligt General Duhesme die ›Junge Garde‹, der Kaiser hofft, die Zahl der Divisionen wachsen zu sehen. General Guye hat sich dem Kaiser in Autun angeschlossen.« (*Napoleon et la Garde Impériale*, Henri Lachouque).

»Zar Alexander zeigte bereits erste Ansätze, nur noch in *Paris* selbst verhandeln zu wollen. Gleichzeitig rückten die verschiedenen Heere einander näher. Während die Truppen des Fürsten Schwarzenberg um *Langres* Stellung bezogen hatten, hatte Blücher nach dem Verlassen von Nancy Saint-Dizier durchquert, dort das russische Regiment unter Lanskoi zurückgelassen, um den Eindruck zu vermitteln, daß er entlang der Marne nach *Châlons* vordringen würde. In der anderen Richtung, das heißt auf die Marne zu, wiederholte Napoleon seinen Befehl an Marschal Macdonald, sich mit allem, was er aus den rheinischen Provinzen zusammengezogen hatte, in *Châlons* einzufinden. Gleichzeitig widmete er sich der Verteidigung der Seine und der Yonne und wiederholte den Befehl, Pajol neben der kleinen Reservetruppe von Bordeaux, die über Orleans marschierte, auch die gesamte in Versailles stehende Kavallerie zuzuführen. Pajol sollte mit diesen ihm zur Verfügung gestellten Truppen Montereau, *Sens,* Joigny und Auxerre halten.« (Adolphe Thiers, *Histoire de l'Empire*)

»Angesichts des massiven Vorstoßes der Verbündeten entschließt sich Marmont, an dessen Seite Mortier geeilt war, zur Rückwärtsverteidigung. Nachdem es ihnen unmöglich ist, zum Kaiser vorzustoßen, halten sie zumindest die Stellung in *Paris*... Doch auf seiten der Verbündeten trifft unablässig neue Verstärkung ein. In dem Augenblick, da sie sich dieser ›menschlichen Lawine‹ gegenübersehen, die sie zu überrollen droht, bricht zu allem Übel ein *heftiges Unwetter* herein, und die *Hagelkörner* treffen die Franzosen wie Peitschenschläge mitten ins Gesicht... Beim Verlassen von Reims wollte der Kaiser sich in Richtung Osten halten, um die Garnisonen der befestigten Stellungen zusammenzuziehen und das Kriegsgeschehen dorthin zu verlagern. Nach den schweren Tagen von Arcis entschließt er sich, mit aller Kraft die Kommunikation zwischen den Verbündeten

zu unterbrechen. Er befiehlt Marmont und Mortier sowie der aus
Paris eingetroffenen Verstärkung, zu ihm nach Saint-Dizier
vorzustoßen. Dieser kühne, dem genialen Talent Napoleons
wahrhaft würdige Plan war jedoch zum Scheitern verurteilt.«
(*Napoléon et l'Empire,* Hachette, 1968)

ÜBERFÜHRUNG DER ASCHE NAPOLEONS NACH FRANKREICH 1840 BEISETZUNG IM INVALIDENDOM UND GRABEINWEIHUNG AM 2. DEZEMBER 1861

I, 43
Avant qu'advienne le changement d'Empire,
Il adviendra un cas bien merveilleux.
Le champ mué, le pilier de porphire,
Mais transmué sur le rocher noilleux.

Nachdem das (zweite) Kaiserreich (durch die III. Republik) ersetzt worden sein wird, wird ein herrliches Ereignis eintreten: Jener, der für einige Zeit (»mais« bedeutet im Altfranzösischen »für einige Zeit«) auf einen »schwarzen« Felsen (»noilleux« vom lateinischen *nigellus,* schwärzlich) gebracht worden war, wird an einen anderen Ort verlegt und unter eine Porphyrsäule gebettet werden.

»Im Jahre 1840 wurde die Asche Napoleons I. in das von Mansard errichtete Bauwerk überführt und bis zum Bau eines besonderen Grabmales in der Sankt-Hieronymus-Kapelle des Invalidendoms deponiert. Nach einer entsprechenden Auslobung entschied sich die Jury für einen Entwurf von Visconti, der unterhalb der Kuppel die Ausschachtung einer acht Meter tiefen, kreisförmigen Krypta mit gleichem Radius vorsah, die zur Aufnahme eines hohen marmornen Zenotaphs bestimmt war. Der aus einem Block gehauene große Porphyrsarkophag ruht auf einem sternförmigen Bodenmosaik, dessen Randinschriften an die großen Siege des Kaisers erinnern. Die Einweihung des Grabmals fand erst am 2. Dezember 1861 statt.« *(Dictionnaire Larousse)*

»Sankt Helena: Insel im Atlantischen Ozean; die Hälfte der Bevölkerung besteht aus Schwarzen. Felsen, die schroff und unerklimmbar zum Meer hin abfallen.« (*Dictionnaire d'histoire* von Bouillet)

»Napoleon I. kehrte 1840 nach Paris zurück – auf Betreiben von Louis-Philippe und Thiers, welche die Verunglimpfungen und Zerrbilder der damaligen Zeit vergessen machen und Frankreich mit einem monumentalen Spektakel auf andere Gedanken bringen wollten. Eine Million Franzosen schrien: ›Es lebe der Kaiser!‹ als der riesige Sarg durch die Straßen der Stadt zum Invalidendom getragen wurde, gefolgt von dem ergrauten Betrand, dem weißharigen Gourgaud und dem zu Tränen gerührten Marchand (welch einzigartiger Anblick).« (*Napoleon et l'Empire*, Hachette, 1968)

DAS ZWANZIGSTE JAHRHUNDERT DER LINKEN GLEICHHEIT DER MEINUNGSÄUSSERUNG

II, 10
Avant longtemps le tout sera rangé,
Nous espérons un siècle bien senestre:
L'estat des masques et des seuls bien changeé
Peu trouveront qu'à son rang veuille estre.

Binnen kurzem wird alles neuen Gesetzen unterworfen werden (»rangé« von »ranger«: mit Zwang unterwerfen, ein Land in seine Gewalt bringen oder seinen Gesetzen unterwerfen. Man hofft auf ein Jahrhundert ziemlich weit links (lat. *senester,* links): Das Aussehen der Menschen und der Jahrhunderte (»seule« ist eine altfranzösische Variante von »siècle«, Jahrhundert) wird sich sehr verändern. Nur wenige werden denken, daß man noch seinem Stande gemäß das Wort ergreifen kann.

»Die während der Präsidentschaft Jules Grévys von 1879 bis 1886 vollbrachte gesetzgeberische Arbeit war beachtlich; sie war zweifellos die bedeutendste Leistung in Frankreich seit dem Consulat[1], und die Züge (»masques«, Masken) des modernen Frankreich sind von ihm stark mitgeprägt worden. Zu Beginn des Jahres 1882 wurde das Ministerium des wahren Begründers des Regimes, Gambetta, von den Führern der Republikaner auf Eis gelegt: Er war 77 Tage im Amt gewesen! Kurz darauf ließ sich Jules Ferry dazu hinreißen, wenn nicht direkt zu sagen, so doch anzudeuten,

---

1 Consulat: Aus dem Staatsstreich vom 9. November 1799 hervorgegangene Regierung Frankreichs, bestehend aus 3 Konsuln: (Napoleon) Bonaparte, Cambacérès und Lebrun.

daß die *Gefahr von links* komme. Unter den Rechten kam das Gefühl auf, daß ›der Geist des Bösen im ewigen Neinsagen liege‹, und man war bemüht, Methodik und Geist zu ändern.« (Albert Jourcin, *Prologue à notre siècle,* Librairie Larousse, 1968)

Es fragt sich, ob Nostradamus den Begriff »*senestre*« nicht im doppelten Sinne von »links« und »Gefahr« (vom Französischen »sinistre«, also Unheil oder Gefahr) verwendet hat.

ÜBERSCHWEMMUNGEN IN NÎMES OKTOBER 1988

X, 6
Gardon Nemans si hault déborderont,
Qu'on cuidra Deucalion renaistre
Dans le Colosse, la plupart fuiront,
Vesta sepulchre feu estaint aparaistre.

Ein Wildbach (der Gardon ist ein Wildbach in den Cevennen) wird in Nîmes so stark über die Ufer treten, daß man glaubt, im Amphitheater (»Colosse« steht für Kolosseum) sei die Sintflut zurückgekehrt. Die Menschen werden flüchten, andere werden in der Dunkelheit sterben (»feu estaint« von »feu éteint«, zu deutsch erloschenes Licht: Stromausfall).

In mehreren Ausgaben aus dem siebzehnten Jahrhundert steht in diesem Vierzeiler »Nyme« anstelle von »Nemans«. Die Drucker des sechzehnten Jahrhunderts haben offensichtlich das »u« in Nemaus zu einem »n« gemacht (die lateinische Bezeichnung für Nîmes ist *Nemausus).*

In der griechischen Mythologie ergreift Deucalion, der Sohn des Prometheus, des wilden Lebens im Land der Skythen, in das sein Vater ihn verbannt hatte, müde geworden, die erste Gelegenheit und übernimmt die Herrschaft von Thessalien unweit des Berges Parnaß. Während seiner Regentschaft kommt es zu der berühmten Sintflut. Angesichts der wachsenden Frevelhaftigkeit der Menschen beschließt Zeus, diese durch Wassermassen zu vernichten; nur ein einziger Berg in Phokis ragt aus den Fluten hervor. Hier landet Deucalion, der Rechtschaffenste unter den Menschen, in einem kleinen Boot. In ihm sehen wir die biblische Gestalt Noahs wieder. Vesta war die Göttin des Feuers, von den Griechen Hestia genannt, was soviel wie »häuslicher Herd« bedeutet. Ihre Aufgabe bestand im wesentlichen darin, das Feuer zu hüten, das ihr anvertraut war, und darauf zu achten, daß es nicht erlosch.

Während der Katastrophe erschien in der Zeitschrift *Paris Match* ein Bild des überschwemmten Amphitheaters mit folgendem Kommentar: »*Das Amphitheater,* Ort der Begegnung von Mensch und Stier, hat sich plötzlich in ein tragisches Theater verwandelt. Und die zweitausendjährigen Steine wurden zum Opfer der Naturgewalten. Nach der *Sintflut* erhob es sich wie ein großes Frachtschiff aus der überschwemmten Stadt.«

Die Katastrophe forderte elf Menschenleben, und die Stromversorgung in der ganzen Stadt war unterbrochen.

KAPITEL I

Die Prophezeiung
Eine Reise durch das Raum-Zeit-Kontinuum

An allem zu zweifeln oder alles zu glauben sind gleichermaßen bequeme Lösungen, denn beide bewahren uns vor dem Denken.
HENRI POINCARÉ, *Wissenschaft und Hypothese*

Spricht man mit einem vernunftorientierten Menschen über Prophezeiungen, so wird dieser mit absoluter Sicherheit behaupten, daß es unmöglich sei, etwas »vorher-zusehen«. Bittet man ihn, seine Behauptung rational und wissenschaftlich zu beweisen, so verfügt er über kein einziges tragfähiges Argument, um seine These zu untermauern. Wer aber ein Mindestmaß an Bescheidenheit in sich trägt, muß einfach zugeben, daß wir eigentlich so gut wie nichts über die Funktion des menschlichen Gehirnes wissen, welches der modernen Medizin immer noch die größten Rätsel aufgibt. Der Mensch verfügt über die unterschiedlichsten Begabungen und Talente – manche davon nahezu einmalig in ihrer Art, denn nur einzelne oder einige wenige sind damit ausgestattet. Es hat nur einen einzigen Rembrandt, einen einzigen Leonardo da Vinci und einen einzigen Einstein gegeben. Die beiden Letztgenannten besaßen eine Art »Vor-Wissen«. Leonardo da Vinci konnte sich einen Hubschrauber, ein Unterseeboot und andere Dinge mehr vorstellen. Als Einstein seine allgemeine Relativitätstheorie verkündete, gab es nicht einmal ansatzweise einen fundierten Beweis dafür, und doch hat sich erwiesen, daß diese Theorie in der Tat ein wesentlicher Ausgangspunkt für die Astrophysik und eine Vielzahl anderer Gebiete der Grundlagenforschung war.

Als Paul Langevin im Jahre 1913 sein Zwillingsparadoxon vorstellte, konnte er nicht ahnen, daß erst 1971 Studien in den Vereinigten Staaten dessen Gültigkeit beweisen und damit aus einer Hypothese ein physikalisches Gesetz machen würden. Der Nachweis des Paradoxons gelang mit Hilfe von Cäsiumuhren, die bei Ortsveränderung im Flugzeug mal schneller, mal langsamer gingen, je nachdem, ob man sie von der am Boden stationierten Richtuhr aus nach Osten oder Westen beförderte. Das bedeutet, daß bei Lichtgeschwindigkeit der einer Beschleunigung ausgesetzte Zwilling seinen lange zuvor verstorbenen Bruder überlebt hätte. Gibt es wirklich einen so großen Unterschied zwischen solchen Visionären der Wissenschaft und dem Visionär der Geschichte, den man gemeinhin Prophet nennt? Diese Frage mit ja zu beantworten würde doch wohl überheblich erscheinen.

Was die Dimension von Raum und Zeit anbelangt, stehen die Wissenschaftler noch ganz am Anfang ihrer Forschungen, und sie sind weise genug, dies zu erkennen und zuzugeben. Im Oktober 1988 erschien in *Ciel et Espace,* der Zeitschrift der französischen astronomischen Gesellschaft (AFA), ein Artikel von Alain Bouquet, einem bei der französischen Forschungseinrichtung CNRS[1] tätigen Physiker, unter dem Titel »Dans l'abîme du temps« (In der Unermeßlichkeit der Zeit). Darin schreibt er: »Was ist Zeit? Die Antworten auf diese Frage gehen auseinander. Für den Physiker, den Astronomen, den Philosophen und den Poeten hat die Zeit nicht die gleiche Bedeutung; dennoch rätseln alle mit leidenschaftlichem Interesse an der Frage: Kann sie rückwärts laufen? Die modernen Theorien der Astrophysik schließen dies nicht aus, wenn sie dem Zeitvektor keine Richtung geben.« Etwas weiter heißt es: »Die drei Dimensionen des Raumes verschmelzen mit der Dimension der Zeit zu einem vierdimensionalen, universalen Raum-Zeit-Kontinuum. Dieses Raum-Zeit-Gefüge enthält die Gesamtheit aller vergangenen, gegenwärtigen und zukünftigen Ereignisse – und zwar ebenso determiniert wie bei Laplace[2] nachzulesen ist.«

Damit gelangen wir zu folgenden grundsätzlichen Fragen: Müssen wir immer noch das große Buch des Universums von der ersten bis zur letzten Seite lesen? Und warum können wir nicht, mit der letzten Seite beginnend, von hinten nach vorne lesen? Alain Bouquet formulierte es so: »In einem Gesamt-Universum gibt es keinen Unterschied zwischen Vergangenheit, Gegenwart und Zukunft.«

Im Brief an seinen Sohn César sagt Nostradamus nichts anderes, wenn er schreibt: »...Seine Schöpferkraft rührt von ferne an das weite Feld der menschlichen Erkenntnis, die ihren allerersten Ursprung im freien Willen hat. Sie offenbart jene Ursachen, die nicht aus sich selbst heraus erkennbar sind, weder durch menschliche Deutungen noch durch irgendeine andere Form der Erkenntnis oder okkulte Wissenschaft unter dem Himmelszelt, wenn auch die gesamte Ewigkeit, welche alle Zeiten in sich schließt, gegenwärtig ist. Aufgrund dieser Unteilbarkeit der

---

1 CNRS: Centre National de La Recherche Scientifique, das nationale Forschungszentrum Frankreichs.
2 Laplace, Pierre Simon, Marquis de: französischer Physiker und Astronom (1749-1827); seine »Mechanik des Himmels« ist eines der wichtigsten Werke der klassischen Himmelsmechanik.

Ewigkeit aber lassen sich die Ursachen aus den Bewegungen der Himmelskörper erkennen.« An anderer Stelle fügt er folgenden Satz hinzu, den kein moderner Astrophysiker in Zweifel ziehen könnte: »Man kann Einsicht in zukünftige Ursachen gewinnen, indem man die Vorstellungen, die die Phantasie einem vorgaukelt, weit von sich weist, und die Orte selbst bestimmt sowie gewisse Abschnitte der Zeit (mit anderen Worten: ein Teil des Raum-Zeit-Kontinuums), die ihre geheimnisvolle Bedeutung durch die Gnade und Kraft der göttlichen Allmacht besitzt, vor deren Allgegenwart die drei Zeiten (Vergangenheit, Gegenwart, Zukunft) zur Ewigkeit zusammengeschlossen sind, während ihr Ablauf an die vergangenen, gegenwärtigen und zukünftigen Ursachen gebunden ist.« Was Nostradamus hier sagt, war für seine Zeitgenossen völlig unverständlich, und selbst heute ist es für gewöhnliche Sterbliche nur schwer zugänglich. Unser Reisender durch Raum und Zeit wiederholt diesen Grundsatz wie ein Leitmotiv: »Durch den Lauf der Zeit kennt man die Zukunft.« An anderer Stelle heißt es: »Und ich habe meine Berechnungen zu den kommenden Ereignissen durchgeführt, in freiem Geiste und auf eine (für andere) unzugängliche Weise; wenn man die vergangenen Zeiträume bis heute heranzieht, so wird man durch den Lauf der Zeit allerorten Einblick in die Zukunft gewinnen.« Zeit und Orte – oder anders formuliert: das Raum-Zeit-Kontinuum. Ist es nicht erstaunlich, heute, im zwanzigsten Jahrhundert mit seinem explosionsartigen wissenschaftlichen Fortschritt, von einer Theorie über das Raum-Zeit-Gefüge zu lesen, die bereits vor viereinhalb Jahrhunderten aufgestellt wurde? Das muß uns doch zu der Annahme führen, daß Nostradamus jenes Phänomen kannte, um das es hier geht. Sein immer wiederkehrender Hinweis, daß alles vom Schöpfergott kommt, gibt Anlaß zu der Vermutung, daß er den Schöpfer und das Geschaffene als Einheit betrachtet – als ein Raum-Zeit-Kontinuum.

Seit kurzem melden manche Astrophysiker Zweifel am berühmten Urknall an. Und selbst wenn dieses Ereignis am Anfang der Entstehung des Kosmos gestanden hätte – wer oder was hat es ausgelöst? Voltaire konnte sich dieses riesige Uhrwerk nicht ohne einen Uhrmacher vorstellen, der es erschaffen hat. Ob man nun der negativen oder der positiven Hypothese Glauben schenkt, hängt von der Sensibilität des einzelnen ab. Unter den großen Wissenschaftlern gibt es sowohl Gläubige als auch Atheisten, und ihr gemeinsames Arbeitsfeld führt sie zu diametral entgegengesetzten Schlußfolgerungen. Es erscheint daher weise, den Standpunkt eines jeden zu respektieren, denn weder der Wissenschaftler noch der Poet oder der Philosoph hat auf diesem Gebiet die Wahrheit für sich gepachtet; und nichts erscheint selbstgerechter oder anmaßender, als kategorisch zu erklären: Es gibt einen Gott, oder es gibt ihn nicht.

Doch kehren wir zu Nostradamus und seiner möglichen Fähigkeit zurück, zu einem Teil dieses Raum-Zeit-Kontinuums Zugang zu haben. Es geht hier nur um einen Teil des Raum-Zeit-Gefüges, da die prophetische Vision der Begrenzung in Zeit und Raum unterliegt. Mit Hinblick auf die Zeit scheint Nostradamus' »Vorausschau« um das fünfte Jahrhundert v. Chr. zu beginnen und etwa um 2026 zu enden. Was den Raum anbelangt, so beschränkt er sich – wie er selbst schreibt – auf Europa, Afrika und einen Teil Asiens. Mit anderen Worten: Er konnte das Mittelmeer überqueren, nicht jedoch den Atlantik. Verschiedene Indizien sprechen für diese Hypothese. Wenn Nostradamus beispielsweise General de Gaulle mit General Thrasybulos vergleicht, der Athen in dem 431 v. Chr. ausgebrochenen Peloponnesischen Krieg vom spartanischen Joch befreite, gewinnt man den Eindruck, er habe jenen Krieg und den Zweiten Weltkrieg gleichzeitig gesehen.

So konnte er feststellen, daß das politische System Spartas mit dem der Nationalsozialisten durchaus vergleichbar war. Im Alter von zehn Jahren wurden die Knaben ihrer Mutter weggenommen und organisierten Jugendbewegungen zugeführt. Alte, behinderte Kinder und überflüssige Mäuler wurden eliminiert. Die Spartaner waren fremdenfeindlich, und es gab bei ihnen ein Verbot, sich mit Ausländern (vom Griechischen, »meta-oikos«, wörtlich: »wer nicht zum Haus gehört« oder im weiteren Sinne: »Fremder«) zu vermählen. Nach der Einführung der Herrschaft der »Dreißig Tyrannen« durch die Spartaner[1] wählten viele Athener den Weg ins Exil, während andere sich zu Gruppen berufsmäßiger Denunzianten – den sogenannten Sykophanten (die Miliz) – zusammenschlossen, die es sich zur Aufgabe machten, den spartanischen Besatzern sämtliche ihnen feindlich gesinnte Personen auszuliefern. An der Spitze der nach Theben, einer mit Athen verbündeten demokratischen Macht (England), geflohenen Exilanten stand General Thrasybulos, der von dort aus zum Widerstand gegen die spartanischen Eindringlinge aufrief. Un-

---

1 Dreißig Tyrannen: Mit der Kapitulation Athens (401) im Peloponnesischen Krieg erfolgt die Anerkennung der Hegemonie Spartas und die Zwangseinführung der Oligarchie, d.h. Gruppenherrschaft der 30 Tyrannen.

ter seiner Führung gelang es einer kleinen, täglich wachsenden Truppe, Athen von den Besatzern zu befreien. Und als ob diese Parallele zwischen dem Krieg am Peloponnes und dem Zweiten Weltkrieg nicht ausreichen würde, setzte Thrasybulos die Solonischen Gesetze wieder in Kraft, die demokratische Ordnung also, die vor der Invasion gegolten hatte. General de Gaulle tat genau das gleiche, als er die vierte Republik ausrief, nachdem die deutschen Besatzer die dritte zunichte gemacht hatten. Die Ähnlichkeiten zwischen beiden Konflikten ist mithin frappierend.

Für Nostradamus läuft dies alles wie ein Film auf einer Leinwand ab, in dem dieser fünfundzwanzig Jahrhunderte währende Geschichtsabschnitt dargestellt ist. Es muß sich ihm im Jahre 1555 eine parallele Vision dieser beiden Kriege dargeboten haben, während für seinen Zeitgenossen, König Heinrich II., der Peloponnesische Krieg der Vergangenheit und der Zweite Weltkrieg der Zukunft angehörte. Diese Hypothese ist von größter Bedeutung, denn sie widerspricht der These des Determinismus – der Theorie, alles geschehe nach Naturgesetzen – und erklärt, warum Nostradamus sich, wie er selbst in dem bereits zitierten Brief an seinen Sohn César schreibt, auf den »freien Willen« stützt. Er ist in der Tat in der Lage, die Wahnsinnstaten der Menschen zu sehen, ob diese nun 431 v. Chr. oder 1940 begangen werden. Vor dem Hintergrund der Geschichte könnte man dies auch so ausdrücken: Er sah im Jahre 1555 die Kriege und Greueltaten, die die Menschen von jenem Zeitpunkt an bis ins Jahr 2026 verüben würden. Sinn und Zweck der Vierzeiler ist es, die mörderischen Freveltaten der Menschheit anzuprangern. Aus diesem Grunde wird man in den Schriften des Nostradamus vergeblich nach der Erfindung des Fahrrads, des Telefons oder des Fernsehers suchen. Auch die Erfindung der Atomkraft ist für ihn kein Thema. Die Katastrophen aber, die von eben jener Erfindung ausgelöst werden, beschreibt er in allen Einzelheiten, so zum Beispiel die Reaktorexplosion im Kernkraftwerk von Tschernobyl oder die Zerstörung von Hiroschima und Nagasaki, die er mit folgenden eindrucksvollen Worten ankündigt:

II, 91
Soleil levant un grand feu on verra,
Bruit et clarté vers Aquilon tendans;
Dedans le rond mort et cris l'on orra,
Par glaive, feu, faim, mort les attendans.

In Japan (dem Reich der aufgehenden Sonne) wird ein großes Feuer zu sehen sein; Lärm und Licht (der Knall und die immense Helligkeit, wie sie bei einer Atomexplosion entstehen) werden sich auf Rußland (Aquilonien oder das Reich des Nordens, das noch bis zum ehemaligen japanischen Gebiet der Kurilen reicht) zubewegen. Im Umkreis des Todes werden Schreie zu hören sein. Durch Krieg, Feuer und Hungersnot werden die Menschen dem Tod ins Auge sehen. In einem weiteren Vierzeiler wird jene schreckliche Katastrophe beschrieben, die zur Auslöschung der beiden japanischen Städte geführt hat:

II, 6
Auprès des portes et dedans deux cités,
Seront deux fléaux et onc n'aperceu un tel:
Faim, dedans peste, de fer hors gens boutés,
Crier secours au grand Dieu immortel.

Unweit der Tore (Japan, das Tor des Orients) und in zwei Städten (Hiroschima und Nagasaki) werden zwei Plagen auftreten, wie sie niemand zuvor je gesehen hat (erster Einsatz der Atombombe); diese Plagen werden Hunger und Krankheit mit sich bringen; die Menschen werden mit etwas anderem als dem Eisen (dem Symbol des Krieges – Uran?) geschlagen, und sie werden den Kaiser (den Vertreter Gottes auf Erden) um Hilfe anrufen.

Die von Nostradamus gegebenen Beschreibungen legen nahe, daß er wirklich gesehen hat, wie die beiden japanischen Städte im atomaren Feuer verbrannten, denn er spricht davon, als handle es sich hier um für ihn bereits vergangene Ereignisse. Und die Formulierung »eine Plage, wie sie niemand zuvor je gesehen hat« weist auf seine Reise durch Raum und Zeit hin, denn eine solche Katastrophe hat es vor 1555, zum Zeitpunkt seiner Beschreibung also, ebensowenig gegeben wie vor 1945. Nostradamus bewegt sich hier also über einen Zeitraum von vierhundertneunzig Jahren und eine Entfernung von zwanzigtausend Kilometern hinweg. Diese beiden Vierzeiler zeigen darüber hinaus, daß Nostradamus, auch wenn er an keiner Stelle von den amerikanischen Kontinent berührenden Ereignissen berichtet, durchaus die Bedeutung Amerikas und dessen Einflußnahme auf die Kontinente in seinem Interessensbereich – »Europa, Afrika und ein Teil von Asien« – erkannt hat.

Ein weiteres Beispiel für diese außergewöhnliche Wahrnehmung des Raum-Zeit-Kontinuums finden wir in dem bereits in der Präambel zitierten Satz, in dem Nostradamus für 1792 das Ende des »Ancien régime« ankündigte. Seine Wertung, derzufolge jenes Jahr als eine Erneuerung des Jahrhunderts angesehen werde, läßt sich nur anhand der Vorstellung erklären, daß er gleichzeitig dreizehn Jahrhunderte Monarchie und die fünf Republiken vor Augen hatte.

Am Anfang seines Briefes an Heinrich, König von Frankreich, schreibt Nostradamus selbst, welchen Teil des Raum-Zeit-Gefüges er kennenlernen durfte: »Ich hoffe, vom heutigen Tage, dem 14. März 1557, an gerechnet, all jene Ereignisse niedergeschrieben zu haben, die die kommenden Jahre, die Orte, die Städte, die Regionen berühren werden – einschließlich der Jahre 1585 und 1606. Und ich bin weit über diese Zeiten hinausgegangen bis zum Anbruch des siebten Jahrtausends, wohin ich durch reifliche Überlegung und dank meiner astronomischen Berechnungen sowie anderer Kenntnisse gelangen konnte ... mithin ist das Ganze für ausgesuchte und ganz bestimmte Tage und Stunden zusammengestellt und berechnet worden.« Auch hier verweist Nostradamus auf die »anderen Kenntnisse«, ohne diese näher zu beschreiben, weil er sonst – es war die Zeit der Inquisition – Gefahr gelaufen wäre, als Ketzer verbrannt zu werden. Nach der biblischen Zeitrechnung beginnt das siebte Jahrtausend im Jahre 2000; zu den vierzig Jahrhunderten des Alten Testaments sind die zwanzig Jahrhunderte christlicher Zeitrechnung hinzuzufügen.

In *Nostradamus, Historiker und Prophet* wurde ausführlich erläutert, wie Nostradamus auf sorgfältig verschlüsselte Weise den Endzeitpunkt seiner prophetischen Vision auf die ersten Jahre des siebten Jahrtausends datiert. In dem Brief an seinen Sohn César schreibt er: »So habe ich prophetische Bücher verfaßt ..., welche fortlaufende Weissagungen von der Gegenwart (1555) bis zum Jahr 3797 beinhalten.« Er spricht hier von einem Zeitabschnitt zwischen den beiden genannten Jahreszahlen, also von 2242 Jahren. Rechnet man diese 2242 Jahre zu den 4757 Jahren der biblischen Zeitrechnung hinzu, so kommt man zum Jahr 6999 (jüdische und christliche Ära zusammengerechnet), was nach christlicher Zeitrechnung dem Jahr 1999 entspricht. Nachdem Nostradamus in zwei Vierzeilern ankündigt, daß die Kriege des Antichristen vor 1999 beginnen und siebenundzwanzig Jahre dauern werden, dürfte das Ende der Prophezeiungen zwischen 2023 und 2026 liegen. Diese Art der Berechnung ist uns nicht geläufig, und daher ist es nicht ganz einfach, die in den Schriften des Nostradamus enthaltenen Zeitangaben zuzuordnen.

Eine solch ungewöhnliche Sicht der Geschichte zwingt den Exegeten förmlich zu dem Schritt, sein eigenes Raum-Zeit-Gefüge zu verlassen – er, ein Gefangener des Ortes, an dem er sich gerade aufhält! Wie viele Hörer, Leser und Journalisten haben mir seit 1980 geschrieben oder Kontakt mit mir aufgenommen, um von mir zu erfahren, was im nächsten Jahr geschehen würde! Bei seiner Reise durch das Raum-Zeit-Kontinuum arbeitet Nostradamus keine Zeittafel aus, vielmehr beschreibt er eine Verkettung und einen Ablauf von ineinander verschachtelten Ereignissen. Das macht die Entwirrung und Entflechtung keineswegs einfacher. So kann es ohne weiteres geschehen, daß in einem Vierzeiler von einem vergangenen und einem zukünftigen Ereignis oder von zwei durch mehrere Jahre oder gar Jahrhunderte voneinander getrennten Ereignissen die Rede ist, wo doch für Nostradamus in seinem Raum-Zeit-Kontinuum beide Ereignisse zeitgleich in der relativen Gegenwart geschehen. Dies macht eine chronologische Zuordnung der Ereignisse und Vierzeiler nach herkömmlichen Kriterien zu einem Ding der Unmöglichkeit.

Die Schriften des Nostradamus enthalten nur wenige eindeutige Zeitangaben: 1792 und 1999. Nachdem sich erstere bestätigt und bewahrheitet hat, gibt es keinen logischen Grund dafür, die Gültigkeit der zweiten beziehungsweise das Eintreten der für diesen Zeitpunkt angekündigten Begebenheiten in Frage zu stellen, denn der Raum-Zeit-Theorie zufolge haben sie sich bereits ereignet, wenn nicht der freie Wille ...

Hier ein Beispiel dafür, wie in einem Vierzeiler zwei Ereignisse angekündigt werden, zwischen denen eine Zeitspanne von zweiundvierzig Jahren liegt:

III, 59
Barbare empire par le tiers usurpé
La plus grand part de son sang mettra à mort:
Par mort sénile par lui le quart frappé,
Pour peur que sang par le sang ne soit mort.

Die Dritte Republik wird den Maghreb an sich reißen, dessen Namen im sechzehnten Jahrhundert »Barbareskenküste[1]« lautete, und viele Menschen werden niedergemetzelt; die alters-

---

1 Barbaresken: alter Name für die einzelnen Staaten der Berberei und die Seeräuberstaaten des Maghreb.

schwache Vierte Republik wird im Sinne der Vergeltung von ihm (dem Reich der Barbaresken) geschlagen werden.

Die Begriffe »tiers« und »quart« sind die altfranzösische Variante von »troisième« beziehungsweise »quatrième«, also der Ordnungszahlen drei und vier. Und in der Tat bringt die Dritte Republik die Eroberung des Maghreb zum Abschluß: In Algerien etabliert Frankreich im Zuge der sogenannten Annektierungen durch die Dekrete vom 26. August 1881 auch formal die Oberherrschaft über dieses Land. 1881 marschiert Jules Ferry mit dreißigtausend Mann in Tunesien ein. Am 30. März 1912 wird mit dem Abkommen von Fez das französische Protektorat über Marokko errichtet. Im Jahr 1954 beginnt der Algerienaufstand, der 1958 den Niedergang der Vierten Republik zur Folge hat.

Wenn Nostradamus in seinem Brief an Heinrich, König von Frankreich, der Sowjetunion eine Lebensdauer von siebzig Jahren einräumt und diese 1922 ausgerufen wird und 1991 zusammenbricht, so stellt er uns damit vor die Frage, ob nun der Anfang oder das Ende des Regimes für die Einordnung dienen soll. Ist es nun sinnvoller, diese Prophezeiung chronologisch unter 1922 oder unter 1991 einzureihen? Angesichts dieser Schwierigkeit wurden die Vierzeiler im vorliegenden Buch nach Themen und Geschichtsabschnitten gegliedert. In *Nostradamus, Historiker und Prophet* hat die Unmöglichkeit einer chronologischen Zuordnung zu einem heillosen Durcheinander im Hinblick auf künftige Ereignisse geführt. Was die Vergangenheit anbelangt, also die Zeit von 1555 bis 1980, gibt es in bezug auf eine strikte chronologische Ordnung zwar ebenfalls gewisse Unstimmigkeiten bei der Zuordnung der Vierzeiler, doch hier boten sich als eine Art organisatorischer Rahmen immerhin die bekannten Geschichtsabschnitte an. Da wir uns dem Ende der Prophezeiungen nähern, wird es jetzt einfacher, die Gesamtheit der Texte neu zu ordnen, zumal die Jahreszahl 1999 wie ein Fanal leuchtet und als Bindeglied zwischen dem Beginn des Endes und dem Ende der ersten christlichen Ära den Dreh- und Angelpunkt für künftige Ereignisse darstellt. Der Anfang vom Ende wurde von Nostradamus mit der ersten in seinen Schriften enthaltenen präzisen Zeitangabe für das Jahr 1792 angekündigt; in diesem Jahr gingen dreizehn Jahrhunderte Monarchie von Gottes Gnaden zu Ende.

Will man sich der Geschichte durch den Filter der Prophezeiungen nähern, so bedarf es einer ganz anderen Methodik als der in dieser Disziplin herkömmlicherweise praktizierten. In den Schulbüchern wird die Geschichte »portionsweise« dargeboten und in eine Art Zeittafel eingeordnet, in der sich die Ereignisse chronologisch aneinanderreihen. Es ist nicht ganz einfach, sich von einer solchen Denkweise zu lösen, die sich bei dieser Art von Nachforschungen als echtes Handicap erweist. Um Nostradamus aber auf der Reise durch sein Raum-Zeit-Kontinuum zu begleiten, muß man sich Schritt für Schritt auf einem mühsamen Pfad geistiger Umorientierung vorantasten.

Nach jahrzehntelangem Studium und intensiver Auseinandersetzung mit den Schriften des Nostradamus gelingt es schließlich, sein Bezugssystem zu verstehen, und so kann man nunmehr übergangslos zwischen zeitlich weit auseinanderklaffenden zukünftigen und vergangenen Ereignissen hin- und herspringen. Die gleichen gedanklichen Klimmzüge werden auch dem Textinterpreten hinsichtlich der Wortwahl abverlangt. Nostradamus schreibt in der Sprache des sechzehnten Jahrhunderts. Man muß sich also bei so gut wie jedem Wort mit einemmal um vier Jahrhunderte zurückversetzt sehen. Liest man beispielsweise »Ragusa«, muß einem sofort Dubrovnik, der moderne Namen dieser historischen Stadt, einfallen. Gleiches gilt für Mesopotamien, das mit Irak zu übertragen ist; Caesaraugusta steht für Saragossa, Verbine für Vervins und so weiter. Man kann also dem Zeitvektor keine Richtung geben, und so wird die Geschichte zu einem Ganzen innerhalb des Teiles der vierdimensionalen Welt, zu der Nostradamus Zugang hatte.

Erst wenn man diese Methodik lang genug in der Praxis umgesetzt und erprobt hat, gelingt eine globale Vorstellung der Geschichte von dreizehn Jahrhunderten Monarchie im Vergleich zu jenen der fünf Republiken; daraus ergibt sich folgende Feststellung: die Erste Republik brachte uns Napoleon I. und das erste Kaiserreich, die Zweite Republik brachte Napoleon III. und das zweite Kaiserreich, die Dritte Republik beschied uns Petain und den Etat Français[1], und die Vierte Republik brachte General de Gaulle und die Sondervollmachten des Präsidenten (Artikel 16 der Verfassung von 1958) hervor. Diese Betrachtungsweise der Geschichte der Republiken über die Zeiten hinweg führt ganz natürlich zu der Frage, welche charismatische Persönlichkeit wohl aus der Fünften Republik hervorgehen wird.

1 État Français: Das autoritäre Regime im unbesetzten Frankreich 1940-44; dessen in Vichy sitzende Regierung arbeitete mit dem nationalsozialistischen Regime zusammen.

Nostradamus beantwortet diese Frage, wenn er das Erscheinen eines Bourbonen in der Rolle des Staatschefs ankündigt, wie dies 1975 geschah, als Juan Carlos I. in Spanien die Nachfolge von General Franco antrat. Diese Prophezeiung ist nicht weniger absurd oder unrealistisch wie der Aufstieg von Napoleon I. aus dem Chaos der Direktorialherrschaft oder von Napoleon III. aus jenem der Zweiten Republik, von Pétain aus jenem der Dritten Republik oder von Charles de Gaulle aus jenem der Vierten Republik. In der Geschichte ist alles möglich, denn sie erscheint dem logischen Menschenverstand immer unlogisch. Erst wenn man diesen Gedankengang akzeptiert hat, kann man den Versuch unternehmen, in das Raum-Zeit-Kontinuum des Propheten vorzudringen. Der Mensch ist einzig und allein in seiner Gegenwart gefangen, kennt die Vergangenheit nur teilweise und weiß von der Zukunft überhaupt nichts. Ein vorurteilsfreier Geist, unermüdlicher Fleiß und harte Arbeit sind das Rüstzeug auf dem Weg zum Verständnis und zur Erfassung der Prophezeiungen, wohingegen die angekündigten Ereignisse für den Propheten selbst in dem Augenblick bereits der Vergangenheit angehörten, als er sie zu Papier brachte. Andererseits muß man sich immer vor Augen halten, daß Nostradamus wegen der Inquisition den Sinn seiner Schriften verschleiern mußte, indem er mit Anagrammen und grammatikalischen Kunstgriffen jonglierte.

Indem man also die ausgetretenen Pfade der rationalen Geschichtsanalyse verläßt, dringt man in ein anderes, uns fremdes Bezugssystem vor. Man begibt sich auf eine Reise durch die Jahrhunderte hindurch (etwa fünfundzwanzig für Nostradamus) – und alles in einem einzigen Augenblick. So fragt man sich, ob Nostradamus' Entschluß, zwei Jahreszahlen konkret zu benennen, nämlich 1792 und 1999, willkürlich getroffen wurde, dem Zufall entsprungen ist oder vielmehr der Logik seiner Vision durch das Raum-Zeit-Kontinuum entspricht. Eine Reihe von Bewertungen, die Nostradamus zwischen diesen beiden zeitlichen Anhaltspunkten zu bestimmten Ereignissen oder geschichtlichen Persönlichkeiten vornimmt, führen uns zu der Erkenntnis, daß die Jahreszahl 1792 den Anfang der auslaufenden westlichen Zivilisation darstellt und 1999 das Ende. Aus der Sicht der Historiker markierte das Jahr 1792 mit dem Ende des »Ancien régime« und der Ausrufung der Ersten Republik einen grundlegenden Wendepunkt in der Geschichte der europäischen Zivilisation; auf brutale Weise wurden die Ideale gestürzt, die über dreizehn Jahrhunderte hinweg die treibende Kraft gewesen waren. An ihre Stelle traten große philosophisch-politische Grundsätze und Ideologien, ausgehend von den Philosophen der Aufklärung bis hin zu den Denkern des neunzehnten Jahrhunderts (Proudhon[1], Saint-Simon[2], Marx), die zur Geburtsstätte und Wiege aller Umwälzungen des zwanzigsten Jahrhunderts wurden. Eines der aufschlußreichsten Symptome für das herannahende Ende dieser Ära ist der Zusammenbruch des Sowjetreiches und die Verwerfung jener Utopien, die nach der Überzeugung ihrer Begründer die Menschheit hätten ins Glück führen sollen: die neue heidnische Religion, die Gott ins Abseits verbannt hatte, die Christen verfolgte und ihr Gedankengut als Aberglauben verwarf, den Menschen in einem Personenkult vergötterte und deren »Affentheather« bis hin zu öffentlichen Bekenntnissen der sogenannten Selbstkritik reichte! Und heute wissen die russischen Behörden nicht, wohin mit der sperrigen Mumie Lenins, jenes gestürzten Gottes! »Nichtigkeit der Nichtigkeiten und alles ist Nichtigkeit« (Ecclésiastes).

Nostradamus hatte eine derart klare Vision des in den Centurien beschriebenen Abschnitts innerhalb des Raum-Zeit-Kontinuums, daß er in seinem Brief an Heinrich, König von Frankreich, schreibt: »Und hätte ich es gewollt, hätte ich jedem Vierzeiler eine Zeitberechnung beigegeben; doch dies hätte nicht allen gefallen und meinen Deutungen noch mehr geschadet, es sei denn, Eure Majestät würde mir ausreichenden Schutz für ein solches Vorgehen gewähren und den Verleumdern somit keine Angriffsflächen bieten.«

Angesichts der unglaublichen Polemik, der giftigen Anspielungen, der spöttischen Kommentare und der Welle von Verleumdungen, die *Nostradamus, Historiker und Prophet* 1981 ausgelöst hat, versteht man Nostradamus' Vorsicht in Zeiten der Inquisition und systematischen Volksverdummung nur zu gut; dies führt uns zu der Frage, ob Verdummung und Inquisition aus den sogenannten demokratischen und liberalen Gesellschaften auch wirklich verschwunden sind ...

Als ein seiner Zeit weit vorauseilender Arzt, Wissenschaftler, relativistischer Physiker und aufgeklärter Astronom konnte un-

---

1 Proudhon, Pierre-Joseph: französischer Sozialist und Staatstheoretiker; Begründer des Anarchismus (1809-1865), Gegner des Privateigentums.
2 Saint-Simon, Claude Henri de Rouvroy: französischer Sozialtheoretiker (1760-1825), kämpfte für die Entlohnung nach Leistung, Überführung der Produktionsmittel an die Gesamtheit und Beseitigung des Privaterbrechts.

ser Prophet nicht offen und unverblümt über seine Entdeckungen sprechen, denn sonst hätten die politischen und religiösen Kräfte der damaligen Zeit seine Schriften öffentlich verbrennen lassen, so daß sie für die Nachwelt endgültig verlorgengegangen wären.

Bei seiner Reise durch Raum und Zeit war sich Nostradamus darüber im klaren, daß er angesichts der unendlichen Ausdehnung des Kontinuums nur Zugang zu einem winzigen Teil davon hatte. So schreibt er denn auch in seinem Brief an Heinrich, König von Frankreich: »Die Welt bewegt sich zwar auf einen großen Umsturz zu (1999), doch die Aussagen in meinen Prophezeiungen umfassen trotzdem nicht den gesamten Zeitlauf; der reicht sehr viel weiter.« Und er fügt hinzu: »Ich hätte meine Berechnungen noch vertiefen und aufeinander abstimmen können, aber angesichts der Schwierigkeiten, die die Zensur machen könnte, habe ich in der Stille meiner Nächte die Feder ruhen lassen.« Auch hier begegnen wir der obligatorischen Vorsicht, die Nostradamus im sechzehnten Jahrhundert walten lassen mußte, als jeder, der auch nur im geringsten als ketzerisch galt, ohne viel Federlesens verbrannt oder gepfählt wurde.

In dem Brief an seinen Sohn César beschreibt Nostradamus die Grenzen des Abschnitts im Raum-Zeit-Kontinuum, zu dem er Zugang hatte: »Meine Prophezeiungen sind durchwegs in ungebundener Rede [Prosa] verfaßt und enthalten genaue Angaben über die Orte (der Raum), die Zeiten und die vorherbestimmten Zeitpunkte, welche die Menschen, die nach uns kommen, erleben und erkennen werden, wenn jene Ereignisse mit untrüglicher Sicherheit eingetreten sein werden. Trotzdem werden sie unter dem Nebelschleier erkennbar sein und verstanden werden.« Beim ersten Lesen stößt man auf einen scheinbaren Widerspruch zwischen dem freien Willen des Menschen, auf den Nostradamus ausdrücklich verweist, und der Unvermeidbarkeit der angekündigten Ereignisse. Der Widerspruch wird erst durch die vom Dinglichen gelöste Reise in die vierdimensionale Welt offensichtlich und verständlich. Wenn Nostradamus – wie dies nach der hier vorgestellten Hypothese denkbar erscheint – tatsächlich die Ereignisse zwischen 1555 und 2025 als etwas Vergangenes erlebt hat, während dieselben Ereignisse für seine Zeitgenossen noch in der Zukunft lagen, liegt es auf der Hand, daß nichts mehr an dem zu ändern ist, was bereits gewesen ist.

Nostradamus hat also weder die Wahnsinnstaten gesehen noch beschrieben, die der Mensch aufgrund irgendwelcher wie auch immer gearteter Zwänge oder unter dem Einfluß eines Rachegottes hätte verüben müssen und die ihn so zu einer von Zufall oder Notwendigkeit manipulierten Marionette werden ließen. Er kündigt Katastrophen an, die aus freien Stücken durch Habgier und Machthunger ausgelöst werden. Diese Tatsache ist zwar traurig, gleichzeitig aber auch beruhigend, denn sie macht den Menschen zu einem freien, eigenverantwortlichen und vervollkommnungsfähigen Wesen. Wäre dies nicht so, könnten wir uns den angekündigten Frieden der Welt überhaupt nicht vorstellen. Warum die Prophezeiungen etwa um das Jahr 2025 enden, begründet sich darin, daß es nach dieser Zeit keine weiteren Katastrophen mehr geben wird und er also auch keine anzukündigen hätte.

So kehren wir zum eigentlichen Ziel der Prophezeiungen zurück: die Menschen zu warnen, damit sie die Mentalität überwinden, aus der heraus sie sich seit Jahrtausenden gegenseitig umgebracht haben. Hieraus ergibt sich eine grundlegende Hypothese: Wenn die Prophezeiungen endlich von jenen ernst genommen werden, die die Fäden der Macht in der Hand halten, würden sich die für die kommenden dreißig Jahre prophezeiten Katastrophen nicht ereignen. Dies würde jedoch eine radikale Veränderung des Denkens und Handelns sowie der geltenden Machtverhältnisse voraussetzen. Die Ressourcen und Reichtümer des Planeten müßten zum Nutzen aller Menschen als Gemeingut betrachtet werden. Was heute noch utopisch erscheint, könnte morgen zur Realität werden ... Der Wirtschaftskrieg zwischen den Industrienationen (USA, GUS, Europa, Japan, VR China, Taiwan, Hongkong und Singapur) stellt die eigentliche Bedrohung für den Weltfrieden dar, denn inmitten dieser Riesen gibt es eine Reihe einflußreicher kleiner oder mittlerer Staaten, die als Unruhestifter auftreten und Brandherde entfachen, deren Ausmaß und Ende niemand abschätzen kann.

Wenn Nostradamus für die Zeit um 1999 einen dritten Weltkrieg voraussagt, hat er ihn dann wirklich in seinem Teil des Raum-Zeit-Kontinuums gesehen oder uns vielleicht angesichts seiner profunden Kenntnis der Geschichte von 1555 bis in unsere Tage durch Analyse und Kombination eine Art imaginäres Kriegsspiel dargeboten, um der Menschheit vor Augen zu führen, was sie ändern müßte, um dem Massenmorden Einhalt zu gebieten? Diese Frage kann uns nur die unmittelbare Zukunft beantworten.

KAPITEL II

Das Ende der Europäischen Zivilisation –
Vorzeichen

Seit dem Erfolg von *Nostradamus, Historiker und Prophet* im Jahre 1981 reden manche Sensationshungrige und Freunde des Morbiden anhand der Prophezeiungen des Nostradamus das Ende der Welt herbei. Ich habe mich bereits damals in meinem Buch gegen diesen zweifelhaften Umgang mit den Centurien verwahrt und geschrieben: »In 50 Jahren bricht das siebente Jahrtausend an, das Zeitalter des Wassermanns, das der Menschheit Frieden und Wohlstand bringen wird, auf geistigem wie auch auf materiellem Gebiet.«

Wie bereits an anderer Stelle ausgeführt, reist Nostradamus durch Zeit und Raum und erkennt im Ablauf der Geschichte die Vorzeichen des herannahenden Endes der europäischen Zivilisation, die über beinahe zwei Jahrhunderte verstreut sind. Ausgehend von den Utopien der Philosophen der Aufklärung, beschreibt er die Symptome der Krankheit, die die westliche Zivilisation zugrunde richten wird. Unter namentlicher Erwähnung weist er (Jean-Jacques) Rousseau einen Großteil der Schuld an dem zu erwartenden Untergang zu. Dieser, so schreibt er, werde durch eine Verschwörung ausgelöst, die das von Napoleon I. eingeführte System in seinen Grundfesten erschüttern wird – ein System, das sowohl in Frankreich als auch in anderen, von dessen Grundideen geprägten europäischen Ländern immer noch in Kraft ist. Dieser Punkt ist ihm derart wichtig, daß er den von diesem Ereignis handelnden Vierzeiler als Nummer sieben seines ersten Centuriums ganz an den Anfang seines Werkes stellt:

> Tard arrivé l'exécution faite,
> Le vent contraire, lettres aux chemins prises:
> Les conjurés XIIII d'une secte,
> Par le Rousseau senez les entreprises.

Das Regime würde also von einer von vierzehn Mitgliedern einer Partei angestifteten Verschwörung zu Fall gebracht, weil sich der Wind der Geschichte gedreht hat und verräterische Dokumente beschlagnahmt wurden. Und sämtliche auf die Ideen von Jean-Jacques Rousseau zurückgehenden Unternehmungen würden veraltet und überholt sein.

Erinnern wir uns an dieser Stelle daran, daß Rousseau als Vater des allgemeinen Wahlrechts und Hauptvertreter des Zeitalters der Aufklärung gilt. Angesichts der in jüngster Zeit zu beobachtenden Wahlmüdigkeit und Politikverdrossenheit, die die Stimmberechtigten dazu veranlaßt, gar nicht wählen zu gehen oder leere Stimmzettel abzugeben, erkennt man ganz eindeutig, daß dieses System überholt ist und keine zeitgemäße Lösung mehr darstellt. Wenn Nostradamus hier dem Eigennamen einen Artikel voranstellt (»le Rousseau«), so ist damit eine Abwertung verbunden. Um das Ende jenes Systems zu veranschaulichen, muß man an die so sehr verschiedenen Gedankengänge der Menschen erinnern, die die Ideen des Aufklärungszeitalters und die damit einhergehenden Katastrophen heute als Utopie hinstellen. So schreibt Henri Tincq in einer Rezension des Buches von Papst Johannes Paul II. *Die Schwelle der Hoffnung überschreiten* am 18. Oktober 1994 in der französischen Tageszeitung *Le Monde*: Der Pontifikat von Johannes Paul II. vereinigt drei Vermächtnisse: den Neothomismus[1], die Kritik des Positivismus und der Aufklärung sowie die zeitgenössische Hermeneutik. Ebenfalls in *Le Monde* erklärte Zaki Laidi, wissenschaftlicher Mitarbeiter am französischen Forschungszentrum CNRS, am 8. November 1994: »In meinem Buch *Un monde privé de sens* habe ich versucht aufzuzeigen, daß das Ende des kalten Krieges nicht nur den Zusammenbruch des Kommunismus herbeigeführt, sondern eine ganze Weltanschauung – diejenige der Aufklärung – zum Einstürzen gebracht hat. Und wenn die neue Weltordnung gescheitert ist, so ist eben dies der Grund dafür. Man glaubte, im Fall der Mauer den Triumph der Aufklärung zu erleben. Heute aber stellt man fest, daß er das unausweichliche Ende der Ära markiert hat.«

Am 17. Januar 1995 war in *Le Monde* in der Einleitung eines Artikels von Jorge Semprun über das neueste Buch von François Furet, einem Mitglied der kommunistischen Partei, folgendes zu lesen: »Weltweiten Ruhm brachte ihm seine grundlegende Überarbeitung und Neuinterpretation der Geschichte der französischen Revolution ein; heute feiert François Furet mit seiner der kommunistischen Idee des zwanzigsten Jahrhunderts gewidmeten Abhandlung *Le Passé d'une illusion* einen glanzvollen Einstieg in die zeitgenössische Geschichte ... In seinem 1988 erschienenen Sammelband *La République du centre* hat er ein aktuelles Bild des Verfalls der im Jahre 1789 geborenen Mythen und Utopien gezeichnet.«

Einer der deutlichsten Vorboten für das Ende jenes Systems ist zweifellos der Untergang des Kommunismus und der Zusam-

---

1 Neothomismus: Spätscholastik, Erneuerung des theologischen Systems von Thomas von Aquin im 19. Jahrhundert.

menbruch der Sowjetunion, an deren Stelle ein russisch-islamischer Staatenblock unter der Bezeichnung »Russische Föderation« getreten ist.

Zum drittenmal im zwanzigsten Jahrhundert erlebt Europa eine Erschütterung auf dem Balkan und im Kaukasus. Aserbaidschaner und Armenier, Ukrainer, Georgier, Moldawen, Tschetschenen, Serben, Kroaten, Slowenen und Bosnier bringen sich ungeachtet der wohlmeinenden Aktionen der Vereinten Nationen gegenseitig um. Wo ist nur der von Jean-Jacques Rousseau erträumte »von Natur aus gute« Mensch geblieben? Die ersten beiden Weltkriege sind von europäischem Boden ausgegangen, und nun droht Europa den Planeten zum dritten Mal in eine Katastrophe ungeahnten Ausmaßes hineinzusteuern – in selbstzerstörerische Kriege um das »Goldene Kalb«, das Sinnbild der Macht, wie Thukydides es ausdrückt.

Die Friedenskonferenzen

Paradoxerweise verdeckt die Vielzahl der in jüngster Zeit abgehaltenen Friedenskonferenzen die Entstehung potentieller Konflikte (Annäherung zwischen dem Westen und den Ländern der ehemaligen UDSSR, besonders aber auch die Konferenzen über den Mittleren Osten zwischen Arabern und Israelis, die laut Nostradamus Vorwand für das Auflodern eines universalen Konfliktes liefern).

<blockquote>
VIII, 2bis
Plusieurs viendront et parleront de paix,
Entre Monarques et Seigneurs bien puissants;
Mais ne sera accordé de si près,
Que ne se rendent plus qu'autres obéissants.
</blockquote>

Viele mächtige Staatsoberhäupter werden von Frieden reden (USA – GUS); dennoch wird es zu keinem Frieden kommen, weil sie sich den Geboten der Weisheit nicht besser unterordnen als die anderen.

Die durch den Zusammenbruch des riesigen Sowjetreiches in Europa entstandenen Erschütterungen und Unruhen finden ihren Niederschlag in Kleinkriegen zwischen den ehemaligen Provinzen des Imperiums sowie im Konflikt zwischen den Provinzen Ex-Jugoslawiens.

XII, 56

Roy contre Roy et Duc contre Prince,
Haine entre iceux, dissenssion horrible:
Rage et fureur sera toute province,
France grand guerre et changement terrible.

Ein Staatsoberhaupt wird sich gegen das andere erheben, der General (»Duc« vom lateinischen *dux*) gegen einen Anführer, und zwischen ihnen werden schreckliche Zwietracht und Haß herrschen. Wut und Zorn werden alle Provinzen verheeren und zu einem Krieg in Frankreich führen, der furchtbare Umwälzungen nach sich zieht.

Diese Beschreibung liefert ein genaues Abbild dessen, was sich in Europa in den Provinzen Ex-Jugoslawiens sowie zwischen den verschiedenen ethnischen Gruppen des ehemaligen Sowjetimperiums abspielt.

VIII, 4bis

Beaucoup de gens voudront parlementer,
Aux grands seigneurs qui leur feront la guerre:
On ne voudra en rien les écouter,
Hélas! si Dieu n'envoye paix en terre.

Viele Menschen werden mit den Mächtigen, mit denen sie im Krieg liegen, von Frieden reden wollen, doch man wird ihnen kein Gehör schenken. Wehe, wenn Gott keinen Frieden auf die Erde sendet!

Das Europa der Fünfzehn ist außerstande, den Konflikt zwischen den Kleinstaaten Bosnien und Kroatien und den starken Serben beizulegen.

I, 91

Les Dieux feront aux humains apparences,
Ce qu'ils seront autheurs de grand conflict,
Avant ciel veu serein, espée et lance,
Que vers main gauche sera plus grand afflict.

Die Götter werden die Menschen zur Rechenschaft ziehen, die einen großen Konflikt heraufbeschworen haben; zuvor wird man am wolkenlosen Himmel einen Kometen sehen (das Schwert [»épée«] und die Lanze [»lance«] waren im sechzehnten Jahrhundert die gebräuchlichen Bezeichnungen für Kometen). Die linken Kräfte aber wird es am schwersten treffen.

Die Nürnberger Prozesse, bei denen die Führer des Naziregimes wegen ihrer »Verbrechen gegen die Menschheit« vor Gericht gestellt wurden, waren der erste Akt, der sich gegen die richtete, welche für die Greueltaten des Krieges verantwortlich waren. Heute geht es darum, die für die ethnischen Säuberungen Verantwortlichen seitens der Serben vor ein internationales Tribunal zu bringen. Dieser Vierzeiler umfaßt, wie so viele andere auch, eine relativ große Zeitspanne. Die erste Zeile läßt vermuten, daß eine weltweite Bewegung zur Bekämpfung von Kriegsaufwieglern zu einer globalen Befriedung führen wird. Dies wäre also ein Vorbote für jenen Frieden auf der Welt, der für die Zeit um 2025 angekündigt ist.

IX, 52
La paix s'approche d'un côté et la guerre,
Oncques ne fut la poursuite si grande,
Plaindre homme, femme, sang innocent par terre,
Et ce sera de France à toute bande.

Einerseits gibt es Frieden und andererseits Krieg. Nie zuvor wurde um beide so sehr gerungen. Man wird unschuldige Männer und Frauen zu beklagen haben, und das überall in Frankreich.
In den letzten Jahren hat sich die Zahl der Friedenskonferenzen vervielfacht. Die einen befassen sich mit der Nahostfrage, die anderen mit dem ehemaligen Jugoslawien. Genf ist stets der Hauptschauplatz für diese Tagungen gewesen.

Genf — Zentrum der Friedenskonferenzen

I, 47
Du Lac Léman les sermons fascheront,
Des jours seront réduits par des semaines:
Puis moins puis ans, puis tous defailleront,
Les Magistrats damneront leurs lois vaines.

Die Reden vom Genfer See werden zu Zwistigkeiten führen; Tage werden sich in Wochen verwandeln, dann in Monate und schließlich in Jahre. Dann wird alles zusammenbrechen, und die Magistraten werden jene nutzlosen Statuten verdammen.
Die erste »Genfer Konvention« wurde am 22. August 1864 geschlossen. Sie wurde 1905 und 1929 revidiert. Weitere Vereinba-

rungen wurden am 12. August 1949 unterzeichnet. Heute kann man nicht umhin festzustellen, daß diesen Reden (»sermons«), wie Nostradamus sie nennt, seitens der Unterzeichnerstaaten keine Taten gefolgt sind.

> V, 85
> Par les Sueves et lieux circonvoisins,
> Seront en guerre pour cause de nuées:
> Camp marins locustes & cousins,
> Du Léman fautes seront bien desnuées.

Deutschland und die Nachbarstaaten (Balkanstaaten?) werden sich wegen der drohenden Massen (Anspielung auf die vielen ethnischen Gruppierungen?) im Kriegszustand befinden. Flugzeuge und Amphibienfahrzeuge werden landen (ihre Lager an der Küste aufschlagen). Die Fehler von Genf (der »Lac Léman« ist der Genfer See) werden klar zutage treten. (Das lateinische Wort *locusta* bedeutet Heuschrecke, und »cousins« sind Stechmücken, die in feuchten Uferzonen vorkommen).

Die Wirtschaftskrise und die Korruption in der Politik

Eines der offenkundigsten Anzeichen für die Situation unseres Planeten, das Nostradamus immer wieder herausstellt, ist die weltweite Wirtschaftskrise. Das hektische Auf und Ab an den Börsen und ihre Anfälligkeit gegenüber Kursschwankungen sind Vorboten ihres Zusammenbruchs im Rahmen der bevorstehenden großen Krise.

> VII, 35
> La grande poche viendra plaindre et pleurer,
> D'avoir esleu: trompez seront en l'aage:
> Guière avec eux ne voudra demeurer,
> Deceu sera par ceux de son langage.

Es ist hochinteressant, daß Nostradamus die Börse als, zu deutsch, »den großen Beutel« (»la grande poche«) bezeichnet – als jenen Platz also, an dem man das Geld aufbewahrt. Man wird Klagelieder singen und viele Tränen über das Börsengeschehen vergießen. Man wird es bedauern, Menschen gewählt zu haben, die das Volk hinters Licht geführt haben, und nur sehr wenige werden an ihrer Seite ausharren wollen, denn man (die Wähler) ist von ihren politischen Reden zutiefst enttäuscht.

Der nun folgende Vierzeiler wurde von den meisten Exegeten fälschlicherweise der Wirtschaftskrise von 1929 zugeordnet. Nostradamus kündigt hier jedoch einen Zusammenbruch sämtlicher Papiere (Aktien) und Währungen an, was 1929 nicht geschehen ist.

VII, 28
Les simulacres d'or et d'argent enflez,
Qu'après le rapt lac au feu furent jettez,
Au descouvert extaincts tout et troublez,
Au marbre escripts, perscripts interjettez.

Die Imitationen von Gold und Silber (Aktien und Banknoten) werden Opfer einer Inflation, nachdem sie ins Feuer (Anspielung auf das Feuer des Krieges?) geworfen wurden, gemeinsam mit dem Ende des süßen Lebens (vom lateinischen *lac, lactis* = Milch); alle werden niedergeschlagen und verstört sein durch das Defizit (die Deckungslücke in den Budgets); die Aktien und Banknoten (lateinisch *perscribere:* mit Noten bezahlen) werden eingestampft werden.

Dieser der Konsumgesellschaft auferlegte Komfortverlust findet konkreten Ausdruck in der »neuen Armut« und der wachsenden Zahl der Obdachlosen. Ein Finanzskandal wird den anderen jagen; sie werden sich gegen ihre Verursacher kehren.

VIII, 14
Le grand crédit, d'or d'argent l'abondance
Aveuglera par libide l'honneur:
Cogneu sera l'adultère l'offence,
Qui parviendra à son grande déshonneur.

Die übermäßige Kreditaufnahme (Internationaler Währungsfonds und US-amerikanisches Handelsbilanzdefizit) wird den moralischen Verfall (»libide« vom lateinischen *libido* = moralischer Verfall oder Begierde, Lust) an die Stelle des Ehrgefühls setzen. Die Betrügereien und Übertretungen werden der Öffentlichkeit zur Kenntnis gelangen, und die Verantwortlichen werden völlig entehrt und bloßgestellt sein.

Dieser Text beschreibt auf sehr eindeutige Weise das von Finanzskandalen geprägte Szenario der letzten Jahre. Die übermäßige Kreditaufnahme und Geldumlaufmenge hat den Entwicklungsländern die Luft zum Atmen genommen und droht, das System der Währungen zum Zusammenbruch zu bringen.

V, 23
Despit le règne numismes descriés,
Et seront peuples esmeus contre leur Roy:
Paix, fait nouveau, seinctes lois empirées
Rapis onc fut en si tres dur arroy.

Wegen der Geldentwertung (»numismes« leitet sich ab vom lateinischen *nomisma,* Geldstück, und »descriés« kommt von »descrier«, entwerten) wird die Macht mit Verachtung gestraft (»despit« ist die altfranzösische Variante von »mépris«, in der Bedeutung von verachten), und die Völker werden sich gegen ihr Staatsoberhaupt erheben (»esmuer« ist altfranzösisch für sich erheben). Man wird von Frieden sprechen, was ein Novum sein wird (Friedenskonferenz zwischen Israelis und Arabern), die Moralvorschriften werden verfallen (Anstieg der Kriminalität), und nie zuvor hat es in Paris (»Rapis« ist ein Anagramm für Paris) so viel Durcheinander und Chaos gegeben.

Dieser Vierzeiler liefert uns eine getreue Beschreibung der derzeitigen Situation in Frankreich und der westlichen Welt ganz allgemein.

Nach dem Niedergang des östlichen Kommunismus werden wir nun den Niedergang des westlichen Kapitalismus miterleben, denn beide Systeme haben sich seit ihrer Entstehung in der zweiten Hälfte des neunzehnten Jahrhunderts gewissermaßen gegenseitig genährt:

III, 26
Des Rois et Princes dresseront simulachres,
Augures, creux eslevez aruspices:
Corne victime dorée, et d'azur, d'acres
Interprétez seront les exstipices.

Staatsoberhäupter und Regierungschefs werden Imitationen herstellen (Druckplatten für Banknoten und Aktien – enorme Dollarumlaufmenge). Politiker werden sich als Propheten aufspielen und unsinnige Voraussagen machen (*haruspex* und *augur* lateinisch für Prophet, Seher); die Konsumgesellschaft (»corne dorée« in der Bedeutung eines Füllhorns) wird zur

Schlachtbank geführt, und Gewalt wird an die Stelle des geruhsamen Lebens treten (das französische Wort *azur* ist hier im übertragenen Sinne von sanft bzw. geruhsam zu verstehen; *acer* steht für hart oder gewalttätig). Ihre Prophezeiungen (*extispex*, lat. Seher) werden verworfen werden.

Die Korruption zieht auch in Italien Kreise:

> X, 65
> Ô vaste Rome ta ruyne approche,
> Non de tes murs, de ton sang & substance:
> L'aspre par lettres fera si horrible coche,
> Fer poinctu mis à tous jusques au manche.

O Rom in all deiner Größe – auch dir steht der Verfall, nicht deiner Mauern, sondern deines Blutes und deiner Substanz bevor! Die Medien werden eine derart schreckliche Angriffskampagne inszenieren, daß alle erdolcht (im übertragenen Sinne) werden, bis zu den Ärmeln (Anspielung auf die Richterschaft in ihren Roben) hin.

In der *Le-Monde*-Sonderausgabe 1944-1994 schreibt Yves Mény: »Es gibt zwei mögliche Sichtweisen des Phänomens Korruption und der sich daraus herleitenden Abhilfemaßnahmen. Bei der ersten liegt der Akzent darauf, daß Franzosen eine Ausnahme von der Regel bilden: Gewiß, es gibt hier Korruption ebenso wie anderswo, doch sie ist weder systematisch noch endemisch, und Frankreich braucht sich nicht wegen des Verhaltens von ein paar schwarzen Schafen zu schämen. Den sogenannten läßlichen und gelegentlichen Sünden der Franzosen steht nach Meinung jener, die diese rosige Sicht vertreten, die ›systematische‹ Korruption in anderen Ländern wie den Vereinigten Staaten oder Italien gegenüber ...« Am 6. Dezember 1994 wurde der frühere Ministerpräsident Bettino Craxi (von 1983 bis 1987 an der Spitze der sozialistisch geführten Regierung in Italien) wegen Korruption in Abwesenheit zu einer Haftstrafe von fünf Jahren und sechs Monaten verurteilt. Am 13. wurde der Ministerpräsident Silvio Berlusconi [Forza Italia] von Mailänder Richtern wegen eines Korruptionsvorwurfs gegen die Beamten der Finanzbehörden sieben Stunden lang verhört.

Die große Dürre

Unter dem Titel »Dürre: die Reserven sind völlig erschöpft«, schreibt das französische Ärzteblatt *Le Quotidien du médecin* in der Ausgabe 4958 vom Mittwoch, dem 29. April 1992: »Clermont-Ferrand (das Herz Frankreichs) war nach Aussage der Meteorologen Mitte März die trockenste Stadt in ganz Frankreich; seit Beginn der Aufzeichnungen vor 134 Jahren hat es noch nie so wenig geregnet.« An anderer Stelle in diesem Artikel wird folgende Aussage von Monsieur Mérillon, dem »Dürrebeauftragten« im französischen Umweltministerium, zitiert: »Im Juni letzten Jahres waren die Regenfälle noch normal, doch ab Juli mußten in vierzig Departements Wasserverbrauchsbeschränkungen erlassen werden.« Hier nun die Vierzeiler, denen diese außerordentliche Dürre zugeordnet werden kann, da es zwischen 1555 und 1858, dem Beginn der meteorologischen Aufzeichnungen, keinen wissenschaftlichen Nachweis über eine ähnliche oder größere Trockenperiode gibt.

I, 17
Par quarante l'iris n'apparoistra,
Par quarante ans tous les jours sera veu:
La terre aride en ciccité croistra,
Et grand déluge quand sera apperceu.

Nostradamus kündigt an, daß diese Dürre nach dem Ersten Weltkrieg als Vorzeichen weiterer Kriege zu erwarten sei. Nach diesem Vierzeiler, den ich in *Nostradamus, Historiker und Prophet* erläutert habe, wird eine Periode von vierzig Jahren Krieg (Kolonialkriege von 1830 bis 1870) von einer Periode des Friedens gleicher Länge (von 1872 bis 1914) abgelöst. »*Iris*«, lateinisch für Regenbogen, steht manchmal auch für das Angenehme schlechthin. Und ging diese einundvierzigjährige Periode des Friedens nicht als »Belle Époque« in die Geschichte ein? Dieser Vierzeiler ist ein besonders signifikantes Beispiel für Nostradamus' Reisen durch die Zeit:

III, 3
Mars et Mercure, & l'argent joint ensemble,
Vers le Midy extreme siccité:
Au fond d'Asie on dira terre tremble,
Corinthe, Ephèse lors en perplexité.

Krieg (Mars ist der Gott des Krieges) (Balkan und Kaukasus), Korruption (Merkur ist der Gott der Diebe) und die Macht des Geldes werden gemeinsam regieren. Im Mittelmeerraum wird es eine große Dürre geben. Japan wird von ungeheuren Erdbeben heimgesucht, und Griechenland und die Türkei werden sich großen Problemen gegenübersehen (Balkanfrage, Makedonien?).

III, 4
Quand seront proches le défaut des lunaires,
De l'un à l'autre ne distant grandement,
Froid siccité, dangers vers les frontières,
Mesme ou l'oracle a pris commencement.

Das Wort »lunaires« leitet sich vom französischen Begriff »lune«, also Mond, ab und steht für die Muslime, die den Halbmond als Symbol führen. Wenn die Muslime kurz davor stehen, einen Fehler (im Altfranzösischen steht »défaut« für Fehler oder Irrtum) zu begehen (etwa um 1999) – weil sich die Auffassungen der islamischen und der westlichen Welt zu weit voneinander entfernt haben –, wird eine große Kälte und Trockenheit das Land überziehen, selbst dort, wo der Autor der Centurien geboren ist (Saint-Rémy-de-Provence).

An dieser Stelle bietet sich ein kleiner Exkurs zu Nostradamus' Geburtsort an. Die Stadt Salon hat ohne großes Bedenken die Person des Nostradamus für sich in Anspruch genommen, wenngleich dies nicht ganz gerecht erscheint. Der Vater des Propheten war Notar in Saint-Rémy. So wie der Heilige, der der Stadt ihren Namen gab, hieß auch der Erzbischof, der den Frankenkönig Chlodwig 496 n. Chr. in Reims taufte und damit die Monarchie von Gottes Gnaden einführte. Saint-Rémy war ferner der Familienname von Nostradamus' Großvater mütterlicherseits, dem Leibarzt von König René. Was den Namen »Notre-Dame« [von dem sich Nostradamus herleitet] anbelangt, so war dieser von seinem Ahnherrn, einem Kaufmann aus Avignon, angenommen worden. Beide Namen bergen zweifellos eine reiche Symbolik. Bei der Wahl des Namens Notre-Dame hatte dieser Kaufmann kaum ahnen können, daß sein Enkel eines Tages zum größten Propheten aller Zeiten werden sollte!

Weder Michel Nostradamus noch sein Sohn César empfanden für die Stadt Salon eine besondere Vorliebe. Für die Bürger dieser Kleinstadt waren sie Zielscheibe von Spott, übler Nachrede und Verleumdungen. Von den dreiundsechzig Jahren seines Lebens ver-

brachte Nostradamus nur neunzehn – also weniger als ein Drittel – in Salon. Betrachten wir einmal, wie er die Bürger von Salon in seinem 1555 bei Antoine Volant in Lyon veröffentlichten *Traité des confitures* [Abhandlungen über Eingemachtes] beschreibt: »Hier an meinem Wohnort lebe und arbeite ich zwischen brutalen Bestien, Barbaren und Todfeinden der Literatur und höheren Bildung.«
Was seinen ältesten Sohn César anbelangt, so ist dessen Kritik an den Bewohnern dieser Stadt nicht weniger vernichtend. Er schreibt in seinem 1614 bei Pierre Rigaud in Lyon erschienenen Werk *Histoire et Chroniques de Provence* [Geschichte und Chroniken der Provence] in bezug auf den Besuch der Königinmutter Katharina von Medici und des Königs Karl IX. bei Nostradamus im Jahre 1564: »Als sei er (Nostradamus) ganz außer sich und angesichts der außerordentlichen Gelassenheit, die er in dem Augenblick verspürte, da er sich von einem solch großen Monarchen, als dessen Untertan er geboren war, so menschlich empfangen sah, ließ er sich zu folgenden empörten Worten über sein eigenes Land (Salon) hinreißen: *o ingrata patria, veluti Abdera Democrito,* so als habe er sagen wollen: O undankbares Vaterland, dem ich zu gewissem Ansehen verhelfe, schaue, welchen Staat doch mein König mit mir zu machen geruht! Und was er hier zweifellos mit ziemlicher Unverblümtheit in so wenigen Worten sagte, richtete sich gegen die grobe und unhöfliche Behandlung, die gewisse aufrührerische Hitzköpfe, gemeine Tölpel, blutrünstige Schlächter und ungehobelte Bauern ihm, der er zum Ruhme seines Landes gereichte, hatten zuteil werden lassen.« Abdera ist eine Stadt im griechischen Thrakien, die Heimat der großen Philosophen Demokrit[1], Anaxagoras[2] und Protagoras[3]. Die Dummheit der Abderiten war sprichwörtlich, und sie waren im Altertum Zielscheibe ständigen Spottes. »Kein Prophet gilt etwas in seiner Heimat!« (Lukasevangelium).

Doch kommen wir zu den Muslimen (»lunaires«) zurück. Da die Prophezeiung sich inzwischen bewahrheitet hat, können wir

---

1 Democrit: Demokrit von Abdera ist ein griechischer Philosoph (460-380 v. Chr.), Begründer der Atomistik und Vorläufer des Materialismus, Urheber des Eudämonismus, der Lehre, nach der alles Handeln vom Streben nach Glück bestimmt wird.

2 Anaxagoras: griechischer Philosoph und Lehrer in Athen (500-428 v. Chr.), der die Wirklichkeit aus einer von Nous, der Weltvernunft, verursachten Wirbelbewegung erklärte.

3 Protagoras: bedeutendster griechischer Philospoh (481-411 v.Chr.), wegen Gottlosigkeit in Athen verurteilt. Seine Lehre »Der Mensch ist das Maß aller Dinge« bildet die Grundlage seines Relativismus.

diesen Begriff, den Nostradamus auch an anderer Stelle seiner Schriften verwendet hat, eindeutig dem Islam zuordnen.

I, 49
Beaucoup avant telles menées,
Ceux d'Orient par la vertu lunaire:
L'an mil sept cens feront grand emmenées.
Subjugant presque le coing Aquilonaire.

Lange vor (1700) werden jene aus dem (Mittleren) Osten im Namen des Islams große Feldzüge führen, nachdem sie fast einen Teil Rußlands unterjocht haben.

Nostradamus bezeichnet Rußland stets als Aquilonien (der Wind des Nordens), denn es nimmt den Großteil der nördlichen Hemisphäre Europas und Asiens ein. Im Jahre 1683 belagert der Großwesir von Mohammed IV., Kara Mustafa, Wien mit zweihunderttausend Mann. Die Stadt widersteht und wird durch das Eintreffen einer fünfundsechzigtausend Mann starken Armee aus Polen und Deutschland unter der Führung des polnischen Königs Johann III. Sobieski und des Herzogs Karls V. von Lothringen gerettet. Damit entgehen Wien und Europa dem islamischen Joch! Die Habsburger können daraufhin im Donautal eine Gegenoffensive starten, bei der die Türken in der langen Schlacht von Mohacs im Jahre 1687 vernichtend geschlagen werden. Belgrad wird 1688 eingenommen. 1699 schließlich wird der Friede von Karlowitz unterzeichnet. Die Türkei tritt an Österreich das gesamte türkische Ungarn (außer Temesvar und Belgrad) sowie seine Ansprüche auf die Oberherrschaft über Transsylvanien[1] ab. Kaminietsch, Podolien und die Ukraine jenseits des Dnjepr werden Polen zugeschlagen. Venedig verleibt sich Morea (den Peloponnes), die Insel Agina und mehrere dalmatinische Städte ein; Rußland seinerseits erhält Asow, eine Ecke Rußlands (»le coing Aquilonaire«).

Hungersnöte

Im Zeitalter atemberaubender wissenschaftlicher Fortschritte kann man nicht umhin festzustellen, daß der Mensch zwar zum Mond reisen, nicht aber die Bevölkerung dieses Planeten

---

1 Transsylvanien: Siebenbürgen.

ernähren kann. Ein Drittel der Weltbevölkerung leidet an Unter- oder Fehlernährung. Dies erinnert an die Worte Chrysales in seinem Werk *Les Femmes savantes:* »Anstatt nachzuschauen, was auf dem Mond passiert, sollten wir uns lieber ein wenig um das Geschehen auf Erden kümmern, wo doch hier offensichtlich alles drunter und drüber geht.«

In seinem irrationalen und selbstmörderischen Egoismus reduziert der Westen seine landwirtschaftliche Produktion, weil die erzeugten Mengen für ihn allein zu groß sind, und dies zu einer Zeit, da viele Länder wie beispielsweise Somalia oder Äthiopien von Hungersnöten heimgesucht werden. Der folgende Vierzeiler veranschaulicht sehr trefflich, wie sich diese Hungersnot ausdehnt und weiter um sich zu greifen droht:

I, 67
La grand famine que je sens approcher
Souvent tourner, puis être universelle,
Si grande et longue qu'on viendra arracher
Du bois racine, et l'enfant de mamelle.

Die große Hungersnot, deren Herannahen ich fühle, wird mehrmals wiederkehren und schließlich überall auf Erden herrschen. Sie wird ein Ausmaß annehmen und von so langer Dauer sein, daß man die Wurzeln der Bäume (als Nahrung) aus dem Boden und das Kind von der Mutterbrust reißen wird.

Welch ein erschütterndes Bild der Hungersnot, die unseren Planeten derzeit überzieht. »Das Kind von der Mutterbrust reißen«, schreibt Nostradamus. Wer hat nicht im Fernsehen die Bilder jener somalischen oder äthiopischen Mütter gesehen, die vor lauter Auszehrung keine Milch mehr für ihre Kinder hatten? Und laut Aussage dieses Vierzeilers wird es immer wieder zu solchen Hungerkatastrophen kommen, bis schließlich die ganze Erde davon betroffen ist.

Sechszeiler 27
Celeste feu du costé d'Occident,
Et du Midy, courir jusqu'au Levant,
Vers demy morts sans point trouver racine,
Troisiesme aage à Mars le Belliqueux,
Des Escarboucles on verra briller feux,
Aage Escarboucle, & à la fin famine.

Nostradamus beschreibt hier den Kommunismus und die kriegerischen Auseinandersetzungen, die dieser überall auf der Erde angezettelt hat. Das Epizentrum der letzten beiden Weltkriege waren Nordafrika (der »Midy«, also der Süden von Europa) und der Mittlere Osten, der auch heute noch weltweit einer der »heißesten« Schauplätze ist. Es ist von einem dritten Krieg während der Ära des Kommunismus, das heißt, im zwanzigsten Jahrhundert, die Rede – eines Kommunismus, den die Westmächte womöglich ein wenig vorschnell beerdigt haben. Sie scheinen zu vergessen, daß China, bevölkerungsmäßig das größte Land der Erde, immer noch kommunistisch ist. Der Karfunkel (»escarboucle«) ist ein Granat, der seine blutrote Farbe vom Drachen bezieht, so heißt es in einem Wörterbuch; welch eindrucksvolles Bild zur Darstellung des chinesischen Kommunismus. Während der Ära des Kommunismus wird man also die Kriegsfeuer aufleuchten sehen, und unmittelbar vor seinem Ende, das heißt, des zwanzigsten Jahrhunderts, wird es zu einer großen Hungersnot kommen.

II, 46
Après grand troche humain plus grand s'appreste,
Le grand moteur des siecles renouvelle;
Pluye, sang, lait, famine, fer et peste,
Au ciel veu feu courant longue estincelle.

Einer großen Zusammenziehung von Truppen (das altfranzösische Wort »troche« steht für Zusammenziehung, Truppe) folgt bereits eine weitere, noch umfangreichere. Nach der Revolution (»pluye«, zu deutsch: Regen, ist das biblische Symbol der Sintflut) und dem damit einhergehenden Blutvergießen, das dem süßen Leben ein Ende bereiten wird (»lait«, die Milch, ist das Sinnbild für die Süße), wird es Hunger, Krieg und Seuchen (Aids) geben. Dann wird ein großer Komet am Himmel erscheinen.

Das Ende der bolschewistischen Revolution ist also gleichzeitig ein Vorbote des Jugoslawienkonfliktes. An anderer Stelle werden wir sehen, daß Nostradamus mehrere Angaben zu diesem äußerst ungewöhnlichen Kometen gemacht hat, der für das bloße Auge sichtbar sein wird.

II, 96
Flambeau ardent au ciel soir sera veu,
Pres de la fin et principe du Rosne,

> Famine, glaive, tard le secours pourveu,
> La Perse tourne envahir Macédoine.

In der Zeit von Hungersnot und Krieg wird eines Abends ein Komet am Himmel erscheinen und von der Schweiz bis zum Mittelmeer zu sehen sein. Die Hilfe wird zu spät kommen, und der Iran wird in Makedonien einmarschieren.

Betrachtet man die Rolle Makedoniens im Konflikt um Ex-Jugoslawien, so erscheint es gar nicht so abwegig, daß sich die Spannungen zwischen Griechenland und der Türkei an der Balkanfrage erneut entzünden könnten, und ein Eingreifen des Irans in diesen Konflikt wäre angesichts seiner Interessen in dieser Region durchaus denkbar. Es sei an dieser Stelle daran erinnert, daß die europäische Gemeinschaft die Unabhängigkeit des ehemals jugoslawischen Makedoniens unter dem Namen Republik von Skopje anerkannt hat, während für Griechenland der Name Makedonien (im Hinblick auf Philipp II. und dessen Sohn Alexander den Großen) hellenisch ist und bleibt und jene Region bezeichnet, deren Hauptstadt Thessaloniki ist.

I, 16

> Faux à l'Estang, joinct vers le Sagittaire,
> En son hault auge et exaltation,
> Peste, famine, mort de main militaire,
> Le siècle approche de rénovation.

In diesem Vierzeiler sind interessante astronomische Angaben im Hinblick auf eine zeitliche Zuordnung der darin beschriebenen Ereignisse enthalten. Hierzu sind jedoch einige Erläuterungen zu den von Nostradamus verschlüsselten Worten erforderlich. Die Sense (französisch »faux«) ist ebenso wie die Sanduhr eines der Attribute des Planeten Saturn. In den Hieroglyphen wird der Saturn als eine Sense mit einem Kreuz darüber dargestellt. »Estang« ist als Bezeichnung für das Sternbild Skorpion zu verstehen. Es handelt sich hier um ein festes, also unbeugsames Wasserzeichen. Das altfranzösische Wort »auge« ist ein Synonym für die »Apsiden«, also die äußersten Punkte der großen Achse der elliptischen Bahn, die ein Planet um die Sonne beschreibt. Die am weitesten von der Sonne entfernte Apside wird als Aphel oder obere Apside (»hault auge«), die am nächsten liegende als Perihel oder untere Apside bezeichnet. Der französische Begriff »exaltation«, zu deutsch: Erhöhung, bezeichnet in der Astrologie eine Planetenstellung, die je nach ihrer Art die sich bei der Horoskopinterpretation ergebenden Aussagen positiv oder negativ verstärkt. In unserem Falle also steht Saturn im Perihel und ist im Sternbild Skorpion erhöht.

Die Ausbreitung von Sekten

Das französische Ärztefachblatt *Le Quotidien du médecin* brachte in seiner Ausgabe Nr. 4947 vom April 1992 einen Artikel von Philippe Roy, in dem folgendes zu lesen war: »Alle machen sich aus dem Staub. Familien zerfallen. Die Schulen schließen. Die Städte verwaisen, werden kalt und menschenleer. Der einzelne zieht sich in sich selbst zurück. Was zählt, ist das Geld – nur das Geld, möglichst viel Geld auf der Bank, das den Nimbus von Exklusivität verleiht. Für die etwa zweihundertfünfzig Sekten, die es derzeit in Frankreich gibt und die zusammen fünfhunderttausend Anhänger haben, ist eine solche Ausgangslage Gold wert.« Der Autor liefert uns hier eine treffliche Beschreibung vom Ende der Zivilisation. Das Aufleben der Sekten ist eines der auffälligsten Symptome. Nostradamus konnte vor diesem Phänomen die Augen nicht verschließen. Er hat ihm also mehrere Vierzeiler gewidmet, die uns vermuten lassen, daß er tatsächlich die Monumente von Mandarom bei Castellane in den französischen See-Alpen »gesehen« hat.

In den Vereinigten Staaten gibt es mittlerweile über sechshundert Sekten; allein in Berlin sind es an die vierhundert und einhundertdreißig in Rußland; die Scientology-Sekte zählt in Deutschland möglicherweise dreihunderttausend Mitglieder; in Ungarn sollen die Sekten bereits zehntausend Anhänger um sich vereint haben. Die gesamte christliche Zivilisation ist von diesem Boom betroffen, und selbst vor Japan macht er nicht halt, wo unlängst eine Sekte in der Tokioter U-Bahn mit Giftgas mehrere Mordanschläge verübte.

I, 45
Secteur des sectes grand peine au délateur,
Beste en theatre, dresse le jeu scenique,
Du faict antique ennobly l'inventeur,
Par secte monde confus et schismatique.

Die Jagd (»secteur« vom lateinischen *secutor* in der Bedeutung: verfolgen) auf die Sekten wird dem Ankläger (*delator*, lat., zu »délateur«) viel Leid bescheren. Bei einer Versammlung (lateinisch *theatrum*, Versammlung) bornierter Menschen wird eine Inszenierung (»jeux sceniques« oder Schaukämpfe wurden Theateraufführungen bei den Römern genannt) organisiert. Der Autor (lateinisch *inventor*) (dieser Inszenierung) wird sich hinter tugendhaften Taten verbergen. Die Welt wird wegen dieser Sekten Verwirrung und Schismen erleben.

Nostradamus verwendet hier wie auch in nachstehendem Centurium VII, Vierzeiler 14, den Begriff Sekte für die Gesamtheit aller Sekten. Es sieht so aus, als habe er selbst die riesigen Versammlungen von Sektenanhängern gesehen, ähnlich dem Weltkongreß der Zeugen Jehovas, bei dem 1989 achtzigtausend Menschen in Warschau zusammenkamen.

I, 55
Sous l'opposite climat babylonique,
Grande de sang sera effusion,
Que terre & mer ciel sera inique,
Sectes, faim, regnes, peste, confusion.

In der dem Irak gegenüberliegenden Region (»climat« ist das altfranzösische Wort für Region), das heißt, im Iran, wird es großes Blutvergießen geben und (im Krieg) zu Lande, zu Wasser und in der Luft gipfeln mit all seinen negativen Folgen (altfranzösisch »inique«: ungünstig, nachteilig); und dies wird zur Zeit der Sekten und der Hungersnot eintreten. In den Ländern wird die Seuche grassieren und das Chaos um sich greifen.

Der Krieg zwischen Irak und Iran begann am 23. September 1980 und ging am 15. August 1990 zu Ende – nach zehn Jahren blutigen Kampfgeschehens, bei dem Hunderttausende Menschen beider Seiten auf den Schlachtfeldern ihr Leben lassen mußten. Im Jahre 1980 war erstmals von Aids die Rede.

VII, 14
Faux exposer viendra topographie,
Seront les cruches des monuments ouvertes:
Pulluler secte faincte philosophie,
Pour blanches, noires & pour antiques vertes.

Der Schwindel wird beim Besuch der Stätten offengelegt. Man wird Monumente in Form von Krügen entdecken (»ouvertes« ist eine durch Aphärese verkürzte Form von »découvertes«, zu deutsch: entdeckt). Sekten werden sich mit falschen Philosophien ausbreiten, ob es sich nun um weiße oder schwarze (Magie) oder islamischen (Fundamentalismus [»vertes«, also Grün, ist die Farbe des Islam als Symbol des Heils]) handelt.

Und waren nicht in der Presse tatsächlich Fotos der Tempel von Mandarom zu sehen, deren Dächer die Form umgekehrter Krüge aufweisen? In der Zeitschrift *Challenges économiques* war im Januar 1993 zu lesen: »Der Wanderer, der durch die Heide schlendert, sieht sich urplötzlich der »heiligen Stadt von Mandarom« gegenüber – ein Dutzend Tempel *(Monumente)* zu Ehren des goldenen Lotus, flankiert von dreißig Meter hoch aufragenden riesigen Statuen zur Ehre von Buddha und Hamsh Manara, alias Gilbert Bourdin.« Es ist verständlich, daß sich Nostradamus bei dieser Sekte aufhält, die sich in seiner provenzalischen Heimat niedergelassen hat.

Weissagung 118
Aux plus grands morts, jacture d'honneur & violence,
Proffesseurs de la foy, leur estat & leur secte:
Aux deux grands Eglises divers bruits, decadence,
Maux voisins querellans serfs d'Eglise sans teste.

Die großen verstorbenen Glaubenslehrer (Erzbischof Lefebvre und Bischof Gaillot?) werden ihre Ehre, ihre Stärke, ihren (kirchlichen) Status und ihre Anhänger [Sekte] verlieren, denn Aufruhr und Dekadenz treffen die beiden großen Kirchen (die katholische und die evangelische), weil die Gläubigen unzulänglich und schwach sind und sich mit den Dienern der Kirche streiten, ohne (Rücksicht auf) die Evangelien (»teste« ist die altfranzösische Bezeichnung für das Neue Testament).

Das Wort »violence«, zu deutsch Gewalt, ist hier im Sinne von Charakterstärke zu verstehen, wie sie in folgendem Satz des Matthäusevangeliums (XI, 12) zum Ausdruck kommt: » ... wird dem Himmelreich Gewalt angetan; die Gewalttätigen reißen es an sich«, was soviel sagen will wie: Wer den Himmel erringen will, muß große Charakterstärke beweisen.

Die katholische und evangelische Kirche sind angesichts des Aufblühens neuer Sekten und deren rasanter Ausbreitung äußerst beunruhigt. In *Le Monde* war am 12. Oktober 1991 im Zusammenhang mit der Brasilienreise von Papst Johannes Paul II. zu erfahren, daß »die Entwicklung der parallelen religiösen Bewegungen – vielfach als Sekten bezeichnet – selbst die protestantische Kirche beunruhigt, zu denen sich diese oftmals rechnen.«

Weissagung 109
Pulluler peste. Les sectes s'entrebattre,
Temps modéré, l'hiver peu de retour:
De messe et presche grievement foy debattre,
Inonder fleuves, maux mortels tout autour.

Während sich eine Seuche (Aids?) ausbreitet, werden sich die Sekten gegenseitig bekämpfen. Das Klima wird gemäßigt sein wie auch der Winter. Man wird kontroverse Auseinandersetzungen über die schlimmen Folgen (»grievement« leitet sich vom Altfranzösischen »grief« her und bedeutet Schaden) führen, die sich besonders nachteilig auf Messe und Predigt ausgewirkt haben, während die Flüsse über die Ufer treten und allenthalben Leid und Tod um sich greifen.

Der Winter 1994/95 ist ausgesprochen mild und regenreich gewesen. Halb Nordfrankreich, Belgien und Holland waren überschwemmt. Die Niederschläge brachen sämtliche Rekorde seit Beginn der Aufzeichnungen. Flüsse wie die Seine oder der Rhein traten über die Ufer. Die Schäden gingen in Millionenhöhe, und mehrere Menschen kamen um.

Die Absetzung des Bischofs Gaillot gab Anlaß zu Ausschreitungen, Diskussionen und Predigten in den Kirchen. Und hat Monsignore Gaillot seine letzte Messe nicht am 22. Januar 1995 in der Kathedrale von Évreux gehalten? Im Kommuniqué, das seine Enthebung vom Amt des Bischofs von Évreux begründete, hieß es, dieser Bischof »hielt sich nicht an seine Pflichten im Hinblick auf bestimmte Glaubensfragen, das Primat des Heiligen Vaters und die kanonische Disziplin«. Und Kardinal Lustiger der Erzbischof von Paris, ließ verlauten: »Seit zehn Jahren müssen wir zusehen, wie sich Jacques Gaillot auf einem sektiererischen Pfad bewegt.«

Der Krieg in Jugoslawien

In *Nostradamus, Historiker und Prophet* war als Überschrift über Centurium II, Vierzeiler 32, zu lesen: »Massaker in Jugoslawien«. Es liegt auf der Hand, daß es zur damaligen Zeit unmöglich war, auf »rationale« Weise die derzeitige Situation im ehemaligen Jugoslawien vorherzusehen. Hier also der Vierzeiler, aus dem ich damals jene überraschende Prophezeiung bezog:

> II, 32
> Lait, sang grenouilles escoudre en Dalmatie,
> Conflit donné, peste près de Balennes,
> Cri sera grand par toute Esclavonie,
> Lors naîtra monstre près et dedans Ravenne.

Auf den ersten Blick muß einem dieser Text abstrus erscheinen. Wie bei den meisten prophetischen Schriften des Nostradamus bedarf es auch hier minutiöser Forschungsarbeit, um zu einer Auslegung und Transkription in unsere moderne Sprache zu gelangen. Hier nun die Erläuterung: Nach dem süßen Leben (»lait«, zu deutsch: Milch, wird von Nostradamus an sieben Stellen als Sinnbild für das süße Leben verwendet) wird in Jugoslawien das Blut des Volkes fließen. In Frankreich assoziiert man »grenouilles«, also zu deutsch Frösche, mit der bildlichen Darstellung aller Völker der Geschichte sowie auch aller rechtschaffenen Leute, die mit ihrem Leben nicht zufrieden sind. Wenn der Krieg ausgebrochen ist, wird bei Ballenstedt (»Ballenes« ist die französierte und durch Apokope verkürzte Form des Namens einer ostdeutschen Kleinstadt) eine braune Geißel ausbrechen. Dann wird sich in ganz Slawonien (ehemalige Provinz des österreich-ungarischen Reichs, dessen Komitat Syrmien Vukovar als Hauptstadt hatte) ein Aufschrei (des Volkes) erheben. Schließlich wird bei und in Ravenna ein Unglück geschehen.

Erinnern wir uns zunächst einmal daran, daß der Krieg in Jugoslawien an der dalmatinischen Küste mit der Bombardierung von Dubrownik (dem ehemaligen Ragusa), Zadar und Pula seinen Anfang nahm. Daß ich 1980 »Balennes« mit Ballenstedt (dem Namen einer Kleinstadt in der ehemaligen DDR) assoziierte, hatte zweierlei Gründe: Zum einen hat uns Nostradamus mitgeteilt, daß seine Schriften Ortsnamen als Anhaltspunkte enthalten, und schließlich läßt die Präposition »près de«, also bei, darauf schließen, daß es sich hier tatsächlich um einen geographischen Namen handelt. Was aber hat Ballenstedt mit der Situation auf dem Balkan zu tun? Am 15. September 1992 berichtete *Le Monde* mit Hinblick auf die rassistischen Ausschreitungen in der ehemaligen DDR, daß sich »die schwersten Zwischenfälle in Quedlinburg in Sachsen-Anhalt ereigneten, einer alten, historischen Stadt, die Anfang dieses Jahrtausends Sitz des Heiligen Römischen Reiches deutscher Nation war und unter dem Dritten Reich eine gewisse Renaissance erlebte.« Die Stadt Quedlinburg liegt etwa zwölf Kilometer von Ballenstedt entfernt (*bei* Ballenstedt, wie Nostradamus schreibt!). Die Ausschreitungen veranlaßten die Behörden der Stadt dazu, das Asylbewerberheim zu schließen, gegen die sich die Angriffe der Extremisten gerichtet hatten.

Oft sehen wir, wie Nostradamus in ein und demselben Vierzeiler Ereignisse beschreibt, die zur gleichen Zeit an verschiedenen Orten geschehen und scheinbar keinerlei Bezug zueinander haben. Was den Aufschrei des Volkes in Slawonien betrifft, so hat wohl keiner die Fernsehbilder der gequälten Stadt Vukovar vergessen. Und was Ravenna anbelangt, so hörte man am Sonntag, dem 20. Dezember, im Radio, daß es dort eine gewalttätige rassistische Demonstration von Neo-Faschisten gegeben hat. Welche Spitzfindigkeiten werden wohl den Kritikern Nostradamus' einfallen, um davon abzulenken, daß wir es hier in der Tat mit Angaben von einer beunruhigenden Genauigkeit zu tun haben?

Die Balkankrise ist noch weit von ihrem Ende entfernt; im Gegenteil, sie scheint gerade erst ihren Anfang genommen zu haben. Schauen wir also, in welchen anderen Vierzeilern Nostradamus über die dramatische Lage dort berichtet:

IX, 60
Conflit Barbare en la Cornere Noire,
Sang épandu trembler la Dalmatie,
Grand Ismael mettra son promontoire,
Ranes trembler, secours Lusitanie.

Von den Muslimen in Istanbul und am Schwarzen Meer (bei »Cornere Noire« haben wir es mit einer von Nostradamus häufig verwendeten Kürzung zu tun, bei der die Worte »Corne d'Or« – zu deutsch »goldenes Horn«, Stadtteil von Istanbul – und »mer noire« – zu deutsch: »schwarzes Meer« – zu einem Begriff verschmelzen) wird ein Konflikt ausgelöst. In Jugoslawien wird es zu Blutvergießen kommen, und das Land wird beben (unter dem Bombenhagel). Erinnern wir uns daran, daß Ismael I. im sechzehnten Jahrhundert in Persien die Dynastie der Safawiden begründete. Der »grand Ismael«, von dem hier die Rede ist, bezeichnet also den Staatschef des Iran. Und im September 1992 hat es in Teheran tatsächlich eine Demonstration zur Unterstützung der bosnischen Muslime gegeben. Am 15. September veröffentlichte die Zeitschrift *Libération* einen Artikel unter der Überschrift »Der große türkische Bruder der bosnischen Muslime«, in dem es hieß, daß »über vier Millionen von Balkanemigranten abstammende Muslime in Istanbul leben und angesichts des ständigen Zustroms bosnischer Flüchtlinge in die Stadt die Lobby jener wächst, die die Regierung zu einem Eingreifen in Sarajewo bewegen will.« Dieser Vierzeiler zeigt uns, daß sich die Europäer gar nicht darüber im klaren sind, daß sie hier einen Brand schwelen lassen, der nur darauf wartet, um sich greifen zu können. Nostradamus beschließt seinen Vierzeiler, indem er darauf verweist, daß Hilfe aus Portugal kommen wird, dessen alter Name Lusitanien war. Handelt es sich hier um eine Konferenz oder ein bevorstehendes Ereignis? Es ist zu früh, dies zu wissen, denn allzuoft verbindet Nostradamus in ein und demselben Text Ereignisse, die zu unterschiedlichen Zeiten und an weit auseinanderliegenden Orten geschehen. Wie im vorhergehenden Vierzeiler (II,32), verwendet Nostradamus auch hier das Wort »Frösche« (»ranes« vom lateinischen *rana*), um anzudeuten, daß es sich in der Tat um das Blut des Volkes handelt, das vergossen wird.

II, 84
Entre Campaigne, Sienne, Flora, Tuscie,
Six mois neuf jours ne pleuvra une goutte,
L'estrange langue en terre Dalmatie,
Courira sus, vastant la terre toute.

Zwischen der Campagna[1] (Neapel), der Toskana (Siena und Florenz) und Umbrien (zu Tuszien gehörten Etrurien und Umbrien) wird es sechs Monate und neun Tage lang keinen Tropfen regnen. In Dalmatien wird man eine fremde Sprache (Arabisch?) hören; diese Fremden werden das Land besetzen und zerstören. Es ist zu früh zu sagen, welche fremde Sprache in Dalmatien zu hören sein wird: Arabisch, Russisch, Chinesisch?

IX, 30
Au port de PUOLA et de Saint-Nicolas,
Péril Normande au goulfre Phanatique,
Cap. de Bisance rues crier hélas,
Secours de Gaddes et du grand Philippique.

---

1 Campagna: ital. Provinz mit Hauptstadt Neapel.

In der Hafenstadt Pula (Anagram aus Palu, dem alten Namen dieser dalmatinischen Stadt) und Venedig (»Saint Nicolas« oder »Santo Nicola« ist ein Stadtteil von Venedig) wird durch Menschen aus dem Norden (von den Deutschen, die nördlich von Dalmatien ansässig sind, oder Russen, deren Land die gesamte nördliche Hemisphäre Europas und Asiens einnimmt?) eine Gefahr an den Golf von Kvarner (»Phanatique« steht für »Flanatique« und ist die alte Bezeichnung für Kvarner, einer Bucht im Adriatischen Meer zwischen Illyrien und Istrien; bei dem »h« anstelle von »l« handelt es sich ganz offensichtlich um einen Schreibfehler) kommen. Das Wehgeschrei wird durch die Straßen der Hauptstadt Istanbul hallen, und schließlich wird Hilfe aus Cádiz (»Gaddes« ist der alte Name der Stadt) und vom spanischen König kommen. »Grand Philippique« steht hier für Juan Carlos I., den direkten Nachkommen Philipps V. von Spanien, wobei die Endung »-ique« lediglich aus Gründen des Reims angefügt wurde. Dieser Vierzeiler bezieht sich zweifelsfrei auf die Zeit nach 1998, und angesichts der aus Portugal und Spanien zu erwartenden Hilfe kommt der iberischen Halbinsel künftig eine große Bedeutung zu.

VIII, 83
Le plus grand voile hors du port de Zara
Près de Bisance fera son entreprise:
D'ennemi perte et l'ami ne sera,
Le tiers à deux fera grand pille et prise.

Die größte Flotte (oder Flugzeugflotte; Nostradamus verwendet das Wort »voile«, zu deutsch Segel, als Bezeichnung für Flugzeuge, deren erste Modelle mit Segeltuch bespannte Tragflächen aufwiesen) wird vom jugoslawischen Hafen Zadar (alter Name »Zara«) ausgehen, in der Nähe von Istanbul einen Angriff starten und ihren Feinden große Verluste zufügen. Erinnern wir uns daran, daß der Krieg in Jugoslawien mit der Blockade und Bombardierung der Häfen von Zadar, Pula und Dubrownik durch die Bündnisflotte seinen Anfang nahm. Ein Drittel (Jugoslawiens) wird in den anderen beiden Dritteln große Verwüstungen und Plünderungen anrichten (Serbien nimmt etwa ein Drittel des ehemaligen Jugoslawiens ein!). In nachstehendem Vierzeiler fügt Nostradamus hinzu, daß das Feuer durch nichts gelöscht werden kann:

IV, 82
Amas s'approche venant d'Esclavonie,
L'Olestant vieux cité ruinera:
Fort désolée verra sa Romanie,
Puis la grand flamme éteindre ne sçaura.

Aus Kroatien (dem ehemaligen Slawonien) nähern sich Truppen. Der Zerstörer (»Olestant« kommt vom griechischen *olestai*, was soviel heißt wie zerstören oder zugrunde richten) wird eine alte Stadt vernichten. Bosnien wird stark verwüstet werden (»Romania planina« ist der alte Name der Bergkette oberhalb von Sarajevo), und man wird dann das Feuer des Krieges nicht mehr löschen können.

Erinnern wir uns daran, daß Vukovar eine der wichtigen Städte Slawoniens ist und daß die serbische Armee nach seiner Zerstörung auf den Bergen oberhalb Sarajevos Stellung bezogen hat, um diese Stadt zu bombardieren und zu belagern, deren alter Name Bosna-Serai lautete. Handelt es sich etwa bei dem Zerstörer, von dem in dem Vierzeiler die Rede ist, um Ratko Mladic? In einer Sonderausgabe zum Thema Sarajewo vom November 1992 war in der Zeitung *Libération* unter dem Titel »Ratko Mladic, die Brutalität« folgendes zu lesen: »Der Mann, der gedroht hatte, den Hafen von Split dem Erdboden gleichzumachen, wird von Kroatien des Völkermordes an der Zivilbevölkerung in verschiedenen Dörfern des dalmatinischen Hinterlandes beschuldigt ...« Im Mai 1992 wurde der General zum Generalkommandeur der serbischen Armee in Bosnien ernannt. Angesichts dieses nimmer enden wollenden Krieges muß man fassungslos konstatieren, daß weder das Europa der Fünfzehn noch die USA oder die Vereinten Nationen in der Lage sind, dem ein Ende zu setzen.

Das Feuer schwelt ...

Eine Seuche: Aids oder eine andere?

In verschiedenen der oben kommentierten Vierzeiler lesen wir von einer Seuche oder Geißel im Zusammenhang mit Hungersnöten. Handelt es sich bei dieser Seuche etwa um Aids oder – schlimmer noch – eine Mutation des diese Krankheit verursachenden Virus, dessen Übertragung sich auf die gleiche Weise wie bei der Grippe vollziehen würde? Diese Horrorvision wird in *Outbreak,* einem Film mit Dustin Hoffman und Donald Sutherland gezeichnet, in dem die unkontrollierte Mutation einer vom Pentagon 1967 im Kongo (Zaire) versuchsmäßig eingesetzten bakteriologischen Waffe eine Seuche auslöst. Einer der Vierzeiler von Nostradamus rückt ein vergleichbares Szenario mit Ausgangspunkt in Italien in den Bereich des Möglichen:

IV, 48
Planure Ausonne fertile, spatieuse,
Produira taons si tant de sauterelles,
Clarté solaire deviendra nubileuse,
Ronger le tout grand peste venir d'elles.

Das Wort »Planure« ist die französierte Form von *planitia,* lateinisch für Ebene. »Ausonne«, lateinisch *Ausonia,* ist der alte Name für Italien. Bei der großen, fruchtbaren Ebene Italiens, von der hier die Rede ist, handelt es sich um die Poebene. »Taons« (Stechfliegen) und »sauterelles« (Heuschrecken) werden in mehreren Vierzeilern als Bezeichnung für Luftstreitkräfte (Flugzeuge und Raketen) verwendet. »Produira« kommt vom lateinischen *producere,* was so viel heißt wie vorführen, ausrücken lassen.

Über die fruchtbare und weite Ebene Italiens wird eine so große Menge an Raketen und Flugzeugen ausrücken, daß die Sonne wie mit Wolken verdeckt sein wird. Eine Seuche wird von diesen Waffen ins Land gebracht werden, die alles vernichten wird.

Wie schon zuvor, beinhaltet auch der nun folgende Vierzeiler mehrere Vorzeichen: die Wirtschaftskrise, die Hungersnot, den Krieg (im ehemaligen Jugoslawien), die Massaker (ethnische Säuberungen, Terrorismus, Ruanda usw.) und eine Seuche.

VIII, 17
Les bien aisez subit seront desmis,
Le monde mis par trois freres en trouble,
Cité marine saisiront ennemis,
Faim, feu, sang, peste, & de tous maux le double.

Das Wort »desmis« ist altfranzösisch für »beraubt«. Die Reichen werden plötzlich beraubt werden. Die Welt wird durch drei Brüder (drei islamische Länder?) in Unruhen gestürzt werden, und die Feinde werden sich der Seestadt (Marseille? Vgl. die vielen anderen Vierzeiler, die auf diese Stadt Bezug nehmen) bemächtigen und Hunger, Krieg, Massaker, Seuche und noch mal so viel dieser Übel über sie bringen.

> VIII, 84
> Paterne aura de la Sicile crie,
> Tous les aprests du goulphre de Trieste:
> Qui s'entendra jusqu'à la Trinacrie,
> De tant de voiles fuy, fuy l'horrible peste.

»Paterne« ist altfranzösisch für »père«, also der Vater im Sinne von Gott-Vater. »Aprests« heißt Vorbereitungen. Trinakrien ist der alte Name für Sizilien. Das Wort »voiles«, also Segel, steht für Flugzeuge oder Schiffe.

Gott wird Schreie aus Sizilien hören wegen der Vorbereitungen am Golf von Triest (Adriatisches Meer), die sich bis nach Sizilien ausdehnen. Flieht vor so vielen Flugzeugen, flieht vor der Seuche!

> Weissagung 27. Mai
> La mer Tyrrhene de differente voile.
> Par l'Océan seront divers assaults:
> Peste, poison, sang en maison de toile,
> Presults, Legats esmeus marcher mer haut.

Das Wort »Présults« ist eine verkürzte Form von »présulats«, dem altfranzösischen Begriff für Rat bzw. Versammlung der Oberhäupter.

Wegen verschiedener Flugzeuge oder Schiffe im Tyrrhenischen Meer werden mehrere Angriffe vom Atlantik her erfolgen. Die Menschen werden einer Seuche oder dem Gift (Gas?) zum Opfer fallen, und die Verletzten werden in Zelten liegen (Feldlazaretten).

In seinem Brief an Heinrich, König von Frankreich, schreibt Nostradamus im Zusammenhang mit dem bevorstehenden Krieg und den Christenverfolgungen: »Und dann werden die Kirchen größeren Verfolgungen ausgesetzt sein als je zuvor. Und inzwischen wird eine so große Pestilenz um sich greifen, daß zwei Drittel der Menschheit zugrunde gehen werden. Dann weiß man nicht mehr, wem die Felder und die Häuser gehören, und in den Straßen der Städte wird das Unkraut mehr als kniehoch wachsen.«

KAPITEL III

Islam und Christentum:
Dreizehn Jahrhunderte der Konfrontation

CHRONOLOGIE
622-1995

Wie wollte man die Ereignisse verstehen, die die christlich geprägten Länder der westlichen Welt und die islamischen Staaten im zwanzigsten Jahrhundert erschüttern, ohne die bewegte Geschichte dieser beiden Zivilisationen im Laufe der vergangenen Jahrhunderte zu betrachten? Aus diesem Grunde möchte ich im folgenden eine Übersicht der ständigen Konflikte zwischen den beiden Kulturen geben, die sich seit der Eroberung des christlichen Syriens im Jahre 636 durch die Araber bis in unsere Zeit gegenüberstehen.

Nostradamus widmet diesem Thema gut ein Zehntel seiner Centurien, das heißt, über hundert Vierzeiler; dies beweist die Wichtigkeit des Problems, dessen ganzes Ausmaß uns von Tag zu Tag deutlicher vor Augen tritt. Im Jahre 1948 wurde mit der Errichtung des jüdischen Staates durch die christlichen Mächte der Graben zwischen dem Islam und dem Christentum noch vertieft.

622	Jahr I der Hedschra – Beginn des Islam.
636	Eroberung Syriens durch die Araber.
626-638	Besetzung Persiens – Einnahme von Jerusalem und Antiochia.
639- 644	Eroberung Ägyptens.
647	Eroberung Nordafrikas bis an die Grenzen des Byzantinischen Reiches.
649 - 666	Eroberung Armeniens.
649	Einnahme Zyperns.
654	Einnahme von Rhodos.
656	Geburtsstunde des Schiismus.
674- 678	Belagerung Konstantinopels durch die Araber.
698	Einnahme der byzantinischen Stadt Karthago.
709	Die Araber vollenden die Eroberung des Maghreb und bemächtigen sich Ceutas vor den Toren Spaniens.
711	Der arabische Führer Tarik Ibn Ziyad setzt nach Spanien über und besetzt Córdoba und Toledo.
711	Die Araber überqueren die Pyrenäen, bemächtigen sich der Städte Narbonne und Carcassonne und plündern Autun.
714	Die Araber nehmen Saragossa ein und ergreifen Besitz von der gesamten Iberischen Halbinsel.
721	Einnahme von Toulouse durch die Araber.

732	Karl Martell schlägt eine kleine arabische Armee bei Poitiers und läutet damit das Ende der arabischen Unbesiegbarkeit ein.
740	Generalaufstand des berbischen Maghreb gegen die Besatzer; Araber und Syrer versuchen, den Aufstand blutig niederzuschlagen, doch dies gelingt ihnen erst 761.
746	Der byzantinische Kaiser Konstantin V. dringt in Syrien ein und nimmt Zypern wieder in Besitz.
751	Pippin der Kleine beginnt einen Eroberungsfeldzug in Septimanien (Languedoc) und vereinigt das Frankenreich.
758	Niederlage der Franken in Roncesvalles.
759	Pippin der Kleine erobert Narbonne zurück und vertreibt die Araber aus dem unteren Languedoc.
791	Der König von Asturien, Alfons II., befreit Lissabon von den Mauren.
793	Die Araber werden aus dem Corbières-Gebirge vertrieben.
800	Tunesische Muselmanen fallen in Sizilien ein.
807	Harun al-Raschid erkennt die Rechte der Franken an den heiligen Stätten an.
808	Raubzüge der Sarazenen in der römischen und neapolitanischen Ebene.
809	Plünderung Korsikas und Sardiniens.
813	Plünderung Nizzas.
827	Bernard von Septimanien schlägt die Muselmanen vor Barcelona.
828	Die Sarazenen plündern Arles.
836	Die Sarazenen plündern Marseille.
840	Die Araber nehmen Bari ein; die Stadt wird im darauffolgenden Jahr von den byzantinischen Herrschern zurückerobert.
842	Einnahme von Messina und Tarent durch die Araber.
846	Sarazenische Raubzüge gegen Rom.
849	Sarazenische Raubzüge in der Provence.
872	Der byzantinische Kaiser Basileios I. beginnt einen großangelegten Rückeroberungsfeldzug gegen den Islam.
890	Die Sarazenen lassen sich in La Garde-Freinet (Var) nieder und unternehmen von dieser strategischen Stellung aus Raubzüge in die Schweiz bis nach Wallonien.

902-1091	Besetzung Siziliens durch die Muselmanen.
915	Plünderung und Zerstörung von Fréjus durch die Sarazenen.
939	Der König von Leon und Asturien, Ramiro II., schlägt die Muselmanen bei Samancas.
965-969	Der byzantinische Kaiser Nikephoros II. Phocas vertreibt die Muselmanen aus dem südöstlichen Teil Kleinasiens, Zypern und Syrien.
970	Der byzantinische Kaiser Johannes I. Tsimiskes erobert ganz Palästina außer Jerusalem zurück.
997	El-Mansur führt Krieg gegen die christlichen Königreiche und besetzt Compostella.
1009	Der fadimidische Kalif al-Hakim läßt das Heilige Grab zerstören.
1022	Die Muselmanen werden mit Hilfe der Genueser und Pisaner aus Sardinien vertrieben.
1029	Der König von Navarra, Sanchez III., nimmt Kastilien ein.
1037	Johannes, der Bruder des byzantinischen Kaisers Michael IV., erreicht auf dem Verhandlungswege den Wiederaufbau des Heiligen Grabes.
1047	Plünderung des Klosters von Lérins (Var) durch die Sarazenen.
1064	Kreuzzug der Burgunder gegen die Mauren in Spanien. Ani, die byzantinische Hauptstadt Armeniens, wird von seldschukischen Türken zerstört.
1071	Die Griechen werden von den Türken aus Anatolien vertrieben.
1072	Der kastilische König Alfons VI. befreit Toledo von den Mauren.
1086	Der kastilische König Alfons VI. wird von den aus Marokko kommenden Almoraviden geschlagen.
1091	Die Araber werden aus Sizilien vertrieben.
1095	Das Konzil von Clermont beschließt den Ersten Kreuzzug. Während des Konzils beruft sich Papst Urban II. auf den Heiligen Krieg zur Befreiung der heiligen Stätten.
1099	Die Kreuzritter nehmen Jerusalem ein; sie metzeln Muselmanen und Juden gleichermaßen nieder!
1100	Baudouin I., der Bruder Gottfrieds von Bouillon, wird König von Jerusalem.

1118	Der König von Aragon und Navarra, Alfons I., befreit Saragossa von den Mauren.
1124	Erste venetianische Kolonien in Palästina.
1130	König Roger von Sizilien besetzt die nordafrikanische Küste von Tripolis bis Bône, heute Annaba.
1146	Zweiter Palästinakreuzzug.
1161	Salah ad-Din (im Westen unter dem Namen Saladin bekannt) bemächtigt sich Syriens.
1173	Die Truppen des byzantinischen Kaisers Manuel I. werden in Anatolien vernichtend geschlagen.
1187	Salah ad-Din vertreibt die Franken aus Jerusalem.
1189-1192	Dritter Kreuzzug zur Befreiung Jerusalems; Niederlage.
1202-1204	Vierter Kreuzzug.
1212	Die Muselmanen werden von den Königen von Kastilien, Aragon und Navarra geschlagen.
1219-1221	Kreuzzug gegen die Sarazenen in Ägypten.
1227-1229	Sechster Kreuzzug. Jerusalem ergibt sich Kaiser Friedrich Barbarossa widerstandslos, und dieser ruft sich zum »König von Jerusalem« aus.
1248	Siebter Kreuzzug. Ludwig IX. (der Heilige) von Frankreich macht sich von Aigues-Mortes aus auf den Weg nach Ägypten.
1250	Ludwig IX. wird im Kampf geschlagen und gefangengenommen.
1260	Die ägyptischen Mamelucken vertreiben die Franken aus Syrien.
1262	Einnahme von Cádiz. Die Muselmanen halten jetzt nur noch das Königreich von Granada.
1270	Achter Kreuzzug. Ludwig IX. macht sich in Begleitung seiner drei Söhne und Prinz Eduards von England nach Tunesien auf. Er stirbt kurz nach der Ankunft.
1281-1284	Heiliger Krieg der Osmanen gegen das Byzantinische Reich.
1291	Die Franken verlieren Tyrus, Sidon (Saida) und Beirut. Ende der Kreuzritterzeit.
1326	Eroberung Anatoliens durch die Osmanen.
1359	Murat I. schlägt Byzantiner, Bulgarier und Serben.
1383	Die Osmanen nehmen Thessaloniki ein.
1389	Der osmanische Sultan Bajazet bemächtigt sich Athens und des Peloponnes (Morea).

1396	Bulgarien wird von den Türken unterworfen.
1434	Christianisierung Äthiopiens.
1444	Der Ungar Johannes Hunyadi, Feldherr des polnischen König Ladislaus III., wird von Sultan Murat II. bei Warna geschlagen.
1453	Eroberung Konstantinopels durch Mahmut II.; Ende des christlichen Reiches im Orient.
1479	Die Venetianer werden von den Osmanen in Griechenland geschlagen.
1492	Der König von Aragon, Ferdinand II., erobert Granada und befreit damit die Iberischen Halbinsel endgültig von den Muselmanen.
1521	Suleiman der Prächtige bemächtigt sich Belgrads.
1522	Suleiman der Prächtige bringt Rhodos in seinen Besitz.
1526	Suleiman der Prächtige schlägt König Ludwig II. von Ungarn und brennt die Stadt Buda nieder.
1529	Suleiman der Prächtige belagert Wien.
1535	Kaiser Karl V. erobert Tunis.
1565	Die Osmanen belagern Malta.
1568	Sultan Selim II. schließt Frieden mit Kaiser Maximilian II.
1571	Nach der Eroberung Zyperns wird Selim II. in der Seeschlacht von Lepanto von Don Juan de Austria geschlagen.
1574	Selim II. befreit Tunis von den Spaniern.
1595-1600	Die Türken werden aus der Walachei, Moldawien (Rumänien) und Transsylvanien (Ungarn) vertrieben.
1603	Sultan Ahmet II. verbündet sich mit Ungarn gegen Kaiser Rudolf II. und zwingt ihm den Frieden von Wien auf.
1609	Vertreibung von dreihunderttausend Mauren aus Spanien.
1664	Mit Unterstützung eines französischen Expeditionskorps fügt Kaiser Leopold I. den Osmanen bei Sankt Gotthard (Ungarn) eine Niederlage zu.
1671	Die westlichen Mächte müssen dem Dei von Algier Tribut für die ungehinderte Nutzung des Mittelmeeres zahlen, das von zweifelhaften barbareskischen Seeräubern kontrolliert wird.
1672	Mulai Ismael vertreibt die Engländer aus Tanger.

1677	Der polnische König Johann III. Sobieski schlägt die Türken in Khotine.
1683	Belagerung Wiens durch die Türken. Das Heer Johann Sobieskis und die zur Unterstützung eintreffenden Truppen des Herzogs von Lothringen, Karl V., retten die Stadt.
1699	Niederlage der Türken bei Zentha (Ungarn). Das Osmanische Reich büßt einen Großteil seines Einflusses in Europa zugunsten von Ungarn, Polen und Rußland ein.
1710	Krieg zwischen Rußland und dem Osmanischen Reich.
1736-738	Krieg zwischen der Türkei und Rußland, das die Krim besetzt hält.
1770	Die Russen schlagen die Osmanen vernichtend in der Seeschlacht von Smyrna.
	Aufstand der Griechen gegen die türkischen Besatzer.
1787-788	Krieg der Türkei gegen Rußland und Österreich.
1798-1799	Bonapartes Ägyptenfeldzug.
1804	Russisch-persischer Krieg. Die Russen annektieren Georgien, Dagestan und Baku.
1806	Russisch-türkischer Krieg. Rußland annektiert Bessarabien.
1821-1829	Griechischer Unabhängigkeitskrieg.
1822	Massaker von Chio und Tripolis.
1827	Die vereinigte französisch-englisch-russische Flotte schlägt die Türken vernichtend in der Seeschlacht von Navarino.
1828	Die Russen dringen in die Türkei ein.
1830	Ein französisches Expeditionskorps besetzt Algier.
1831	Die Franzosen erobern Oran.
1837	Eroberung der ostalgerischen Stadt Constantine durch die Franzosen.
1839	Massaker an Europäern in Mitidja (Bezirk Algier).
1847-1857	Eroberung von ganz Algerien und Zerschlagung der marokkanischen Armee durch die Franzosen.
1859	Die Truppen des marokkanischen Sultans Mohamed IV. werden von den Spaniern vernichtend geschlagen.
1879	Besetzung von Kabul (Afghanistan) durch die Engländer.
1881	Errichtung des französischen Protektorats über Tunesien.

1882	Aufstand in Ägypten gegen die Franzosen und Engländer. Besetzung des Landes.
1894-1896	Massaker an Armeniern durch die Türken.
1906	Anerkennung der »Sonderrechte« Frankreichs über Marokko auf der Konferenz von Algeciras. Französische Militärintervention in Fez (Marokko).
1914	Die Engländer besetzen Bassora, Bagdad und Kirkuk. Der Irak wird unter britisches Mandat gestellt.
1915	Englisch-türkische Konfrontation wegen des Suezkanals. Die Türken schlachten eine Million Armenier ab.
1916	Die Türken wehren Angriffe der Engländer und Franzosen auf die Dardanellen ab.
1917	Die Engländer nehmen das von deutsch-türkischen Truppen verteidigte Jerusalem ein.
1918	Einnahme der Meerenge von Konstantinopel durch französische und englische Truppen.
1919	Die griechische Armee geht in Smyrna an Land und richtet ein Massaker unter den Türken an. Libyen wird von den Italienern erobert. Nach der englischen Niederlage in Afghanistan wird das Land unabhängig.
1920	England tritt sein Mandat über Syrien und den Libanon an Frankreich ab.
1921	Die Engländer errichten den unabhängigen Staat Transjordanien.
1921-1926	Rif-Krieg (Marokko). Französische und spanische Verbände fügen den Truppen von Abd el-Krim eine vernichtende Niederlage zu und nehmen diesen gefangen.
1922	Die Türken richten unter den Armeniern von Symrna ein Blutbad an.
1936	Die Engländer räumen Ägypten mit Ausnahme der Suezzone.
1940-1945	Die Truppen der europäischen Staaten stehen sich auf muslimischem Boden gegenüber (Tunesien, Libyen, Ägypten, Syrien, Palästina).
1945	Aufstände in Setif (Algerien). Massaker an Hunderten von Europäern. Fünftausend Muslime kommen bei der gewaltsamen Unterdrückung des Aufruhrs zu Tode. Gründung der Arabischen Liga: Ägypten, Jordani-

	en, Syrien, Irak, Libanon, Saudi-Arabien und Jemen.
	Rückzug der französischen und englischen Truppen aus Syrien.
1947	Marokko fordert seine Unabhängigkeit.
1952	Antibritische Aufstände in Kairo.
1954-1962	Algerischer Unabhängigkeitskrieg.
1956	Marokko wird unabhängig und tritt der Arabischen Liga bei.
	Militärisches Eingreifen Israels, Frankreichs und Großbritanniens in der Suez-Zone nach der Verstaatlichung des Kanals durch Nasser.
1961	Die tunesische Armee belagert das von französischen Truppen besetzte Bizerte.
1973	Israelisch-arabischer »Jom-Kippur«-Krieg. Die arabischen Staaten verhängen ein Erdölembargo gegen die westlichen Länder und Israel.
1974	Türkische Truppen landen auf Zypern und nehmen den Norden der Insel in Besitz.
1976	Ein Airbus wird auf der Strecke TelAviv – Paris von einem palästinensischen Kommando beim Abflug in Athen mit 258 Passagieren an Bord nach Entebbe in Uganda entführt.
1977	Ein ägyptischer Luftpirat entführt einen Airbus auf der Route Paris – Kairo über Brindisi.
1978	Aufstände im Iran gegen das Schah-Regime.
	Eingreifen der Sowjets in Afghanistan.
1979	Abdankung des Schahs und Ausrufung der islamischen Republik.
	Besetzung der Botschaft der Vereinigten Staaten in Teheran.
	Amerikanische Militäraktion, die in einem Fiasko endet.
1981	Attentatsversuch des Türken Ali Agça auf Papst Johannes Paul II. auf dem Petersplatz.
1982	Explosion einer Autobombe in der Rue Marbeuf in Paris. Frankreich weist zwei syrische Diplomaten aus. Explosion einer Autobombe vor der französischen Botschaft in Beirut.
	Ermordung des christlichen Präsidenten des Libanon, Bachir Gemayel.
	Ermordung von Palästinensern durch christliche

	Falangisten in den libanesischen Camps von Sabra und Schatila.
1983	Anschlag auf französische und amerikanische Truppen in Beirut (über dreihundert Tote), für den die »islamische Dschihad« die Verantwortung übernimmt.

Amerikanischer Luftangriff gegen syrische und drusische Stellungen südlich von Beirut.

Die israelische Armee befreit die von Drusen belagerten Christen.

Explosion einer Autobombe vor der Botschaft der Vereinigten Staaten in Beirut (achtzig Tote und einhundertzwanzig Verletzte).

Eine Boeing 727 wird auf der Route Wien – Paris nach Genf entführt, wo sechsunddreißig der insgesamt einhundertsechs Passagiere freigelassen werden. Weitere sechzig dürfen in Catania (Sizilien) von Bord gehen. Am nächsten Tag landet die Maschine erst in Damaskus, dann auf dem Flughafen von Teheran. Nach dreitägigen Verhandlungen ergeben sich die fünf Luftpiraten und erhalten politisches Asyl im Iran.

Libysche Truppen nehmen Faya-Largeau im Tschad in Besitz. Frankreich entsendet ein Expeditionskorps.

Der Iran schließt das französische Konsulat in Isfahan und das französische Kulturinstitut in Teheran.

Bombardierung der Christenviertel von Beirut durch Syrer und Drusen.

Die französische Luftwaffe zerstört die Lager der pro-iranischen Milizen an der Zufahrt nach Baalbek.

1984 Sprengstoffattentat auf das französische Kulturzentrum in Tripoli (Libanon).

Eine Boeing 737 auf der Route Frankfurt – Paris wird mit zweiundsechzig Passagieren an Bord nach Genf entführt. Der Luftpirat hat einen algerischen Paß und will nach Tripolis. Er wird von der Schweizer Polizei überwältigt.

Bombardierung der Christenviertel in Beirut.

Die amerikanische Marine bombardiert syrische Stellungen im Libanon.

Ein türkisches Geschwader greift im Ägäischen Meer ein griechisches Torpedoboot an.
Eine Boeing 737 auf der Route Frankfurt – Paris mit achtundfünfzig Passagieren und sechs Besatzungsmitgliedern an Bord wird von drei Luftpiraten nach Genf entführt. Die Luftpiraten fordern die Freilassung der fünf Männer, die für das in Paris auf den ehemaligen Premierminister des Schahs, Schapur Bakhtiar, verübte Attentat verantwortlich sind. Die Maschine landet in Beirut, in Larnaka (Zypern) und schließlich in Teheran. Die Piraten sprengen die Pilotenkanzel, nachdem sie ihre Geiseln freigelassen haben, und ergeben sich den Sicherheitskräften.
Abzug der französischen Truppen aus dem Libanon.
Blutbad vor der libyschen Botschaft in London (ein Toter, zehn Verletzte). In Tripolis wird die britische Botschaft von libyschen Truppen umstellt.
Unterzeichnung eines Freundschaftsvertrages zwischen Malta und Libyen.

1985 Sprengstoffattentate auf orthodoxe Einrichtungen in Tripoli (Libanon).
Zwei französische Diplomaten werden in Beirut entführt.
Bombenexplosion in einem von Amerikanern frequentierten Madrider Restaurant – achtzehn Todesopfer. Die Organisation »Islamischer Dschihad« übernimmt die Verantwortung für diesen Anschlag.
In Beirut werden zwei Franzosen, ein Journalist und ein Wissenschaftler, entführt.
Ermordung zweier französischer Beobachter der Friedenstruppen in Beirut.
In Saida fordern schiitische Fundamentalisten die Errichtung einer islamischen Republik.
Die »Islamische Dschihad« entführt im Libanon einen niederländischen Jesuiten, der später ermordet aufgefunden wird, zwei Briten, einen Amerikaner, den französischen Vizekonsul, einen Attaché der französischen Botschaft und dessen Tochter, den Leiter des französischen Kulturzentrums in Tripoli sowie einen italienischen Offizier.

Palästinenser und muslimische Milizen bringen die letzten christlichen Stellungen um Saida und bis hin zur Chuf-Region in ihren Besitz. Das katholische Dorf Aarba wird von drusischen Milizen dem Erdboden gleichgemacht. Ein schiitisches Kommando entführt in Athen eine Boeing 727 der Fluggesellschaft TWA. Die siebenundneunzig Passagiere und Besatzungsmitglieder werden wieder freigelassen. Ein Palästinenserkommando bringt vor der ägyptischen Küste das italienische Kreuzfahrtschiff »Achille Lauro« in seine Gewalt und tötet einen jüdisch-amerikanischen Passagier.

1986 Durch die Explosion einer Autobombe im christlichen Stadtteil von Beirut sterben zweiundzwanzig Menschen. Einhundertzehn Menschen werden verletzt. Libyscher Raketenbeschuß auf Flugzeuge der sechsten US-Flotte. Vier libysche Schnellboote und zwei Raketenbasen in Libyen werden zerstört. Vier französische Journalisten des französischen Senders »Antenne 2« werden von der »Islamischen Dschihad« entführt.
Hinrichtung von Michel Seurat durch die »Islamische Dschihad«.
Entführung eines britischen Kameramanns in Beirut.
Entdeckung der Leichen dreier britischer Geiseln im Chuf (Libanon).
Versuchte Bombardierung der italienischen Insel Lampedusa durch die Libyer.
Entführung eines irischen Dozenten in Beirut.
Bombenexplosion an Bord einer Boeing 727 der Luftfahrtgesellschaft TWA, für das die »Revolutionären Zellen von Al Kassam« die Verantwortung übernehmen.
Entführung und Ermordung von Armeniern im Libanon.
Ausweisung von sechsunddreißig europäischen Diplomaten aus Libyen.
Entführung des Franzosen Camille Sontag in Beirut.
Polizeieinsatz im französischen Auvers-sur-Oise.
Ausweisung von Massoud Radjavi, dem Chef der

»Volksmudschahiedin«, der daraufhin im Irak Zuflucht findet.
Attentat im muslimischen Teil Beiruts: zweiundzwanzig Tote und einhundertdreiundsechzig Verletzte.
Explosion einer Autobombe im christlichen Teil Beiruts: fünfunddreißig Tote und einhundertvierzig Verletzte.
Explosion einer Autobombe im christlichen Teil Beiruts: fünfzehn Tote und vierzig Verletzte.
Im Südlibanon Konfrontation zwischen französischen Soldaten der Finul und schiitischen Amal-Milizen.
Vorübergehende Festnahme von vierzehn Anhängern der kommunistischen Partei Libanons und der FPLP aus dem Nahen Osten in Frankreich.
Drei französische Soldaten der Finul werden im Libanon getötet, ein weiterer verletzt.
Fallschirmabwurf von Treibstoff, Lebensmitteln und Munition im Tibesti für die Soldaten von Goukouni Queddei, die im Kampf gegen die libyschen Truppen stehen.

1987 Im Libanon Entführung des französischen Journalisten René Auque sowie von zwei Deutschen und zwei Libanesen armenischen Ursprungs; später Entführung von drei Amerikanern.
Iranischer Angriff auf ein sowjetisches Gebäude im Persischen Golf.
Angriff der iranischen Luftwaffe auf die amerikanische Fregatte »Stark« im persischen Golf: achtunddreißig Tote oder Vermißte.
Entführung eines britischen Diplomaten in Teheran sowie des amerikanischen Journalisten Charles Glass in West-Beirut.
Angriff auf das französische Containerschiff »Ville d'Anvers« durch zwei iranische Schnellboote zwischen Kuweit und Bahrein.
Abbruch der diplomatischen Beziehungen zwischen Frankreich und dem Iran. Waffenparade der Hisbollah durch die südlichen Vororte von Beirut mit der Parole: »Tod den Vereinigten Staaten und Frankreich!«

1988 Die Vereinigten Staaten entsenden Schnellboote, das Schlachtschiff »Missouri« und den Hubschrauberträger »Guadalcanal« in den Persischen Golf.
Ein iranisches Minenboot wird beim Versenken von Seeminen von amerikanischen Hubschraubern unter Beschuß genommen.
Ein amerikanischer Tanker wird in kuweitischen Gewässern von einer iranischen Rakete getroffen.
Amerikanischer Angriff auf zwei zu Militärbasen umfunktionierte iranische Ölbohrinseln.
In einem christlichen Vorort von Beirut werden zwei französische Polizisten getötet und ein weiterer verletzt.
In West-Beirut wird ein mit der Aufklärung des Mordes an einem Franzosen beauftragter Beamter der französischen DGSE ermordet.
Entführung zweier Beamter der Vereinten Nationen – eines Schweden und eines Norwegers – südlich von Saida.
Entführung eines amerikanischen UNO-Beauftragten im Libanon.
Entführung des Direktors der britischen Hilfsorganisation für den Nahen Osten OXFAM im Libanon.
Sechs Schiffe der US-Marine bombardieren die iranischen Ölbohrinseln von Sirri und Sassan und versenken drei iranische Fregatten.
Ausweisung des syrischen Geschäftsmanns Omrane Adham aus Frankreich.
Der amerikanische Kreuzer »USS Vincennes« schießt einen zivilen iranischen Airbus ab: zweihundertneunzig Tote.
Entführung eines Mitarbeiters des Schweizerischen Roten Kreuzes in Saida.

1989 Fünfzehnter Jahrestag des Libanonkrieges zwischen Christen und Moslems.
Zwei libysche Mig-23 werden über dem Mittelmeer von zwei amerikanischen F14-Jägern abgeschossen.
Das iranische Parlament beschließt den Abbruch der diplomatischen Beziehungen zu London.
Vierzehn verletzte Christen aus Nord-Beirut werden vom französischen Hospitalschiff »La Rance« aufgenommen.

Der Präsident des iranischen Parlaments, Haschemi Rafsandschani, ruft die Palästinenser gegen die »zionistische Brutalität in Palästina« zur Tötung von Amerikanern, Briten und Franzosen sowie zu weltweiten Angriffen gegen deren Interessen auf.

Ein Airbus auf der Route Paris – Algier wird von einem Algerier entführt, nachdem dieser von Frankreich ausgewiesen wurde. Der Luftpirat wird kurz nach der Landung der Maschine in Algier überwältigt.

Offensive drusischer Milizen und pro-syrischer Palästinenserverbände gegen die christliche Riegelstellung von Souk el-Gharb.

Papst Johannes Paul II. verurteilt den von den Syrern an den libanesischen Christen verübten »Völkermord«.

Ermordung des christlichen Präsidenten René Moawad in Beirut.

1990 König Hassan II. von Marokko stellt sich öffentlich gegen die Integration der Einwanderer in Frankreich.

Nach dem Einmarsch irakischer Truppen in Kuweit entsenden die USA den Flugzeugträger »Independence« sowie acht weitere Kriegsschiffe in den Golf.

Frankreich entsendet den Flugzeugträger »Clemenceau« in den Golf.

Saddam Hussein ruft zum Heiligen Krieg auf.

Seeblockade der Vereinigten Staaten gegen den Irak.

In Teheran ruft Ajatollah Khomeni zum Heiligen Krieg gegen die Vereinigten Staaten auf.

Syrische Offensive gegen die christliche Enklave unter General Aoun in Beirut. Massaker und Plünderungen von seiten der Syrer.

Ermordung des Maronitenführers Dany Schamoun, seiner Frau und seiner beiden Kinder unweit von Beirut.

Monsignore Michel Dubost, dem obersten Feldgeistlichen der französischen Armee, wird die Einreise nach Arabien verwehrt.

1991 Anti-amerikanische Kundgebungen im Maghreb, in Jordanien und in Pakistan.

17. Januar: Beginn der »Operation Wüstensturm« gegen den Irak (Bombardierung strategischer Stellungen).
Pro-irakische Kundgebung in Rabat.
Der Libanon wird unter syrische Schutzherrschaft gestellt.
Entführung von Jérôme Leyraud, einem französischen Mitarbeiter der Organisation »Ärzte der Welt«, in Beirut.

1992 In Aserbaidschan Konfrontation zwischen Aserbaidschanern und Armeniern.
Generalstreik der Christen im Libanon aus Protest gegen die Parlamentswahlen.
In Bosnien Kämpfe zwischen Kroaten und Muslimen.
Eine irakische Mig-25 wird von einem amerikanischen Jäger des Typs F-16 abgeschossen.

1993 Bombardierung von acht militärischen Zielen im Süden des Iraks durch die alliierten Luftstreitkräfte.
Amerikanische Raketenangriffe gegen eine Militäranlage unweit von Bagdad.
General Morillon wird in der muslimischen Enklave von Srebrenica von Zivilisten festgehalten.
Besetzung der aserbaidschanischen Stadt Kalbajan durch die Armenier.
In Bosnien Entwaffnung der Moslems von Srebrenica durch die Blauhelme.
Von einem amerikanischen Kreuzer aus werden dreiundzwanzig Raketen auf das Hauptquartier des irakischen Geheimdienstes in Bagdad abgefeuert.
In Algerien werden die Leichname zweier junger französischer Vermessungsingenieure gefunden.
In Algerien werden drei Mitarbeiter des französischen Konsulat in Algier entführt.
Im ägyptischen Kairo werden zwei Amerikaner und ein Franzose im Hotel »Semiramis« erschossen.
Der Präsident der algerischen Bruderschaft in Frankreich, Djaffar el-Houari, wird in seinem Domizil in Ariège unter Hausarrest gestellt.
In Algerien werden ein spanischer Geschätsmann

ein französischer Rentner, ein Russe und ein britischer Informatiker erschossen. Zwölf der Kollaboration beschuldigte Kroaten werden enthauptet.

In Beirut Anschlag auf den Sitz der christlichen Falangistenpartei mit einer in einem Lastwagen versteckten Bombe.

In Kairo werden sieben Österreicher bei einem Attentat auf einen Touristenbus verletzt.

1994 In Algier Ermordung eines Mitarbeiters des französischen Konsulats.

In Algier Ermordung des französischen Journalisten Olivier Quémener in der Kasbah.

In Algerien wird in der kleinen Kabylei ein russischer Techniker des Kraftwerks bei Jijel ermordet.

Ermordung des Franzosen Joaquim Grau in Algier.

Im Libanon Anschlag auf eine maronitische Kirche in Nord-Beirut im Herzen des christlichen Gebietes: zehn Tote und sechzig Verletzte.

Ermordung zweier Franzosen in einem Vorort von Algier.

In Bosnien wird die muslimische Enklave von Gorajde belagert.

In Algerien werden in der Kasbah zwei französischen Ordensleute, Pater Henri-Barthélemy Vergès und Schwester Paule-Hélène Saint-Reymond, ermordet.

In Algerien werden sieben italienische Seeleute im Hafen von Djendjen an Bord der »Lucina« enthauptet.

Vier Russen, zwei Kroaten und ein Rumäne werden ebenfalls ermordet.

In Südwesten von Algier greift ein Kommando islamischer Gruppierungen die diplomatische Vertretung von Ain Allah an: Vier französische Polizisten und zwei Mitarbeiter der französischen Botschaft kommen dabei ums Leben.

Im Südwesten Algeriens wird eine französische Krankenschwester in Sig angeschossen.

In Marrakesch Angriff auf das Hotel Atlas-Asni; zwei spanische Touristen sterben.

Ein französischer Ingenieur wird in Hammadi, im Südwesten von Algier, enthauptet aufgefunden.

In Bouria im Südwesten von Algier wird der Leichmann eines Franzosen gefunden.

Am Gymnasium Saint-Exupéry von Mantes-la-Jolie werden sechs Mädchen, die den islamischen Schleier tragen, nach Hause geschickt; und in Clermont-Ferrand wird eine Schülerin des CMI aus gleichem Grunde vom Unterricht ausgeschlossen.

DER KONFLIKT ZWISCHEN EUROPA UND DEM ISLAM

Die in bezug auf die Konfrontation des Westens und der muslimischen Staaten angekündigten Ereignisse sind katastrophaler und verheerender Art. Wie bereits in der Präambel gesagt, werden die Schrecken des Krieges, die Wahnsinnstaten der Menschen in den Vierzeilern durch eine, wenn auch sehr knappe, so doch äußerst blutrünstige Sprache übertrieben und gleichsam als Horrorvisionen dargestellt. Der Mensch soll auf diese Weise zum Nachdenken und Handeln gebracht werden, damit er aufhört, sich selbst zu zerstören und so den Weg zum Heil zu finden.

An dieser Stelle möchte ich zitieren, was Michel Debré anläßlich des Golfkrieges gesagt hat (die in Nostradamus' Vierzeilern vorkommenden Worte sind kursiv dargestellt): »Was wir erleben, ist nichts als der Anfang eines neuen Hundertjährigen Krieges. Ein *erbarmungsloser Krieg,* bei dem es direkt und unmittelbar um den Fortbestand oder Untergang Frankreichs als Macht in Europa und im *Mittelmeerraum* geht. Weil unsere südliche Flanke einer Fieberwelle der arabischen Welt am ungeschütztesten ausgesetzt ist, weil die Geburtenziffer in unserem Lande seit langem im Vergleich zur expansiven *muslimischen Bevölkerungsstatistik* auf der Stelle tritt und weil die Geschichte gezeigt hat, daß die jungen Nationen letztendlich immer ihre Gesetze den alten Nationen aufzwingen – aus alledem wird deutlich, daß wir an erster Stelle von den Ereignissen am *Mittelmeer* betroffen sind.«

Am 30. März 1995 fand in Khartum (Sudan) die dritte arabische und islamische Volkskonferenz statt. Am nächsten Tag erschien in *Le Monde* ein Artikel von Moura Naim mit dem Titel: »Die Islamistenkonferenz von Khartum verwahrt sich gegen den ›Zionismus‹ und den ›westlichen Imperialismus‹: »Der Generalsekretär der Konferenz, Tourabi, graue Eminenz des sudanesischen Regimes, geißelte jene im Westen, die eine Sammlung der Kräfte propagiert und *ihre Feindlichkeit gegenüber dem Islam* zum Ausdruck gebracht haben ... Er kritisierte aufs schärfste die *muslimischen Staatsmänner* aus dem *arabischen* Lager, die die Palästinenser *verraten* hätten und auch *jene Weltorganisation, die man UNO nennt* und die nach seinen Worten zu einem *gegen die muslimischen Länder gerichteten Instrument* geworden sei ... Ganz offensichtlich vertreten die Teilnehmer der Konferenz von Khartum verschiedene Auffassungen, und ihre unmittelbaren Interessen sind völlig unterschiedlich gelagert: Tschetschenien, Bosnien, Iran, Albanien, Kosovo, Kamerun, Benin, Pakistan – sie haben nur einen einzigen gemeinsamen Nenner: den Koran.«

Nostradamus widmete einige seiner Sechszeiler einer Person, die er in der Rolle eines Kriegshetzers sieht und als »pourvoyeur« – zu deutsch »Munitionshelfer« – bezeichnet, dem während des Kampfes die Aufgabe zukommt, die Ladung und den Sack mit dem Pulver herbeizuschaffen, um sie dem Richtkanonier zu übergeben. Wir können noch nicht absehen, wer nun mit diesem Begriff des »Munitionshelfers« gemeint ist; ob es sich hier wohl um einen islamischen Führer handelt?

Der Elefant (»l'Elephant«) ist wahrscheinlich eine Bezeichnung für Südafrika, denn es gibt dort viele Ortsbezeichnungen (Berge, Flüsse usw.) mit diesem Namen, die auf die ersten dort an Land gegangenen Europäer zurückgehen. »Griffon« ist die altfranzösische Bezeichnung für byzantinische Griechen und im weiteren Sinne für Orientalen im allgemeinen; der Begriff steht also aller Wahrscheinlichkeit nach für ein islamisches Land des Mittleren Ostens (zum Beispiel Iran, Irak, Syrien), wenn er nicht gar für China stehen sollte. Der Terminus »étendars«, zu deutsch Standarte, ist Nostradamus' Name für die Kavallerie und die Marine und bezeichnet hier folglich Panzerdivisionen und Kriegsflotten.

Sechszeiler 56
Tost l'Elephant de toutes parts verra,
Quand pourvoyeur au Griffon se joindra,
Sa ruine proche, & Mars qui toujours gronde:
Fera grands faits auprès de terre saincte,
Grands étendars sur la terre & sur l'onde,
Si la nef a esté de deux frères enceinte.

Bald wird Südafrika nach allen Seiten wachsam werden, wenn der Kriegstreiber sich mit einem orientalischen Land vereinigt, dessen Niedergang kurz bevorsteht. Und stetes Kriegsgrollen wird um Palästina große Aktionen mit vielen Panzern und Kriegsschiffen auslösen. Derweil wird die Kirche zwei Brüder hervorgebracht haben (den Papst und einen Gegenpapst?).

Der folgende Sechszeiler enthält eine astronomische Zeitangabe zum Beginn der Feindseligkeiten von seiten des »Munitionshelfers«:

Sechszeiler 46
Le pourvoyeur mettre tout en desroute,
Sangsue & loup en mon dire n'escoute
Quand Mars sera au signe du Mouton
Joint à Saturne, & Saturne à la Lune,
Alors sera ta plus grande infortune,
Le Soleil lors en exaltation.

Ein Blutegel (»sangsue«) ist im übertragenen Sinne jemand, der sich Geld durch unbotmäßige Forderungen oder jedes andere Mittel beschafft; wollte Nostradamus damit die Macht des Geldes im westlichen Kapitalismus bezeichnen? Für diese Hypothese spricht, daß der Blutegel eine Allianz mit Deutschland (dem »loup«, also Wolf) eingeht, das im Kreise der reichen Länder über eine der stärksten Währungen verfügt. Am 28. März 1998 gibt es eine Konjunktion zwischen Mars, Saturn und Mond im Widder, und die Sonne ist in diesem Zeichen erhöht. Im Hinblick auf den Begriff Sonne (»soleil«) fragt man sich, ob Nostradamus hier nicht auch auf Papst Johannes Paul II. anspielt, dessen Sinnspruch in der Weissagung des Malachias[1] zu finden ist: *de labore solis*. Als »exaltation«, zu deutsch Erhöhung, bezeichnet man in der Astrologie eine Planetenstellung, die je nach ihrer Art die sich bei der Horoskopinterpretation ergebende Aussage negativ oder positiv verstärkt; im kanonischen Recht aber steht es auch für die Verleihung der Papstwürde.

Der Kriegstreiber wird einen allgemeinen Zusammenbruch herbeiführen. Die reichen Länder und Deutschland sind taub für meine Worte; am 28. März 1998 wird euch euer schlimmstes Unglück ereilen.

Ursprung des Konfliktes und Rolle Libyens

Mehrere Vierzeiler lassen darauf schließen, daß der Konflikt im Mittleren Osten seinen Ursprung haben wird.

I, 9
De L'Orient viendra le coeur Punique
Fascher Hadrie, & les hoirs Romulides:
Accompagné de la classe Lybique,
Temple Melites & proches Isles vuides.

Die Worte »Punique«, zu deutsch punisch (von *poenus*, lat. für karthagisch), an anderen Stellen aber auch Karthago oder Hannibal, werden von Nostradamus als Bezeichnung für die islamischen Länder und insbesondere Nordafrika verwendet, das früher teilweise von den Karthagern besetzt war, aber auch in bezug auf den unerbittlichen Haß, den die Karthager gegen die Römer hegten, die es ihnen übrigens gut zurückgaben: *delenda est Carthago (Karthago muß zerstört werden)!* Die »hoirs Romulides« sind die Erben des Romulus, das heißt, die Italiener. Die

---

1 Malachias: hl., in Irland geborener (1094) und im Auftrag von Papst Innozenz II. dort wirkender Erzbischof, führte die röm. Liturgie ein. Um 1590 entstand die sog. Weissagung des Malachias, die 122 Sinnsprüche über Päpste umfaßt.

»Melites« sind die Bewohner der Insel Malta. Nachdem sich fünf geographische Bezeichnungen in diesem Vierzeiler auf das Mittelmeer beziehen, handelt es sich hier wohl um den Mittleren und nicht den Fernen Osten: Karthago, die Adria, Rom, Libyen und Malta.

III, 27
Prince Libinique puissant en Occident,
François d'Arabes viendra tant enflammer,
Scavant aux lettres sera condescendent,
La langue Arabe en François translater.

Das Wort »lettres«, also Buchstaben oder auch Schriften, steht hier für die Presse. Ein im Westen einflußreicher libyscher Staatschef wird sehr viele Araber gegen die Franzosen aufhetzen. Er wird sich den Journalisten gegenüber gefällig zeigen, um sich bekannt zu machen (Nutzung der Medien,) und seine Schriften ins Französische übersetzen lassen.

V, 14
Saturne & mars en Leo Espagne captive,
Par chef libyque au conflict attrapé,
Proche de Malte, Herredde prinse vive,
Et Romain sceptre sera par Coq frappé.

Das altfranzösische Wort »herredde« heißt Erbe und ist damit gleichbedeutend mit dem in Centurium I, Vierzeiler 10, verwendeten Begriff »hoirs«; es steht hier also als Bezeichnung für die Italiener.
Wenn Saturn und Mars im Löwen stehen, wird Spanien durch den libyschen Staatschef in den Konflikt hineingezogen, der über Malta kommend Italien eingenommen haben wird. Und die römische Macht (Italien oder die Kirche?) wird vom französischen Staatschef geschlagen werden.

V, 13
Par grand fureur le Roy Romain Belgique,
Vexer voudra par phalange barbare:
Fureur grinssant chassera gent libyque,
Depuis Pannons jusques Hercules la Hare.

Der Begriff »Roy Romain Belgique« – wörtlich: römischer König von Belgien – ist nur sehr schwer zu verstehen, und erst beim Eintreffen des Ereignisses selbst werden wir Näheres erfahren. Das Wort »phalange« bedeutet Truppenkontingent; »Pannons« leitet sich von »Pannonie« (Pannonien) her und steht für Ungarn. Herkules (»Hercules«) ist, wie wir an anderer Stelle sehen werden, nicht die Bezeichung eines künftigen Königs von Frankreich, sondern eine geographische Angabe: Gibraltar kennt man auch unter dem Begriff der »Säulen des Herkules«. »Hare« ist die altfranzösische Bezeichnung für eine Art Schießscharte und steht hier für Festungen.

Die islamischen Truppen werden den König der Belgier in großen Zorn versetzen; rasend vor Wut wird dieser die Libyer von Ungarn bis zu den Festungen von Gibraltar zurückjagen.

V, 51
La gent de Dace, d'Angleterre & Polonne,
Et de Boesme feront nouvelle ligue,
Pour passer outre d'Hercules la colonne,
Barcins, Tyrrens dresser cruelle brigue.

Dakien (»Dace«) ist die alte Bezeichnung für das Gebiet des heutigen Rumäniens. »Boesme«, altfranzösisch für Böhmen, steht für Deutschland. Bei »Barcins« handelt es sich um die Mitglieder der Familie der Barcas, einer der mächtigsten Familien in Karthago; ebenso wie »punisch« (*poenus* lat.) wird es als Bezeichnung für die nordafrikanischen Muslime verwendet. Das Wort »brigue« ist altfranzösisch und bedeutet Zank bzw. Tumult.

Das rumänische, englische, polnische und deutsche Volk werden eine neue Allianz eingehen, um die Meerenge von Gibraltar zu überschreiten, wenn die Muslime in einem grausamen Kampf gegen die Bewohner der tyrrhenischen Küste verstrickt sein werden.

II, 60
La foy Punique en Orient rompue,
Grand Iud, & Rosne Loire, & Tag. changeront
Quand du mulet la faim sera repue,
Classe espargie, sang et corps nageront.

»Grand Iud« steht für den jüdischen Staat einschließlich der besetzten Gebiete; in der Tat bezeichnet Judäa das Land der Juden, das zu Zeiten der Makkabäer (167 v. Chr.) ganz Palästina umfaßte.

Der Hunger des Maulesels (»la faim du mulet«) ist eine Anspielung auf das französische Sprichwort: »Der Maulesel des Papstes frißt nur zu seiner Zeit«, was soviel sagen will, als daß man selbst inmitten größten Überflusses nur dann mit Vergnügen essen kann, wenn man Hunger hat. Das Wort »espargie« von »espargier« ist altfranzösisch in der Bedeutung: begießen, ausbreiten.

Die Verträge der Muslime werden im Mittleren Osten gebrochen werden. Das große Israel, die Rhône, die Loire und der Tajo werden Veränderungen erleben, wenn der Eroberungshunger gestillt ist. Die Flotte wird »begossen« (bombardiert?) werden; Blut und Leichen werden auf dem Wasser schwimmen.

Im nun folgenden Vierzeiler verlängert Nostradamus die Achse des Konflikts von Palästina bis nach Portugal über die Rhône und die Loire. Schließlich kündigt er an, daß England ebenfalls in diesen Krieg hineingezogen wird:

II, 78
Le grand Neptune du profond de la mer,
De gent Punique & sang Gaulois meslé:
Les Isles à sang pour le tardif ramer,
Plus luy nuira que l'occult mal célé.

Der große Neptun, Gott des Meeres, bezeichnet England. Das Verb »ramer«, zu deutsch rudern, könnte man so auslegen, daß hier eine Flotte in Bewegung gesetzt wird. Die Wendung »occult mal célé« bedeutet: schlecht verborgene Wahrheit.

England wird sehen, wie sich im Meer, das es umgibt, islamisches und französisches Blut mischen; die anglo-normannischen Inseln werden im Blut getränkt, weil sie die Flotte zu spät in Bewegung setzen; dies wird ihnen noch mehr schaden als ihre Vogel-Strauß-Politik.

X, 60
Je pleure Nisse, Mannego, Pize, Gennes,
Savonne, Sienne, Capoue, Modène, Malte:
Le dessus sang & glaive par estrennes,
Feu, trembler terre, eau, mal'heureuse nolte.

Im Altfranzösischen steht »estrennes« für Begegnungen, Kämpfe und »glaive« für Blutbad oder Gemetzel, während »nolte« die französierte Form des lateinischen *nolis* von *nolere* ist, zu deutsch: nicht wollen.

Ich beweine Nizza, Monaco, Pisa, Genua, Savona, Siena, Capua, Modena, Malta, denn dort wird ein Blutbad angerichtet werden durch Kämpfe, (Krieg), Feuer, Erdbeben, eine Überschwemmung – Unglücke, die niemand gewollt hat.

II, 81
Par feu du ciel la cité presque aduste,
L'urne menace encore Ceucalion,
Vexée Sardaigne par la Punique fuste,
Après le Libra lairra son Phaéton.

Paris bezeichnet Nostradamus stets als »grande cité«. Der Begriff »cité« allein steht also für eine andere Stadt, womöglich für London, deren Stadtzentrum City genannt wird; »aduste« ist altfranzösisch in der Bedeutung: verbrannt. Urne (»urne«) steht hier für das allgemeine Wahlrecht. Das »C« in »Ceucalion« ist ein Druckfehler; es handelt sich hier in Wirklichkeit um Deukalion, der wie Noah die Aufgabe hatte, die Menschheit über die Sintflut hinweg zu retten (vgl. den Vierzeiler zur Überschwemmungskatastrophe in Nizza vom Oktober 1988). Mit »fuste« bezeichnet man ein Boot nach Art der Galeeren; hier ist eine Kriegsflotte gemeint. *Libra* ist der lateinische Begriff für die Waage, das Symbol der Gerechtigkeit; hier bezeichnet es Italien und die Italiener, denn das römische Recht war die Vorlage aller modernen europäischen Rechtssysteme, ganz besonders des französischen bürgerlichen Gesetzbuchs. Phaeton ist der griechische Name der Konstellation des Fuhrmanns, mit der hier ein Führer oder Staatschef gemeint ist. Das Wort »lairra« ist die Zukunftsform des altfranzösischen Verbs »laier«, zu deutsch: lassen.

Durch vom Himmel gefallenes Feuer (Bomben, Raketen?) wird die Stadt fast verbrennen. Die Sintflut (Wasser oder Feuer) droht noch immer. Sardinien wird von einer islamischen Flotte bedrängt, nachdem die Italiener ihrem Staatschef den Rücken gekehrt haben.

VI, 99
L'ennemy docte se tournera confus,
Grand camp malade, & defaict par embusches:
Monts Pyrenées & Poenus lui seront faict refus,
Proche du fleuve découvrant antiques oruches.

Bei dem Wort »oruches« haben wir es mit einem klassischen Beispiel für die im sechzehnten Jahrhundert häufig praktizierte Französierung eines griechischen Wortes zu tun. Es geht auf *oryma* zurück und bedeutet: Löcher, Aushöhlungen.

Der listige Feind wird in der Verwirrung umkehren, weil seine große Armee durch Hinterhalte siech und zerschlagen ist. Die Pyrenäen und Nordafrika werden ihm zum Hindernis, wenn unweit des Flusses alte Aushöhlungen (Waffenverstecke?) entdeckt werden.

Es ist noch zu früh, um sagen zu können, welcher Fluß hier gemeint ist (die Seine, die Garonne oder ein anderer?).

II, 30
Un qui des dieux d'Annibal infernaux,
Fera renaistre, effrayeur des humains:
Oncq' plus d'horreur ne plus dire journaulx,
Qu'avint viendra par Babel aux Romains.

Die höllischen Götter Hannibals (»dieux d'Annibal infernaux«) bezeichnen aller Wahrscheinlichkeit nach die islamischen Fundamentalisten. Bei »avint« handelt es sich um eine Französierung des lateinischen *adventus,* zu deutsch: Angriff. Babel (Babylon) bezeichnet hier also den Irak.

Eine Persönlichkeit aus dem Umfeld des islamischen Fundamentalismus wird den Schrecken der Menschheit wiederauferstehen lassen: Die Zeitungen werden nie von so vielen Greueln berichten müssen wie bei dem Ereignis, das den Römern wegen des Iraks widerfahren wird.

Weissagung 11, September
Pleurer le ciel ail cela fait faire,
La mer s'appreste. Annibal fait ses ruses:
Denys mouille. Classe tarde. ne taire,
Na sçeu secret. & à quoy tu t'amuses.

Den Himmel beweinen (»Pleurer le ciel«) bedeutet: über sein Schicksal weinen. Bei »Denys« handelt es sich aller Wahrscheinlichkeit nach um den französierten Namen des spanischen Mittelmeerhafens Denia in der Provinz Alicante; das Mittelmeer wird wohl Schauplatz großer Schlachten sein.

Es hilft niemandem, über sein Schicksal zu weinen. Die Flotte macht sich bereit, während der islamische Führer seine List und

Tücke anwendet. Die im Hafen von Denia vor Anker liegende Flotte wird viel zu lange zögern, auszulaufen, denn sie wußte nicht, was sich zusammenbraute; und man hatte vor, sich zu amüsieren.

Für die Deutung des nachstehenden Vierzeilers vergleiche auch II, 78 (»pour le tardif ramer« = weil sie die Flotte zu spät in Bewegung setzten).

III, 93
Dans Avignon tout le chef de l'Empire
Fera arrest pour Paris désolé:
Tricast tiendra l'Annibalique ire,
Lyon par change sera mal consolé.

Avignon wird die Hauptstadt Frankreichs werden, denn Paris wird zerstört sein, nachdem Tricastin den Zorn der Muslime hervorgerufen hat. Lyon wird über die Verlegung der Hauptstadt untröstlich sein.

Das Tricastin ist die Region von Saint-Paul-Trois-Châteaux, nördlich von Avignon. Hier wurde 1974 mit finanzieller Beteiligung des iranischen Schahs eine Urananreicherungsanlage errichtet. Nach der islamischen Revolution im Iran im Jahre 1978 hatte Teheran die Rückzahlung des gewährten Krediges in Höhe von einer Milliarde Dollar gefordert. Diese Frage blieb bis 1986 ein Zankapfel zwischen beiden Ländern, und es steht zu erwarten, daß das Thema bald wieder aktuell wird. Das Tricastin-Problem hat offensichtlich keinen Bezug zum Rest des Vierzeilers, der sich mit der Verlegung der Hauptstadt nach Avignon befaßt, außer daß Nostradamus die beiden Ereignisse gleichzeitig auf seiner »Bilderwand« gesehen hat.

Der Golfkrieg, der am 17. Januar 1991 ausbrach, ist nichts als eine Vorankündigung der Rolle, die dem Irak (oder, um Nostradamus' Worte zu gebrauchen, Mesopotamien oder Babylonien oder Babel) in dem zu erwartenden Konflikt zukommen wird. In einer Sonderausgabe zum Thema Golfkrieg veröffentlichte *Le Monde* im November 1991 einen Artikel von Jacques Lesourne mit dem Titel *Vom Krieg zum Frieden,* in dem es hieß: »Das Eingreifen in Kuweit hat dazu beigetragen, eine gravierende Verschlimmerung der Lage im Nahen Osten zu verhindern. Es ist jedoch nicht imstande gewesen, eines der Probleme an diesem Ort der Begegnung zwischen Afrika, Europa und Asien grundlegend zu lösen.«

Anhand des folgenden Vierzeilers war bereits 1980 – zu einer Zeit also, da man diesem Land noch die modernsten Waffen lieferte – ersichtlich, daß sich der Irak gegen den Westen wenden und ein Feind des christlichen Lagers bleiben würde:

> VII, 22
> Les Citoyens de Mésopotamie,
> Irez encontre amis de Tarragonne:
> Jeux, ris, banquets, toute gent endormie,
> Vicaire au Rosne, prins cité, ceux d'Ausone.

Wenn hier von Tarragona die Rede ist, so hat Nostradamus diese Stadt stellvertretend für Spanien und den Westen im weiteren Sinne genannt; Tarragona ist in der Tat eine der großen spanischen Provinzen und grenzt zudem ans Mittelmeer. Überdies hießen Spanien (und Italien) bei den Griechen *Hesperia*, zu deutsch: Land gegen Abend. Im Altfranzösischen bedeutet »encontre« Kampf. Die Worte »jeux« (Spiele), »ris« (Lachen) und »banquets« (Bankette) sind in Verbindung mit dem in Weissagung 11 vorkommenden Satz »man hatte vor, sich zu amüsieren« zu sehen und sollen die Unbekümmertheit des Westens beschreiben. Der Papst trägt den Titel eines »Vikars« Jesu Christi. »Ausone« ist der altfranzösische Name für Italien.

Die Bewohner des Irak werden die Abendländer angreifen, während sich diese dem Spiel, dem Gelächter und dem ausschweifenden Leben hingeben oder schlafen. Der Papst wird sich an das Ufer der Rhône flüchten (Lyon, die »Stadt, die von zwei Flüssen umspült wird«), weil die Stadt in Italien (Rom) eingenommen sein wird.

> III, 61
> La grande bande & secte crucigere,
> Se dressera en Mesopotamie:
> Du proche fleuve compagnie legiere,
> Que telle loy tiendra pour ennemie.

Nostradamus hat das lateinische Verb *crucifigere* (kreuzigen) mittels Synkope verkürzt. Im Irak und in Syrien gibt es große christliche Gemeinden.

Die große Schar und antichristliche Sekte (islamische Fundamentalisten) wird sich im Irak erheben. Am nahe gelegenen Fluß (Tigris oder Euphrat) werden sich Kampfwagen (»compagnie legiere«, zu deutsch: leichte Verbände, hier für die Kavallerie stehend) bereithalten, und man wird das (christliche) Gesetz zum Feind erheben.

III, 99
Au champs herbeux d'Alein & du Varneigne,
Du mont Lebron, proche de la Durance,
Camps de deux pars conflict sera si aigre,
Mesopotamie défaillira en la France.

Alleins und Vernègue sind zwei Gemeinden im Rhônedelta zu Füßen des Lubéron (alter Name »Lebron«). Der Lubéron gehört zum Gebirgsmassiv von Vaucluse mit dem Plateau von Albion, auf dem Atomraketen stationiert sind. Das Wort »aigre« ist altfranzösisch in der Bedeutung: glühend, heftig.

Auf den grasbewachsenen Feldern von Alleins, von Vernègue und dem Lubéron nahe der Durance wird der Krieg für beide Seiten mit solcher Heftigkeit toben, daß der Irak in Frankreich zusammenbrechen wird.

DER ISLAM ODER DIE BARBARESKEN

In vielen Vierzeilern verwendet Nostradamus gezielt das Wort »barbares« (Barbaren) und Ableitungen davon wie »barbarique, barbarin, barbaris« als Bezeichnung für den Islam und die Moslems im allgemeinen, wohl in Anlehnung daran, daß man den Maghreb früher als Barbareskenstaat oder Barbarie bezeichnete.

Weissagung 60, April
Le temps purgé, pestilente tempeste,
Barbare insult. Fureur, invasion:
Maux infinis par ce mois nous appreste,
Et les plus Grands, deux moins, d'irrision.

Im Altfranzösischen bedeutet »irrision« soviel wie Spott oder Hohn. Zeit der Sühne und unheilvoller Probleme; heftiger Angriff von seiten der Muslime und Invasion; dieser Monat (April) bereitet uns auf grenzenloses Leid vor; die Größten (Staatsmänner) werden verspottet werden, mit Ausnahme von zwei.

> Weissagung 31, Oktober
> Pluye, vent, classe Barbare Ister. Thyrrene,
> Passer holcades Ceres, soldats munies:
> Reduits bienfaits par Flor. franchie Sienne,
> Les deux seront morts, amitiez unies.

Ister ist der lateinische Name der unteren Donauregion. *Holcade* ist griechischen Ursprungs und bedeutet Schiff. »Ceres« bzw. Caeres war zu Zeiten der Römer eine kleine Stadt in der Toskana (am tyrrhenischen Meer). Das Wort »munies« leitet sich vom lateinischen *munio* her und steht für befestigen, schanzen. »Flor.« ist die Abkürzung für Florenz in der Toskana.

Im Winter wird die islamische Armee vom tyrrhenischen Meer bis zur Donau vordringen und mit bewaffneten Soldaten Schiffe bis in die Toskana bringen; in Florenz und Siena wird das gute Leben ein Ende finden; zwei (führende Politiker aus Rußland und Amerika?) werden in Freundschaft vereint sterben.

Der nachfolgende Vierzeiler kündigt die vorläufige Aussöhnung zwischen Amerikanern und Russen an:

> VI, 21
> Quand ceux du pole artiq unis ensemble,
> En Orient grande effrayeur & crainte:
> Esleu nouveau, soustenu le grand tremble,
> Bisance de sang barbare taincte.

Die Vereinigten Staaten mit ihrem Staat Alaska und Nordamerika insgesamt nehmen gemeinsam mit Rußland neun Zehntel der nördlichen Polarregion oder Arktis ein.

Wenn Amerikaner und Russen vereint sein werden, wird im Mittleren Osten Angst und Schrecken herrschen. Eine neue Person wird inmitten des Chaos gewählt und unterstützt werden. Istanbul wird sich mit muslimischem Blut färben.

> V„78
> Les deux unis ne tiendront longuement,
> Et dans treize ans au Barbare Satrappe:
> Aux deux costez feront tel perdement,
> Qu'un bénira la Barque & sa cappe.

Der Terminus »Satrappe« ist ein Wortspiel, dessen Geheimnis letztendlich nur Nostradamus selbst lüften könnte. Neben dem französichen Verb »s'attraper« (sich streiten, packen) beinhaltet es eine Anspielung auf die Satrapen, Statthalter, die im medisch-persischen Reich mit der Verwaltung des Landes und dem Eintreiben von Steuern betraut waren. Auch hier wieder ein Verweis auf den Iran. Andererseits ist »satrape« im Französischen die Bezeichnung für einen Menschen, der voller Stolz eine despotische Tätigkeit ausübt. »La Barque«, zu deutsch: das Boot, steht stellvertretend für die Kirche und hier insbesondere den Vatikan, wegen eben jenes Tuches, das der Papst trägt.

Die beiden Vereinten (Vereinigte Staaten und Gemeinschaft unabhängiger Staaten) werden (die Union) nicht lange aufrechterhalten, weil sie sich nach dreizehn Jahren wegen des Iran »streiten« werden. Dies wird auf beiden Seiten zu solchen Verlusten (»perdement« altfranzösisch für »pertes«) führen, daß man die Kirche und den Papst lobpreisen wird.

Michael Gorbatschow, der Vater der Annäherung zwischen Russen und Amerikanern, wurde am 11. März 1985 zum Generalsekretär des Zentralkomitees der KPdSU gewählt. Im August desselben Jahres wurden die Verträge von Helsinki unterzeichnet, die dem kalten Krieg zwischen den beiden Supermächten ein Ende bereiteten. Der zu erwartende Bruch könnte sich also zwischen 1998 und 1999 ereignen. Rußland lieferte noch 1995 Waffen und Atomreaktoren an den Iran, während die Vereinigten Staaten die Verhängung eines Wirtschaftsembargos über diesen Terroristenstaat forderte, was die Russen und die Europäer aber ablehnten.

Nach einem Bruch, dessen Anfänge bereits erkennbar sind, könnte dem Papst diesbezüglich eine wichtige Rolle zukommen.

VERWÜSTUNG DER MITTELMEERKÜSTE

II, 4
Depuis Monach jusqu'auprès de Sicile,
Toute la plage demourra désolée,
Il n'y aura faubourgs, cité, ne ville,
Que par Barbares pillée soit et volée.

Von Monaco bis hin nach Sizilien wird die ganze Küste verwüstet sein; kein Dorf, keine Stadt und kein Ort werden vor den Plünderungen der Muslime verschont bleiben.

III, 82
Erins, Antibor, villes autour de Nice,
Seron vastées fort par mer & par terre:
Les saturelles terre & mer vent propice,
Prins, morts, troussez, pillez, sans loy de guerre.

Bei dem Begriff »saturelles« handelt es sich aller Wahrscheinlichkeit nach um einen Druckfehler; es muß hier wohl »sauterelles« heißen , also Heuschrecken – jene Kriech- und Fluginsekten, die Nostradamus als Symbol für Flugzeuge und Bodentruppen verwendet. Mit »vent propice« (günstiger Wind) ist gemeint, unter günstigem Wind zu segeln, also im Vorteil zu sein.

Die Lérins-Inseln, Antibes und die Städte rund um Nizza werden vom Festland und vom Meer aus stark verwüstet werden. Die Flotte, mit der Flugzeuge und Soldaten herbeigeschafft werden, wird im Vorteil sein. Ohne Respektierung von Gesetz und Recht im Krieg werden die Einwohner gefangengenommen, ermordet, ausgeraubt und geplündert werden.

VII, 6
Naples, Palerme & toute la Secille,
Par main barbare sera inhabitée,
Corsicque, Salerne & de Sardeigne l'Isle,
Faim, peste, guerre, fin de maux intemptée.

Neapel, Palermo und ganz Sizilien werden durch die Hand der islamischen Kräfte unbewohnbar gemacht werden; Korsika, Salerno (eine Stadt in 55 Kilometern Entfernung von Neapel) und die Insel Sardinien werden von Hunger, Seuchen und Krieg heimgesucht werden; dann wird man ein Ende dieser Schrecken herbeisehnen.

IX, 42
De Barcelonne, de Gennes & Venise,
De la Secille peste Monet unis:
Contre Barbare classe prendront la vise,
Barbar poulsé bien loin jusqu'à Thunis.

»Monet« ist die französisierte Form von *Monoecus,* dem lateinischen Namen von Monaco. Das Wort »vise« kommt von »viser« und bedeutet erstreben, verfolgen.

(Truppen aus) Barcelona, Genua, Venedig und Sizilien werden sich in Monaco vereinen, wo eine Epidemie ausbrechen wird;

sie werden die islamische Armee verfolgen und sie weit bis nach Tunis zurückschlagen.

I, 28
La tour de Boucq craindra fuste barbare,
Un temps, longtemps après barque hespérique,
Bestail, gens, meubles, tous deux feront grand tare
Taurus & Libra quelle mortelle picque.

Am Eingang des Hafens von Port-de-Bouc befindet sich ein Turm. »Fuste« ist eine Bezeichnung für ein mit Ruder und Segel ausgestattetes Boot und steht immer für eine Kriegsflotte. Hesperien (hier »hespérique«) ist der alte Name für Spanien; im Altertum wurde er dichterisch für das »Land gegen Abend« verwendet; es leitet sich aus dem Griechischen her in der Bedeutung Westen und meint folglich auch die Vereinigten Staaten. Der Taurus ist ein Berg in Kleinasien und bezeichnet die Türkei, *Libra,* das lateinische Wort für Waage, steht für Italien.

Eine Zeitlang wird Port-de-Bouc eine moslemische Flotte fürchten, und lange Zeit danach wird eine westliche (amerikanische?) Flotte kommen. Dem Vieh, den Menschen und beweglichen Gütern werden durch beide Flotten großer Schaden zugefügt. Welch furchtbarer Todesstoß für die Türkei und Italien!

I, 71
La tour marine trois fois prise & reprise,
Par Espagnols, Barbares, Ligurins:
Marseille & Aix, Arles par ceux de Pise,
Vast, feu, fer pillé Avignon des Thurins.

Bei dem Turm am Meer (»tour marine«), von dem hier die Rede ist, handelt es sich wahrscheinlich um den im vorigen Vierzeiler erwähnten Turm von Port-de-Bouc.

Der Turm am Meer wird von den Spaniern, den Muslimen und (den Truppen aus) Ligurien dreimal erobert und zurückerobert; Marseille, Aix-en-Provence und Arles werden (von den) aus Pisa (kommenden Truppen) verwüstet, niedergebrannt und geplündert worden sein. Avignon wird (von den) aus Turin (kommenden Truppen) eingenommen werden.

III, 56
Montauban, Nismes, Avignon & Besier,
Peste, tonnerre & gresle à fin de mars,
De Paris pont, Lyon mur, Montpellier,
Depuis six cens & sept vingt trois pars.

Das Wort »mur« ist die durch Synkope verkürzte Form von »muier«, was soviel bedeutet wie schreien. Der Begriff »pars« heißt auf deutsch Region oder Gegend. Bei »six cens sept« (sechshundertsieben) handelt es sich wahrscheinlich um eine verkürzte Datumsangabe von »sechzehnhundertsieben nach der Liturgie«, also die Zeit zwischen 1995 und 2005, von der im Vierzeiler zur Gefangennahme des marokkanischen Königs (VI, 54) die Rede ist.

Zwischen 1995 und 2005 wird es Ende März eine Seuche, Donner und Hagel (Bombenangriffe?) geben – in Montauban, Nimes, Avignon und Béziers, auf den Brücken von Paris, den Mauern von Lyon und Montpellier, und in dreiundzwanzig Départements oder Ländern.

I, 18
Par la discorde negligence gauloise
Sera passage à Mahomet ouvert:
De sang trempé la terre & mer sénoise,
Le port Phocen de voilles & nefs couverts.

Das Wort »sénois« steht für die Einwohner von La Seyne-sur-Mer, einem Werfthafen für Kriegsschiffe unweit von Toulon, und »Phocen« steht für »Phocée«, dem griechischen Namen von Marseille. Der Terminus »nefs« (Schiffe) steht hier für Flugzeuge, deren erste Modelle mit Segeltuch bespannte Tragflächen hatten.

Wegen der Uneinigkeit und Unbekümmertheit der Franzosen werden die Moslems ungehindert vordringen können. Land und Meer um La Seyne-sur-Mer werden mit Blut getränkt und Marseille von Schiffen und Flugzeugen übersät sein.

IX, 80
Le Duc voudra les siens exterminer,
Envoyera les plus forts lieux estranges:
Par tyrannie Bize, & Luc ruiner,
Puis les Barbares sans vin feront vendanges.

»Duc« leitet sich vom lateinischen *dux* ab in der Bedeutung: Anführer einer Armee oder General. Bize ist eine kleine Stadt im Département Aude; es könnte aber auch sein, daß Nostradamus hier Pisa gemeint hat, das ebenso wie »Luc« (italienisch Luca) in der Toskana liegt. Die Wendung »feront vendange« ist ein idiomatischer Ausdruck im erweiterten Sinne von: ernten, Beute machen; hier ist Blutvergießen gemeint.

Der General wird die Seinen auslöschen wollen, und die Stärksten von ihnen (oder die höchsten Chargen) ins Ausland entsenden. Durch seine Tyrannei wird er das Languedoc (Bize) und die Toskana (Luca und möglicherweise auch Pisa) zerstören. Schließlich werden die Moslems, die keinen Wein trinken, Blut fließen lassen.

V, 70
Des régions subjectes à la Balance,
feront troubler les monts par grande guerre
Captifs tout sexe deu & tout Bisance,
Qu'on criera à l'aube terre à terre.

Im Altfranzösischen ist »deu« die Bezeichnung für den Gott der Christen; hier sind also die Christen gemeint. Der Ausdruck »terre à terre« bedeutet soviel wie: sehr nahe dem Land oder der Küste.

Die Regionen Italiens werden in den hohen Bergen (Alpen und Apenninen mit Erhebungen von bis zu 2.960 Metern) durch einen großen Krieg erschüttert. Christen beiderlei Geschlechts werden gefangengenommen, selbst in Istanbul, denn bei Sonnenaufgang (beim Sichten der Flotte) wird sich nahe der Küste ein Geschrei erheben.

V, 61
L'enfant du grand n'estant à sa naissance,
Subjuguera les hauts monts Appenis:
Fera trembler tous ceux de la Balance,
Et des monts feux jusques à Mont-Senis.

Der Sohn des großen (Anführers), der erst in seinen Anfängen steht, wird die Apeninnen unterwerfen, die Italiener das Zittern lehren und das Feuer (des Krieges) aus diesen Bergen bis zum Mont-Cenis tragen.

IV, 50
Libra verra regner les Hespéries,
De ciel & terre tenir la Monarchie,
D'Asie forces nul ne verra peries,
Que sept ne tiennent par rang la hierarchie.

Italien wird den Westen (Vereinigte Staaten?) regieren sehen; die Monarchie wird die Herrschaft über Luft und die Erde haben (Luftwaffe und Bodentruppen?). Keiner wird die asiatische Macht (China) brechen sehen, solange sieben (Länder, die G7 – also die sieben führenden Industrienationen) hierarchisch geordnet sind (nach ihrer wirtschaftlichen Potenz: Vereinigte Staaten, Japan, Deutschland, Großbritannien, Frankreich, Italien, Kanada).

X, 97
Triremes pleines tout aage captifs,
Temps bon à mal, le doux pour amertume:
Proye à Barbares trop tost seront hatifs,
Cupide de veoir plaindre au vent la plume.

»Triremes«, also Trieren, waren Kriegsschiffe mit drei übereinander angeordneten Reihen von Rudern. Das altfranzösische Wort »hastif« bedeutet schnell bzw. eilig. Die Wendung »au vent la plume« (die Feder in den Wind werfen) bedeutet, die zu treffende Entscheidung dem Zufall zu überlassen.

Kriegsschiffe werden voll sein mit Gefangenen jeden Alters. Die guten Zeiten werden sich in schlechte Zeiten verwandeln, und man wird voll Bitterkeit an das (verlorengegangene) süße (Leben) denken. Die Moslems haben zu schnell Beute machen wollen, und sie werden sich beklagen, daß sie diese aus Habgier dem Zufall überlassen haben.

Das Adriatische Meer

Die in Kapitel II enthaltenen Vierzeiler im Zusammenhang mit dem ehemaligen Jugoslawien betreffen teils die jüngere Vergangenheit und teils zukünftige Ereignisse. Im nun folgenden ist von Ragusa, also Dubrovnik, die Rede, das von der serbischen Flotte im Adriatischen Meer bombardiert wurde.

X, 63
Cydron, Raguse, la cité au sainct Hieron,
Reverdira le médicant secours:
Mort fils de Roy par mort de deux hérons,
L'Arabe, Ongrie feront un mesme cours.

Angesichts der Tatsache, daß es keine Stadt mit dem Namen Cydron gibt, ist zu vermuten, daß es sich hier um eine falsche Schreibweise von Stridon handelt, die Geburtsstadt des heiligen Hieronymus, das heutige Szalad unweit von Varazdin in Kroatien. »Reverdira« von »reverdir« ist altfranzösisch und steht für: mißhandeln, schädigen. Das Wort »hérons« wurde zur Einhaltung des Reims mit »Hieron« aus »héraut« (zu deutsch: Herold) gebildet; es handelt sich hier also um einen mit der Übermittlung von Nachrichten betrauten Offizier.

In Stridon, der Stadt des heiligen Hieronymus, und in Ragusa wird man der humanitären Hilfe Schaden zufügen (Ärzte der Welt, Ärzte ohne Grenzen usw.). Der Sohn eines Staatschefs wird wegen des Todes zweier mit der Übermittlung von Nachrichten betrauter Offiziere sterben; die Muslime und die Ungarn werden das gleiche Problem haben.

Wir alle wissen, wie schwierig sich der Einsatz der humanitären Hilfsorganisationen in Dubrovnik, Sarajevo, Vukovar usw. gestaltet hat. Die letzte Zeile legt die Vermutung nahe, daß die Ungarn, die in der Vojvodina (Nordserbien) siebzehn Prozent der Bevölkerung stellen, die gleichen Probleme haben könnten wie die Muslime im ehemaligen Jugoslawien.

Das Mittelmeer und das Adriatische Meer, in dem derzeit wegen des Konfliktes im ehemaligen Jugoslawien zahlreiche westliche Kriegsschiffe Posten bezogen haben, werden Schauplatz vieler großer Schlachten sein. Im Februar 1995 zeigten sich die NATO-Länder beunruhigt angesichts der durch die antiwestlich orientierten islamischen Länder (Iran, Irak, Libyen) getätigten Käufe von Massenvernichtungswaffen. In einer gemeinsamen Erklärung zum Abschluß jener Tagung hieß es, seit dem Zusammenbruch des Kommunismus stelle die militante Haltung der islamischen Welt im südlichen Mittelmeerraum zweifellos die größte Bedrohung für den Westen dar. Sämtliche kommenden militärischen Manöver werden sich in dieser Region abspielen.

III, 23
Si France passe outre mer Lygustique,
Tu te verras en isles & mer enclos:
Mahommet contraire, plus mer Hadriatique,
Chevaux et asnes tu rongeras les os.

Der Begriff »Lygustique« stellt eine Falle dar; das lateinische *ligusticus* mit i bedeutet: ligurisch oder aus Ligurien. Nostradamus aber hat das Wort mit y geschrieben, denn es handelt sich hier um Lygos, den alten Namen von Byzanz. Das lygustische Meer ist also das Meer von Istanbul, mit anderen Worten das Marmarameer. Im Altfranzösischen bedeutet »contraire« soviel wie Vergeltungsmaßnahmen oder Repressalien. Die »chevaux« (Pferde) symbolisieren die Kavallerie (Panzer) und die »asnes« (Esel) stehen für die Infanterie in Anspielung auf die Esel von Carmanie, die man in den Krieg schickte.

Wenn Frankreich bis jenseits der Türkei vordringt, wird es sich aufgrund der Repressalien seitens des Islam zwischen Inseln (Ägäis?) eingeschlossen finden und stärker noch in der Adria. Seine Panzer und seine Infanterie werden zerstört werden.

II, 86
Naufrage à classe près d'onde Hadriatique,
La terre tremble esmeue sus l'air en terre mis,
Égypte tremble augment mahometique,
L'Heraut soy rendre à crier est commis.

Das altfranzösische »esmeue« leitet sich von »esmovoir« ab und bedeutet: in Bewegung bringen. »Sus ... mis« ist ebenfalls altfranzösisch; es kommt von »mettre sus« in der Bedeutung: eine Truppe aufstellen. Das Verb »crier« steht für einberufen. Der Herold (»Heraut«) ist ein Nachrichtenoffizier.

Nahe der Adria wird eine Flotte untergehen; die Erde wird beben und in Bewegung geraten; zu Lande und in der Luft (Boden- und Luftstreitkräfte) wird eine Truppe aufgestellt werden. Ägypten wird wegen der zunehmenden Ausbreitung der Muslime erzittern. Der Verbindungsoffizier wird aufgefordert, einer Einberufung Folge zu leisten.

III, 21
Au Crustamin par onde Hadriatique,
Apparoistra un horrible poisson,

De face humaine & la fin aquatique,
Qui le prendra dehors de l'ameçon.

Crustamin oder Crustamerium bezeichnet die italienische Stadt Marcilliano Vecchio in Latium, einer Region zwanzig Kilometer nordwestlich von Rom. Nostradamus hat den Namen dieser Kleinstadt sicherlich stellvertretend für die Metropole selbst genannt. »Ameçon« ist eine Variante von »hameçon«, zu deutsch Angelhaken; »am Angelhaken anbeißen« bedeutet, sich von trügerischen Äußerlichkeiten irreführen zu lassen.

Vom Adriatischen Meer (herkommend) wird ein schrecklicher Fisch, im Wasser lebend, aber von Menschenhand geschaffen (Atom-U-Boot?) – in Rom durch List aufgebracht.

X, 38
Amour alegre non loin pose le siége,
Au sainct barbar seront les garnisons:
Ursins Hadrie pour Gaulois feront plaige,
Pour peur rendus de l'armée aux Grisons.

Nostradamus spricht hier von zwei algerischen Städten: Amoura, ein kleiner Ort in den Bergen von Ouled-Naïl, etwa fünfhundert Kilometer von Algier entfernt, und Algier selbst mittels Anagramm (»alegre«). Entlang dieser Achse finden wir die größte Konzentration islamischer Fundamentalisten, die als – »heilige Barbaren« (»sainct barbar«) gelten. *Ursinus* ist ein lateinisches Adjektiv und heißt soviel wie: bärenhaft, vom Bären; hier werden damit die Russen bezeichnet. Graubünden (»Grison) ist der größte Schweizer Kanton.

Die Garnisonen der islamischen Fundamentalisten werden sich zwischen Amoura und Algier niederlassen. Die Russen werden wegen der Franzosen in der Adria landen, weil sich ein Truppenkontingent in den Kanton Graubünden begeben haben wird.

IX, 28
Voille Symacle port Massiliolique,
Dans Venise port marcher aux Pannons:
Partir du Goulphre & Synus Illirique,
Vast Socille, Ligurs coups de canons.

Der Begriff «Symacle» stellt ein echtes Übertragungsproblem dar, denn es gibt ihn nicht. Man könnte ihn mit dem Wort «Symmaque« (Symmachos) in Verbindung bringen – dem Namen eines aus Sardinien stammenden Papstes, eines römischen Konsuls und des Oberhaupts einer judenchristlichen Sekte. Hieraus lassen sich zwei Hypothesen ableiten: Entweder es handelt sich um die italienische oder um die israelische Flotte. »Massiliolique« ist eine Wortschöpfung aus Massalia (dem alten Namen von Marseille), um den Reim mit »Illirique« zu erhalten. Mit »Pannons« sind die Ungarn gemeint. »Goulphre« ist ein anderes Wort für Golf, und der Persische Golf ist wohl der Golf schlechthin. Auch das lateinische *sinus* bedeutet Bucht und »Illirique« stammt von »Illyrie«, dem alten Namen von Dalmatien. Bei »Socille« handelt es sich um einen Druckfehler; es muß lauten »Sicilie«, also Sizilien.

Eine italienische Flotte wird in den Hafen von Marseille und in den Hafen von Venedig einlaufen, um sich nach Ungarn in Marsch zu setzen. (Truppen) aus dem persischen Golf und dem Golf von Dalmatien werden Sizilien verwüsten und Ligurien bombardieren.

Der folgende Vierzeiler kündigt die Gefangennahme des marokkanischen Königs an. Er enthält eine verschlüsselte Datumsangabe, deren Transkription nicht unproblematisch ist: Das Jahr 1607 nach der Liturgie. Die ersten Liturgien der östlichen und westlichen Kirchen stammen aus der Zeit des Pontifikats von Papst Siricius, der vom 22. Dezember 384 bis zum 14. November 398 den Heiligen Stuhl innehatte. Das angekündigte Ereignis wird also zwischen 1995 und 2005 eintreffen, denn wir wissen nicht, aus welchem Jahr des Pontifikats die Liturgien nun genau stammen:

VI, 54
Au poinct du jour au second chant du coq,
Ceux de Tunes, de Fez & de Bugie,
Par les Arabes captif le roy Maroq,
L'an mil six senc & sept de Liturgie.

Die Wendung »beim zweiten Hahnenschrei« (»au second chant du coq«) spielt auf das an, was Jesus im Augenblick seiner Gefangennahme zu Petrus sagte: »Noch bevor der Hahn zweimal gekräht hat, wirst du mich dreimal verleugnet haben.«

Durch einen Verrat wird der marokkanische König zwischen 1995 und 2005 in der Morgendämmerung wegen jener aus Tunis, aus Fez und aus Bougie (tunesische, marokkanische und algerische Anhänger der islamischen Fundamentalisten?) von den Arabern gefangengenommen werden.

Die Rolle Rußlands
(GUS – Gemeinschaft unabhängiger Staaten)

Für Rußland verwendet Nostradamus die Bezeichnung Bär (»ours, ursin«) beziehungsweise kleiner Bär (»ourson«) sowie Aquilonien (»Aquilon«) oder der Norden (»le Nord«), weil Rußland einen Großteil der nördlichen Hemisphäre vom Baltikum bis zur Beringstraße einnimmt.

VIII, 15
Vers Aquilon grands efforts par hommasse,
Presque l'Europe et l'univers vexer,
Les deux eclipses mettra en telle chasse,
Et aux Pannons vie & mort renforcer.

Das altfranzösische »hommasse« bedeutet soviel wie »dem Menschen ähnlich«. Bei den beiden Eklipsen (Finsternissen), von denen hier die Rede ist, könnte es sich zum einen um die Mondfinsternis vom 28. Juli 1999 bei 5° im Wassermann und zum anderen um die Sonnenfinsternis vom 11. August desselben Jahres bei 18° im Löwen handeln.

In Rußland werden die Menschen große Anstrengungen unternehmen, um Europa und beinahe die ganze Welt in Angst und Schrecken zu versetzen; sie werden sich zum Zeitpunkt zweier Finsternisse (Juli – August 1999?) auf einen Eroberungsfeldzug einlassen und den Ungarn ihre Befehlsgewalt über Leben und Tod oktroyieren.

X, 86
Comme un gryphon viendra le roy d'Europe,
Accompagné de ceux de l'Aquilon:
De rouges & blancs conduira grand troppe,
Et iront contre le roy de Babylon.

Der Greif (»gryphon«) ist ein geflügeltes Fabeltier, das auf einem Löwenkörper einen Adlerkopf trägt. In der Mythologie lebte er auf den Höhen des Uralgebirges, zwischen den Hyperboräern (den sagenumwobenen Menschen aus dem hohen Norden) und den Arimaspen, einem Volk zwischen den Karpaten und dem Don. In Anspielung auf die seit dem Niedergang des Sowjetreichs wieder zu Ehren gekommene russische Flagge (den Doppeladler) steht der Greif hier für Rußland.

Der Herrscher Europas wird mit den Russen gemeinsam auf Raubzug gehen; er wird eine große Truppe von Roten (Kommunisten und ehemalige Kommunisten) und Moslems (Usbeken, Tadschiken usw.) anführen, die gegen den Irak marschieren.

II, 68
De l'Aquilon les efforts seront grands,
Sur l'Océan sera la porte ouverte:
Le regne en l'Isle sera reintegrant,
Tremblera Londres par voille descouverte.

Rußland wird große Anstrengungen unternehmen; der Zugang zum (atlantischen) Ozean wird offen sein (für die russische Flotte im Baltikum?); die englische Regierung wird auf ihrer Insel eingeschlossen sein, und London wird erzittern, denn die Marine (Landung von Kriegsschiffen?) hat sich Zugang zur Stadt verschafft.

IX, 99
Vent Aquilon fera partir le siège,
Par murs jetter cendres, chaulx & poussiere:
Par pluie après qui leur fera bien piege
Dernier secours encontre leur frontiere.

Im Altfranzösischen steht »encontre« für Begegnung oder Kampf.

Der russische Vorstoß wird zu einer Verlagerung des Sitzes (der Regierung) führen; die Mauern werden zu Asche, Kalk (einem Bestandteil des Verputzes, sofern es sich hier nicht um eine Anspielung auf den Einsatz chemischer Waffen handelt) und Staub werden; danach wird der Regen (Bombardierung?) ihnen eine Falle stellen, und ein letzter Hilfstrupp wird in den Kampf an ihre Grenzen geschickt.

Weissagung 34
Poeur, glas grand pille, passer mer croistre regne,
Sectes, Sacrez outremer plus polis:
Peste, chaux, feu, Roy d'Aquilon l'enseigne,
Dresser trophée cité d'HENRIPOLIS.

Das altfranzösiche Wort »glas« heißt soviel wie großer Lärm, und »polis« kommt von »polir« in der Bedeutung: verbessern oder erhalten. Der Begriff »trophée« leitet sich vom griechischen *tropaion* ab und bedeutet: Triumph, Sieg. Heinrich I., der Enkel von Hugo Capet, eroberte das Herzogtum Sens, das lange Zeit die Metropole von Paris bildete; »Henripolis« steht hier also für Paris. Der Pleonasmus »cité« (Stadt) und *polis* (griechisch, ebenfalls für Stadt) spielt auf das Wort *Metropole* an.

Angst, großer Lärm und Plünderung; Rußland wird zu jener Zeit, da die Sekten von sich reden machen, über das Meer kommen, um seine Macht zu erweitern; die Christen aus Übersee (die Amerikaner?) werden am besten darauf vorbereitet sein. Unter der Flagge des russischen Staatschefs, der seinen Sieg in Paris feiern wird, wird man eine Epidemie und den chemischen Krieg erleben sowie Feuer und Flammen sehen.

Weissagung 26, April
Par la discorde defaillir au defaut,
Un tout à coup le remettra au sus:
Vers l'Aquilon seront les bruits si hauts,
Lesions, pointes à travers, par dessus.

Das Wort »defaut« ist altfranzösisch für Fehler bzw. Irrtum, und »sus« bedeutet oben. Mit »pointes« – zu deutsch: Spitzen – spielt Nostradamus aller Wahrscheinlichkeit nach auf den spitz zulaufenden Kopf von Raketen an.

Wegen der Zwistigkeit, die sich als Fehler erweist, wird es zu einem Zusammenbruch kommen (vgl. I, 18: »wegen der Uneinigkeit und Unbekümmertheit der Franzosen«). In Richtung Rußland wird ein solches (Kriegs-)Getöse zu hören sein, daß es Schäden geben wird durch Raketen, die am Himmel und über die Erde ziehen.

X, 69
Le fait luysant de neuf vieux eslevé,
Seront si grands par midy Aquilon:
De sa seur propre grandes alles levé,
Fuyant murdry au buisson d'ambellon.

Im Altfranzösischen bedeutet »seur« soviel wie Sicherheit haben. Das Wort »murdry« steht für »mordrir« in der Bedeutung von töten oder ermorden, und »ambellon« kommt vom griechischen *Ampellos,* einer Stadt in Makedonien. Nostradamus hat hier den Labiallaut P durch ein B ersetzt.

Durch einen Eklat wird eine betagte Persönlichkeit erneut (an die Macht) gebracht; ihre Anstrengungen in Rußland und bei ihren Verbündeten im Mittelmeerraum (islamische Republiken) werden so groß sein, daß sich zu ihrer eigenen Sicherheit die großen Flügel (die Schwingen des russischen Doppeladlers) erheben; dann wird sie auf der Flucht durch die Macchia in Makedonien getötet werden.

Weissagung 8, Juni
Loin près de l'Urne le malin tourne arrière,
Qu'au grand Mars feu donra empeschement:
Vers l'Aquilon au midy la grand fiere,
FLORA tiendra la porte en pensement.

Die Urne (»Urne«) ist das Attribut des Wassermanns. Im Altfranzösischen bedeutet »empeschement« soviel wie Qual; »fier« heißt schrecklich, »cruel« grausam oder gewalttätig, und »pensement« ist der Gedanke. In der griechischen Mythologie ist Flora die Gemahlin von Zephyr, dem Westwind.

Kurz vor dem Wassermannzeitalter (2000–2025) wird der Teufel (Satan) von weither zurückkommen; er wird im Feuer des Großen Krieges von Rußland bis in die islamischen Staaten Qualen auslösen, denn das Volk ist gewalttätig (siehe Islam, II, 79) und schrecklich. Das Abendland wird seine Tore für die Gedanken (Meinungsfreiheit) geöffnet haben.

VI, 44
De nuict par Nantes Lyris apparoistra,
Des arts marins susciteront la pluie:
Arabiq goulfre grand classe parfondra,
Un monstre en Saxe naistra d'ours & de truye.

In der griechischen Mythologie ist Iris (»Lyris«) die Götterbotin, Gemahlin von Zephyr, dem Westwind. Nostradamus hat hier wahrscheinlich die Vereinigten Staaten von Amerika gemeint. Das Wort »parfondra« von »parfondre« ist altfranzösisch in der Bedeutung: ins Gegenteil verkehren, und »monstre« steht für eine ungeheure, unglaubliche Sache. Mit Bär (»ours«) ist immer Rußland gemeint. Der Terminus »truye« kommt vom lateinischen *troja,* wie die Stadt Troja, das mit dem Trojanischen Pferd

assoziiert wird, in dessen Inneren sich griechische Soldaten verbargen; wegen der geographischen Lage des antiken Troja steht der Begriff hier aller Wahrscheinlichkeit nach für die Türkei.
(Die amerikanische Flotte) wird nachts in Nantes auftauchen. Die militärische Kunst der Marine wird den Regen (Bombenangriffe) auslösen. Eine große (westliche?) Flotte wird im Persischen (oder arabischen) Golf untergehen. Dann wird in Deutschland wegen Rußland und der Türkei etwas Unglaubliches geschehen.

Der Tessin – ein Punkt von strategischer Wichtigkeit

IV, 37
Gaulois par saults monts viendra pénétrer,
Occupera le grand lieu de l'Insubre,
Au plus profond son ost fera entrer,
Gennes, Monech pousseront classe rubre.

Die Insubrer (»Insubre«) waren die Bewohner des transpadanischen Galliens, also die heutigen Mailänder. Das Wort »ost« ist altfranzösisch für Armee; »rubre« ist die französisierte Form des lateinischen *rubor,* zu deutsch Röte, Rot.
In mehreren Anläufen werden die Franzosen die Berge (Alpen?) überqueren und Mailand besetzen. Sie werden ihre Truppen weit voranrücken lassen und die Armee der Roten bis nach Genua und Monaco zurückdrängen.

II, 26
Pour la faveur que la cité fera,
Au grand qui tost perdra camp de bataille
Fuis le rang Pau Thesin versera,
De sang, feu mors noyez de coup de taille.

Aus dem Kontext ergibt sich, daß mit »Pau« nicht die Stadt in den atlantischen Pyrenäen, sondern der Po in Italien (lateinisch *Padus*) bezeichnet wird.
Wegen des Empfangs, den die Stadt (Mailand) dem Führer erweisen wird, der das Schlachtfeld schnell verläßt, wird man sich auf die Axe Po – Tessin zurückflüchten, doch diese wird fallen: Blut, Kriegsfeuer und Tote, ausgelöscht durch Waffengewalt.

VI, 79
Près du Tesin les habitants de Loyre,
Garonne & Saone, Seine, Tain, & Gironde:
Outre les monts dresseront promontoire,
Conflict donné, Pau granci, submergé onde.

Die Aufzählung von Flüssen läßt vermuten, daß es sich bei »Tain« um das Städtchen »Tain-l'Hermitage« an der Rhône handelt und hier also die Rhône gemeint ist. Im Altfranzösischen bedeutet »dresse« soviel wie Weg oder Pfad. Das Wort »promontoire« leitet sich aus dem lateinischen *promunturium* ab und heißt Vorgebirge. Die Deutung des Begriffs »granci« ist insofern problematisch, als es einen solchen Terminus nicht gibt; er wurde womöglich aus dem altfranzösichen Wort »gran«, zu deutsch traurig, gebildet.

In der Nähe des Tessin werden sich die Bewohner der Regionen der Loire, Garonne, Saône, Seine, Rhône und Gironde auf den Weg machen, um die Berge zu überqueren, denn der Krieg ist ausgebrochen; tiefe Trauer wird über der Poebene herrschen während einer Überschwemmung.

II, 72
Armée celtique en Italie vexée,
De toutes parts conflict & grande perte,
Romains fuis, ô Gaule repoulsée,
Pres du Thessin, Rubicon pugne incerte.

»Rubicon« leitet sich vom lateinischen *rubicundus* ab, zu deutsch: hochrot. Nostradamus verwendet das Wort sicherlich in doppelter Bedeutung: Zum einen sind damit die Roten gemeint und zum anderen das kleine Flüßchen, das südlich von Ravenna in die Adria mündet und heute Pisatello (früher Rubico) heißt.

Die französische Armee wird in Italien eine Niederlage einstecken; es wird Krieg geben, und beide Seiten werden große Verluste erleiden. Die Römer werden flüchten und die Franzosen vertrieben werden. Die Schlacht wird für die Roten unweit des Tessin (und des Pisatello) einen ungewissen Ausgang nehmen.

IV, 90
Les deux copies aux murs ne pourront joindre,
Dans cest instant trembler Milan, Ticin:

> Faim, soif, doutance si fort les viendra poindre,
> Chair, pain, ne vivres n'auront un seul boucin.

Das Wort »doutance« ist altfranzösisch in der Bedeutung Zweifel oder Besorgnis, und »poindre« steht für stechen bzw. im weiteren Sinne: ins Mark treffen. Der Terminus »boucin« entstammt dem provenzalischen Dialekt und heißt soviel wie Stück oder Bissen.

An den Mauern (Rom?) werden die beiden Armeen nicht zueinanderstoßen können, denn zu diesem Zeitpunkt werden Mailand und das Tessin erzittern. Hunger, Durst und Sorgen werden sie ins Mark treffen, denn es wird kein einziges Stück Fleisch, Brot oder andere Nahrungsmittel geben.

Persien oder Iran – das Schwarze Meer

> III, 31
> Au champs de Mede, d'Arabe & d'Arménie,
> Deux grands copies trois fois s'assembleront:
> Pres du rivage d'Araxes la mesgnie,
> Du grand Soliman en terre tomberont.

Die Meder oder Perser sind die heutigen Iraner. Das Wort »copies« kommt vom lateinischen *copiae,* zu deutsch Truppen. Der Araxes oder Araks ist ein Fluß in Armenien, der in einem Teil seines Laufes die Grenze zwischen Aserbaidschan und dem Iran bildet. Im Altfranzösischen steht »mesgnie« für Truppe. Den »grand Soliman« könnte man in diesem Vierzeiler gut und gerne der Regentschaft Suleimans des Prächtigen (geboren 1494, gestorben 1566, im Todesjahr Nostradamus') zuordnen; doch leider fanden die beschriebenen Feldzüge nicht zu dieser Zeit statt. Suleiman hat aber – man höre und staune – im Jahre 1549 und 1550, also fünf Jahre vor dem Beginn der Prophezeiungen (1555), Georgien und Dagestan erobert. Dies legt die Vermutung nahe, daß dieser Vierzeiler künftige Ereignisse beschreibt, zumal sich die hier angesprochene Region heute in einer gefährlich instabilen Lage befindet: Konflikte gibt es in Armenien, in Aserbaidschan (Nagorny-Karabach), in Ossetien, in Abchasien und in Tschetschenien.

Im Iran, in Arabien und Armenien werden sich zwei große Armeen dreimal zusammenziehen. Die Truppen werden sich an das Ufer des Araxes begeben, und die islamischen Soldaten werden fallen.

> V, 27
> Par feu & armes non loin de la marnegro,
> Viendra de Perse occuper Trébisonde:
> Trembler Phato, Methelin, sol alegro,
> De sang Arabe d'Adrie couvert onde.

Mit »marnegro« ist das Schwarze Meer gemeint. Trapezunt oder Trabzon (»Trébisonde«) ist eine türkische Stadt am Ufer dieses Meeres. »Phato« leitet sich von den Phataren ab, einem Volksstamm aus Meotide, der heutigen Krim, dem Zankapfel zwischen Rußland und der Ukraine. Mit »Methelin« ist das fühere Mytilene (neugriechisch Mytilini) auf der der türkischen Küste vorgelagerten griechischen Insel Lesbos im Ägäischen Meer gemeint. Wie in Centurium X, 38 ist »alegro« ein Anagramm von Algier; das o wurde zur Reimbildung mit »marnegro« angefügt.

Mit Krieg und Waffen werden unweit des Schwarzen Meeres Truppen aus dem Iran kommen und Trabzon besetzen. Die Krim, das Ägäische Meer und der algerische Boden werden erzittern; die Adria wird mit arabischem Blut bedeckt sein.

Dieser Krieg wird Schäden in der Fauna des Schwarzen Meeres anrichten:

> II, 3
> Pour la chaleur solaire sus la mer,
> De Negrepont les poissons demy cuits,
> Les habitants les viendront entamer,
> Quand Rhod & Gennes leur faudra le biscuit.

Bei »Negrepont« handelt es sich um eine Nostradamische Wortschöpfung aus »negre« und *pont,* griechisch für Meer; es handelt sich hier also um das Schwarze Meer (vgl. »marnegro«).

Wegen der Sonnenwärme (Atomexplosion?) über dem Meer werden die Fische des Schwarzen Meeres fast gar gekocht sein, und die Bewohner werden sie beseitigen; gleichzeitig werden auf Rhodos und in Genua Nahrungsmittel benötigt.

Ob wohl die Zerstörung Istanbuls diese Katastrophe im Schwarzen Meer zu Folge haben könnte?

VI, 85
La gran cité de Tharse par Gaulois
Sera destruite, captifs tous à Turban:
Secours par mer du grand Portugalois,
Premier d'esté le jour du sacre Urban.

»Tharse« leitet sich vom griechischen *Thrassa* ab, zu deutsch Thrakien, dessen größte Stadt Istanbul ist.

Istanbul wird von den Franzosen wegen der Gefangenen der islamischen Seite zerstört werden. Hilfe wird ein großer Portugiese bringen, der zwischen dem Fest des heiligen Urban (25. Mai) und dem ersten Tag des Sommers (21. Juni) auf dem Wasserweg eintreffen wird.

Am Ende des Kapitels IV findet sich im Abschnitt »Hypothesen zur Chronologie« ein weiterer Vierzeiler zum Thema Iran (V, 25).

V, 86
Par les deux testes, & trois bras séparés,
La grand cité sera par eaux vexée:
Des Grands d'entre eux par exil esgarés,
Par teste Perse Byzance fort pressée.

Wasser (»eaux«) wird von Nostradamus als Sinnbild für Überschwemmungen oder Volksaufstände verwendet. Der Begriff »grand cité« steht immer für Paris, die Hauptstadt des Vaterlandes des Propheten. Das Wort »esgarés« kommt vom altfranzösischen Verb »esgarier«, zu deutsch: entfernen bzw. weit wegbringen, und »pressée« leitet sich von »presser« ab und heißt im übertragenen Sinne: quälen, belästigen bzw. niederdrücken.

Wegen zweier Staatschefs und dreier Minister, die sich von diesen getrennt haben, wird Paris von einer Überschwemmung (oder Aufruhr) heimgesucht werden. Bestimmte Machthaber werden weit weg ins Exil geschickt. Der iranische Staatschef wird die Türkei niederdrücken.

III, 78
Le chef d'Escosse avex six d'Allemagne,
Par gens de mer Orientaux captifs:
Traverseront le Calpre & Espagne,
Présent en Perse au nouveau roy craintif.

Es stellt sich die Frage, ob Nostradamus mit Schottland (»Escosse«) nicht die Vereinigten Staaten von Amerika gemeint hat, wenn man bedenkt, daß Neu-Schottland ein an die USA angrenzender kanadischer Staat ist.

Das amerikanische Staatsoberhaupt wird gemeinsam mit sechs deutschen Politikern oder Militärs, nach der Gefangennahme der Orientalen durch die Marine, Spanien durchqueren und die Meerenge von Gibraltar überschreiten, um dem unsicheren neuen iranischen Staatschef einen Vorschlag zu unterbreiten.

II, 96
Flambeau ardent au ciel soir sera veu,
Près de la fin et principe du Rosne,
Famine, glaive, tard le secours pourveu,
La Perse tourne envahir Macédoine.

Im sechzehnten Jahrhundert waren Worte wie »flambeau«, zu deutsch: Fackel, aber auch Schwert, Lanze oder Schweifstern, gängige Bezeichnungen für einen Kometen.

Von der Quelle bis zur Mündung der Rhône wird am Abend ein Komet am Himmel zu sehen sein. Hungersnot und das Schwert (des Krieges) werden herrschen, und die Hilfe wird zu spät kommen. Der Iran wird erneut in Makedonien einmarschieren.

EIN KOMET

II, 43
Durant l'estoille chevelue apparente,
Les trois grands princes seront faits ennemis:
Frappez du ciel paix terre trémulent,
Pau, Timbre undans, serpent sus le bort mis.

Während der Komet zu sehen ist, werden sich die drei Großen verfeinden. In Friedenszeiten werden sie vom Himmel und von Erdbeben getroffen. Der Po und der Tiber werden anschwellen; der Dämon (oder der Drache) wird sich an ihren Ufern niederlassen.

Nostradamus hat uns die astronomischen Daten dieses Kometen ebenso hinterlassen wie die Achse, auf der er sichtbar sein wird. Erinnern wir uns an dieser Stelle daran, daß die Astronomen Jahr für Jahr mehrere Kometen entdecken, von denen man aber im allgemeinen nicht spricht, weil sie für das bloße Auge und auch mit Hilfe von Amateurteleskopen nicht auszumachen sind.

VI, 6
Apparoistra vers le Septentrion,
Non loing de Cancer l'estoille chevelue:
Suze, Sienne, Bo'ce, Eretrion,
Mourra de Rome grand, la nuict disparue.

Susa (»Suze«) ist eine italienische Stadt westlich von Turin; Siena (»Sienne«) liegt in der Toskana. Bei »Bo'ce« handelt es sich um die französierte Version des griechischen Wortes *Boiotia*, also Böotien, eine griechische Region nordöstlich von Athen. *Eretrion* ist der griechische Name der Stadt Eretria auf der Insel Euböa vor der Küste von Böotien. Verbindet man diese vier Orte mit einer Linie, erhält man die Achse des Erscheinens dieses nächsten Kometen. Außer in den genannten Gebieten wird der Komet auch in Frankreich sichtbar sein, denn in Centurium II, Vierzeiler 96, sagt Nostradamus, daß »... dieser Komet von der Quelle bis zur Mündung der Rhône am Himmel zu sehen sein wird«.

Der Komet wird im Norden unweit des Sternbildes Krebs auftauchen und auf der Achse Susa, Siena, Böotien und Eretria am Himmel erscheinen. Eine große Persönlichkeit aus Rom (der Papst?) wird dann sterben, wenn der Komet in der Nacht nicht mehr zu sehen ist.

II, 41
La grande estoille par sept jour bruslera,
Nuee fera deux soleils apparoir,
Le gros mastin toute nuict hurlera,
Quand grand pontife changera de terroir.

Das Wort »mastin« ist altfranzösisch in der Bedeutung: Großer Hund.

Der Komet wird sieben Tage lang leuchten, so daß am Himmel zwei Sonnen stehen werden. Der Große Hund wird die ganze Nacht heulen, wenn der große Papst seinen Sitz verlegen wird.

II, 15

Un peu devant monarque trucidé,
Castor & Pollux en nef, astre crinite
L'érain public par terre & mer vuidé,
Pise, Ast, Ferrare, Turin terre interdite.

Der Terminus »nef« ist altfranzösisch und steht für Becher; hier bezeichnet er wahrscheinlich das unterhalb des Löwen angeordnete Sternbild Becher. Kastor und Pollux befinden sich in den Zwillingen, und der Krebs liegt zwischen dem Löwen und diesen beiden Sternen. Das Wort »crinite« ist altfranzösisch für: mit einem Schweif versehen; »astre crinite« bedeutet also Schweifstern.

Kurz vor der Ermordung eines Staatsoberhauptes, während sich der Komet aus dem Sternbild Becher auf Kastor und Pollux in den Zwillingen zubewegt, werden die öffentlichen Gelder für (Armeen?) zu Lande und zu Wasser ausgegeben sein. Pisa, Asti, Ferrara und Turin werden zu gesperrten Gebieten erklärt.

Weissagung 12, Oktober

Vénus, Neptune poursuivra l'entreprise,
Serrez pensifs troublez les opposans:
Classe en Adrie, citez sous la Tamise,
Le quart bruit blesse de nuict les reposans.

Venus ist das Symbol für Korruption und Ausschweifung. Das altfranzösische Wort »serrez« kommt von »serrer« und bedeutet: zusammenhalten, einsperren; »sous« heißt: gegen, in Richtung auf, und »citez« leitet sich vom lateinischen *citare* ab, zu deutsch: in Bewegung bringen, hervortreten lassen. Es ist zu früh, um zu verstehen, was Nostradamus mit dem Begriff »quart bruit«, zu deutsch: vierter Lärm, meint.

In England wird die Korruption ihren Lauf nehmen. Die oppositionellen Denker werden wegen der Schwierigkeiten eingesperrt werden. Die Flotte der Adria wird in Richtung Themse in Bewegung gesetzt werden. Der Lärm (des Krieges) wird um vier Uhr (mit dem vierten Schlag des Big Ben?) die Nacht erschüttern, während die Menschen schlafen.

Weissagung 13, November

Le grand du ciel soubs la Cape donra,
Secours Adrie à la porte faict offre:

Se sauvera des dangers qui pourra,
La nuict le Grand blessé poursuit le coffre.

Das Wort »ciel«, also Himmel, steht hier für China, dessen Kaiser man den Sohn des Himmels nannte. Im Altfranzösischen bedeutet »soubs« gegen, in Richtung auf. Das Wort »Cape« steht hier für den Papst, der bekanntlich ein kleines Cape um seine Schultern trägt. »Donra« von »donner«, also eigentlich geben, hier aber in der Bedeutung von angreifen. Die Pforte (»porte«) ist der alte Name des Osmanischen Reiches und steht hier für die islamischen Länder. Der Begriff »offre« ist altfranzösisch in der Bedeutung von: Plünderer, und »coffre« heißt Sarg. »Poursuit« kommt von »poursuivre« und leitet sich hier vom lateinischen Verb *prosequor* ab, zu deutsch begleiten bzw. jemandem das Geleit geben.

Der große asiatische Herrscher wird den Papst angreifen; Hilfe gegen die Plünderungen des Islam wird von der Adria aus kommen. Rette sich aus diesen Gefahren, wer kann! Die große Persönlichkeit wird verletzt und zu Grabe geleitet werden (sterben).

V, 55
De la felice Arabie contrade,
Nasitra puissant le loy Mahometique,
Vexer l'Espagne, conqueter la Grenade,
Et plus par mer à la gent Lygustique.

Eine mächtige Persönlichkeit der islamischen Welt wird im glücklichen Arabien geboren; er wird Spanien unterwerfen und das Gebiet um Granada erobern, das vom Meer her durch die Türken noch stärker (bedrängt) sein wird.

SPANIEN

Nostradamus hat fünfundsiebzig seiner Vierzeiler Spanien gewidmet und geht darin auf Ereignisse von 1555 bis 2025 ein. Der Name Spanien selbst wird einunddreißigmal erwähnt; ansonsten werden stellvertretend die Namen von Städten, Bergen oder Flüssen genannt.

König Juan Carlos I. ist in einem Text erwähnt worden, demzufolge ihm eine wichtige Rolle im zukünftigen Konflikt zukommen wird:

X, 95
Dedans les Espagnes viendra roy tres puissant,
Par terre & mer subjugant or midy:
Ce mal fera, rabaissant le croissant,
Baisser les aeles à ceux du vendredy.

Das Wort »or« ist altfranzösisch und bedeutet Rand oder Seite. Im Militärwesen bezeichnet der Terminus »aile« (Flügel) den seitlichen Teil einer Truppe oder Flotte in Marsch- bzw. Kampfaufstellung; Nostradamus verwendet es hier generell für Truppen. Der Freitag (»vendredy«) ist bei den Muslimen der Tag der Ruhe ebenso wie der Samstag bei den Juden und der Sonntag bei den Christen. Man könnte versucht sein, diesen Vierzeiler auf Kaiser Karl V., König von Spanien, zu beziehen, der 1535 den Piratenführer Barbarossa besiegte und Tunis einnahm, jedoch im Jahre 1541 vor Algier geschlagen wurde. Nostradamus' Prophezeiungen beginnen jedoch erst im Jahre 1555, und er hätte wohl kaum den Machtantritt eines Königs ankündigen können, der bereits an der Macht war. Es war vielmehr Don Juan de Austria, der 1571 in der Seeschlacht von Lepanto die Türken besiegte; und 1683, zur Zeit der Belagerung Wiens, war es Johann Sobieski, der König von Polen.

Ein sehr mächtiger König wird nach Spanien kommen; zu Lande und zu Wasser wird er die Länder des Mittelmeerraumes (vom Maghreb bis nach Südspanien) unterwerfen; er wird dieses Leid anrichten, um die Anhänger des Halbmondes (die Moslems) zu demütigen und die Armeen jener zu vernichten, die den Freitag ehren.

IV, 5
Crox paix, soubs un accompli divin verbe,
L'Espagne & Gaule seront unies ensemble:
Grand clade proche, & combat très acerbe,
Coeur si hardy ne sera qui ne tremble.

Das Wort »clade« leitet sich aus dem Lateinischen her und bedeutet soviel wie: militärischer Fehlschlag oder Niederlage.

Damit die Christen in Frieden leben können, muß sich die Prophezeiung bewahrheiten. Spanien und Frankreich werden sich verbünden. Eine große Niederlage und eine sehr schwere Schlacht stehen nahe bevor; selbst die Allermutigsten werden vor ihr erzittern.

V, 59
Au chef Anglois à Nismes trop séjour,
Devers l'Espagne au secours Aenobarb:
Plusieurs mourront par Mars ouvert ce jour,
Quand en Artois faillir estoille en barbe.

»Aenobarb« oder »Bart aus Erz« steht hier für Barbarossa und nimmt Bezug auf die beiden Brüder, die von 1516 bis 1546 in Algier herrschten; zweifellos enthält der Begriff auch eine Anspielung auf die bärtigen Fundamentalisten des Islam. Nostradamus bezieht sich oft auf die Geschichte seiner Zeit, um die in seinen Prophezeiungen beschriebenen Ereignisse oder Persönlichkeiten zu personifizieren. Aenobarb steht hier also für einen moslemischen Herrscher.

Der anglo(-amerikanische?) Herrscher, der sich zu lange in Nîmes aufgehalten hat, wird Spanien im Kampf gegen den muslimischen Herrscher zu Hilfe kommen, wenn der Komet im Artois[1] nicht mehr zu sehen ist.

MARSEILLE

III, 86
Un chef d'Ausone aux Espagnes ira,
Par mer fera arrest dedans Marseille,
Avant sa mort un long temps languira,
Après sa mort on verra grand merveille.

Ausonia ist der alte lateinische Name für Italien.

Ein italienischer Herrscher wird sich über das Meer kommend in Spanien einfinden und in Marseille Station machen; er wird lange dahinsiechen, bevor er stirbt, und nach seinem Tod wird man ein großes Wunder erleben.

I, 72
Du tout Marseille des habitants changée,
Course & poursuite jusques auprès de Lyon,
Narbon, Toloze, par Bourdeaux outragée,
Tuez captifs presque d'un million.

---

1 Artois: geschichtlich bedeutsame Landschaft im Nordwesten Frankreichs mit der Hauptstadt Arras.

Marseille wird einen Wechsel seiner Bewohner erleben; es wird ein Rennen einsetzen und eine Verfolgung bis in die Nähe von Lyon stattfinden; Narbonne und Toulouse werden von den aus Bordeaux kommenden Menschen geschändet, und fast eine Million Gefangene werden getötet werden.

Der nun folgende Vierzeiler enthält eine genauere und sehr wichtige Angabe. Seit 1981 haben mehrere Autoren in ihren Büchern den Nachweis zu erbringen versucht, daß Nostradamus' Schriften keine Prophezeiungen enthalten, sondern von Ereignissen der Vergangenheit, das heißt, aus der Zeit vor 1555, berichten. So wurde Marseille beispielsweise im Jahre 836 von den Sarazenen verwüstet, und Centurium III, Vierzeiler 88, hat man folglich diesem Ereignis zugeordnet. Solchen an geschichtlichen Details offensichtlich wenig interessierten Interpreten zum Trotz rückte aber Ludwig der Fromme, König von Aquitanien und späterer Kaiser, der 799 die Pyrenäen überquert hatte, im Jahre 800 an der Spitze dreier Armeecorps auf Barcelona vor. Nach einer von Rostaing, dem Herzog von Gerona und Amprias, mit aller Härte betriebenen siebenmonatigen Belagerung erschien der junge König persönlich nach der Kapitulation der Stadt zur Übergabezeremonie. Er zog mit großem Pomp im Gefolge des Klerus an der Spitze einer Prozession singender Gläubiger ein. 801 wurde Barcelona erneut christlich, und Herzog Bera, Sohn des Herzogs von Toulouse Saint-Guillaume de Gellone, wurde Stadtgouverneur. 836 konnten die Araber also gar nicht, von Barcelona aus kommend, plündernd in Marseille einfallen. Genau diese Art von Nachforschung und Präzision ermöglicht es, die Vierzeiler der Zukunft zuzuordnen.

III, 88
De Barcelonne par mer si grand'armée,
Toute Marseille de frayeur tremblera:
Isles saisies de mer ayde fermée,
Ton traditeur en terre nagera.

Von Barcelona wird eine so große Armee anrücken, daß Marseille vor Angst und Schrecken erzittern wird. Nachdem die Inseln (des Mittelmeeres) besetzt sind, wird der Seeweg für weitere Hilfe abgeschnitten sein (Gibraltar?). Dein Verräter wird an Land gehen.

Der folgende Vierzeiler liefert zusätzliche Angaben:

X, 88
Pieds & cheval à la seconde veille,
Feront entrée vastient tout par la mer:
Dedans le poil entrera de Marseille,
Pleurs, crys, & sang, onc nul temps si amer.

Das Wort »poil« ist altfranzösisch und heißt soviel wie Beute. Die Infanterie und ein Kontingent von Panzerfahrzeugen werden in der zweiten Hälfte der Nacht (zwischen 21 Uhr und Mitternacht) eindringen und vom Meer her in Marseille alles verwüsten, nur um Beute zu machen. Tränen, Schreie, Blut – nie zuvor wird es eine solch bittere Zeit gegeben haben.

III, 79
L'ordre fatal sempiternel par chaisnes,
Viendra tourner par ordre conséquent:
Du port Phocen sera rompue la chaisne,
La cité prinse, l'ennemy quant & quant.

Im Gesamtzusammenhang der zuvor zitierten Vierzeiler bedeutet fatale Ordnung (»ordre fatal«) wahrscheinlich das auf dem Prinzip des Fatalismus basierende islamische Gesetz; auch der Rest der Zeile würde sich gut in diesen Gedankengang einfügen; »sempiternel par chaisnes« hieße dann soviel wie: auf immer vom Fatalismus beherrscht bzw. an den Fatalismus gekettet. Das Wort »tourner« ist altfranzösisch in der Bedeutung von zurückkehren.

Das (islamische) Gesetz, das seit jeher (vom Fatalismus) beherrscht ist, wird aufgrund einer späteren Anordnung zurückkehren. Die Verteidigung von Marseille wird durchbrochen und die Stadt von einer großen Schar von Feinden erobert werden.

IX, 85
Passer Guienne, Languedoc & le Rosne,
D'Agen tenans de Marmande & la Roole:
D'ouvrir par foy parroy Phocen tiendra son trosne,
Conflict aupres sainct pol de Manseole.

Das Wort »parroy« ist altfranzösisch und bedeutet Streik. Der Thron (»trosne«) ist gleichermaßen Sinnbild des Stuhles, auf dem die Gläubigen einer Religion ihren Gott sitzen sehen. Mit

»sainct pol de Manseole« ist das heutige Saint-Pol-de-Mausole, ein kleines Dorf unweit von Saint-Rémy-de-Provence, der Geburtsstadt Nostradamus', gemeint.

Jene, die Agen, Marmande und La Réole besetzt halten, werden nach Guyenne[1], ins Languedoc und bis zur Rhône vordringen, um wegen ihres Glaubens (islamische Fundamentalisten?) die Küsten von Marseille zu öffnen, wo sich der Thron (von Allah?) befindet; und dies ungeachtet des Konfliktes bei Saint-Pol-de-Mausole.

Grenzgefechte

III, 4
Quand seront proches le defaut des lunaires,
De l'un à l'autre ne distant grandement,
Froid, siccité, danger vers les frontieres,
Mesme où l'oracle a pris commencement.

Wenn der Niedergang des Islams bevorsteht, wird wenig Zeit vergehen zwischen einem (Ereignis) und dem nächsten. Kälte, Trockenheit und Gefahr an den Grenzen, selbst dort, wo der Prophet geboren ist.

Weissagung 29, Juli
Guerre, tonnerre, maints champs depopulez,
Trayeur & bruit, assault à la frontiere:
Grand Grand failli. pardon aux exilez,
Germains, Hispans. par mer Barba. banniere.

Es wird Krieg geben, und Kriegslärm wird zu hören sein; viele Orte werden entvölkert sein; Schrecken und Lärm; Angriff an der Grenze. Nach dem Tod der großen Persönlichkeit werden die Deportierten rehabilitiert. Die Deutschen und die Spanier sind zuvor vom Meer her von der islamischen Armee angegriffen worden.

Weissagung 125, Juli
Par pestilence et feu fruits d'arbres periront,
Signe d'huile abonder. Pere Denys non gueres:

---

1 Guyenne: Landschaft in Aquitanien, Frankreich.

Des grands mourir, mais peu d'estrangers failliront,
Insult, marin barbare, & dangers de frontières.

Was den Begriff Öl (»huile«) anbelangt, so stellt sich die Frage, ob es sich dabei um giftige Kampfstoffe oder brennendes Erdöl handelt. Der Ausdruck »Pere Denys non gueres« hat auf den ersten Blick keinerlei Bedeutung. Erst aus dem Kontext heraus und unter Einbeziehung anderer Vierzeiler wird eine Deutung möglich. Wir haben gesehen, daß die spanische Mittelmeerküste eine wichtige Rolle in der Auseinandersetzung mit den islamischen Mächten spielte, und so ist anzunehmen, daß es sich bei »Denys« um die kleine Stadt Denia unweit von Alicante handelt; bei »Pere« könnte es sich ebenfalls um einen – diesmal durch Apokope verkürzten – Ortsnamen handeln, nämlich um das Städtchen Perello bei Valencia. »Insult« leitet sich vom lateinischen *insultare* ab, zu deutsch: angreifen.

Durch Verseuchung und Feuer (des Krieges) werden die Früchte der Bäume zugrunde gehen, weil sich Unmengen von Öl (chemische Waffen?) ausbreiten. Pere(llo) und Denia werden kaum (verschont) werden. Bedeutende Persönlichkeiten werden sterben, doch nur wenige Ausländer werden umkommen. Die islamische Flotte wird angreifen, und die Grenzen werden in Gefahr sein.

Im nun folgenden Vierzeiler kündigt Nostradamus an, daß Frankreich (das Hexagon) an fünf Seiten angegriffen wird:

I, 73
France à cinq part par neglect assaillie
Tunys, Argal esmeuz par Persiens:
Leon, Seville, Barcelonne faillie,
N'aura la classe par les Venitiens.

Der altfranzösische Terminus »esmovoir« bedeutet erregen, aufwiegeln.

Wegen seiner Unachtsamkeit wird Frankreich von fünf Seiten angegriffen werden, nachdem Tunesien und Algerien durch den Iran aufgewiegelt wurden. Nachdem León, Sevilla und Barcelona gefallen sind, wird ihnen keine Hilfe von der adriatischen Flotte zuteil. (Dieser Vierzeiler ist im Zusammenhang mit I, 18 zu sehen: »... wegen der Unbekümmertheit der Franzosen werden die Moslems ungehindert vordringen können ...«).

Im Zusammenhang mit dem islamischen Fundamentalismus in Algerien erschien am Donnerstag, dem 16. Januar 1992, in *Le*

Monde ein Artikel von Jacques de Barrin unter dem Titel »Amerikanische Feinheiten und iranische Drohungen«. Darin schreibt er: »Die offiziellen iranischen Regierungsstellen haben auch am Dienstag in Radio Teheran die Annullierung der Wahlen in Algerien aufs schärfste kritisiert. In einer ziemlich unverblümten Drohung heißt es, der Iran gehe davon aus, daß die Partisanen der islamischen Heilsfront (FIS) zum Mittel der Gewalt greifen müßten, nachdem man sie um ihren Wahlsieg gebracht habe. Teheran unterstreicht, daß die Haltung der algerischen Regierung die islamischen Kräfte dazu veranlassen wird, nicht-friedliche Mittel einzusetzen.«

VIII, 21
Au port de Agde trois fustes entreront,
Portant l'infect non foy et pestilence:
Passant le pont mille milles embleront,
Et le pont rompre à tierce résistance.

Der Terminus »infect« ist altfranzösisch und bedeutet vergiftet; »embleront« kommt von »embler« und heißt flüchten; mit »tierce« ist die dritte Stunde des Tages gemeint. *Pontos* ist griechisch für Meer.

Drei Kriegsschiffe werden in den Hafen von Adge einlaufen; sie haben Gift, einen (nicht-christlichen) Glauben und Unheil (die Pest) an Bord. Tausende und aber Tausende von Menschen werden über das Meer flüchten, nachdem der Widerstand auf dem Meer drei Stunden nach Anbruch des Tages gebrochen sein wird.

IV, 94
Deux grands frères seront chassez d'Espagne,
L'aisné vaincu sous les monts Pyrénées:
Rougir mer, Rosne, sang Leman d'Allemagne
Narbon, Blyterre, d'Agath contaminées.

Es stellt sich die Frage, ob es sich bei den beiden großen Brüdern (»deux grands frères«), von denen hier die Rede ist, nicht um islamische Führer handelt (siehe auch Centurium V, Vierzeiler 59, im weiteren Text). »Blyterre« steht hier für »Biterre« und bezieht sich auf die Einwohner von Béziers (»les Biterois«). »Agath« leitet sich vom griechischen *agathos* ab, das der Stadt Agde ihren Namen gegeben hat.

Zwei große (Waffen-)Brüder werden aus Spanien herausgeworfen, nachdem der ältere der beiden am Fuße der Pyrenäen besiegt worden ist. Das Meer und die Rhône werden sich rot verfärben; das Blut wird in den Genfer See fließen und bis nach Deutschland hinein. Narbonne und Béziers werden von jenen, (die) nach Adge (gekommen sind), verseucht werden.

VIII, 49
Satur au boeuf iove en l'eau, Mars en fleiche,
Six de fevrier mortalité donra:
Ceux de Tardaigne à Bruges si grand breche,
Qu'à Ponterose chef Barbarin mourra.

Das Wort »iove« leitet sich vom lateinischen *Iovis,* Jupiter, ab. »Tardaigne« steht für »Tardenois«, heute eine Reiter-Landschaft an der Aisne und Marne; auch die Bewohner des Départements Aisne werden »Tardenois« genannt. Ponterose ist eine Wortbildung aus dem griechischen *pontos* (Meer) und »rose« für rot. Es handelt sich hier also aller Wahrscheinlichkeit nach um das Rote Meer.

Wenn Saturn in den Stier und Jupiter in den Skorpion eintritt, wird der Krieg an Heftigkeit zunehmen, und der 6. Februar wird besonders viele Leben fordern. Jene aus Aisne werden einen außerordentlich großen Durchbruch erringen, während der islamische Führer im Roten Meer stirbt.

Der letzte König und die Niederlage des Islam

Aus mehreren von Nostradamus' Vier- und Sechzeilern können wir entnehmen, daß während des angekündigten Krieges in einem Augenblick, da alles verloren scheint, ein König aus der ältesten Linie der Bourbonen[1] (wie Juan Carlos I.) auf den Plan treten könnte, um einen Rückeroberungsfeldzug zu beginnen.

Dieser von der »Vorsehung geschickten« Persönlichkeit, von denen es in der französischen Geschichte eine ganze Reihe gegeben hat (die heilige Geneviève, Jeanne d'Arc, Heinrich IV., Charles de Gaulle usw.) gibt er unterschiedliche Namen und Bezeichnungen, um eine unanfechtbare Rechtmäßigkeit gegenüber den zahlreichen französischen Thronprätendenten darzulegen:

1 Bourbone (Abstammung von Heinrich IV).

– Herkules und Ogmion (Ogmion war das gallische Pendant zu Herkules) zur Legitimierung von seiten der Wallonen. Der vierte Sohn von Katharina von Medici und Heinrich II., Herzog von Anjou, hieß denn auch Hercule-François. Er starb im Jahre 1584 vor seinem Bruder Heinrich III. und hat folglich nicht regiert.

– König von Blois zur Legitimierung von seiten der Kapetinger. Die Grafen von Blois waren in der Tat aus der Familie von Hugo Capet hervorgegangen; Blois war außerdem die Lieblingsresidenz der Wallonen.

– Der Lothringer (»le Lorrain«), der immer wieder in Form von Anagrammen vorkommt: »le Lorvarin« für den fünften Lothringer (das heißt die fünfte Republik) oder »Norlaris«. Diese Bezeichnung verleiht dem künftigen König zudem die Legitimierung durch die Karolinger, denn Kaiser Ludwig der Fromme war ein Sohn Karls des Großen und König von Lothringen.

– CHYREN, Anagramm aus Henryc. An dieser Stelle ist zu erwähnen, daß Nostradamus, wenn er seinen Brief an Heinrich, König von Frankreich »second«, und nicht an König Heinrich II. adressiert, er sich in Wirklichkeit an einen künftigen König von Frankreich wendet, den er als »le grand CHYREN« (HENRYC) bezeichnet. Andererseits leitet sich das Wort »second« vom lateinischen *secundus* in der Bedeutung von begünstigend, hilfsbereit ab, was diesem König in den Vierzeilern, in denen von ihm die Rede ist, die Rolle des Retters zuweist. Zudem gab es noch Heinrich III. und Heinrich IV.

– Trojaner, weil in Ronsards unvollendetem Nationalepos *La Franciade* der trojanische Fürst Francus, Sohn des Hektor, nach der Plünderung Trojas vor dem Zorn der Griechen floh. Das Schicksal rief ihn dazu auf, ein neues Reich zu gründen. Die Prophetin Hyanthe enthüllte Francus die Zukunft und ließ vor seinem Auge die drei Könige Frankreichs vorüberziehen, die seinem Geschlecht entspringen sollen, von Pharamond bis zu Karl dem Großen. Nostradamus greift also diese Legende auf, um den letzten König Frankreichs zu beschreiben, denn Francus hat sie alle vorüberziehen sehen.

– Der Königliche (»le Royal«) oder der große Königliche (»le Grand Royal«) oder der große König (»le grand roy«).

X, 87
Grand roy viendra prendre port près de Nisse,
Le grand empire de la mort si en fera:

Aux Antipolles posera son genisse,
Par mer la pille tout escanouyra.

Das große Reich der Toten (»grand empire de la mort«) bezieht sich auf das achte Haus in der Astrologie – das Feld des Todes unter der Herrschaft von Pluto, dem Todesgott. »Antipolles« ist die französierte Form des griechischen Namens von Antibes *(Antipolis)*. Der Terminus »genisse« ist eine Abwandlung von »génie« (Genius oder Genie, hier in der Bedeutung Stab, Pioniercorps) aus Gründen des Reimes mit »Nisse«.

Der große (islamische) Führer wird unweit von Nizza an Land gehen und das Reich des Todes regieren lassen. In Antibes wird er seinen Generalstab errichten, und die Beute wird über das Meer fortgebracht werden.

V, 19
Le grand Royal d'or, d'airain augmenté,
Rompu la pache, par jeune ouverte guerre,
Peuple affligé par un chef lamenté,
De sang barbare sera couverte terre.

Bronze (»airain«), eine Legierung auf Kupferbasis, diente als Rohstoff für die Herstellung von Münzen; das Wort steht hier also für Geld im allgemeinen. Im Altfranzösischen bedeutet »pache« Pakt, Abkommen oder Vereinbarung.

(Die Macht) des großen Königs wird durch Gold und Silber wachsen, nachdem von einem jungen Führer ein Vertrag gebrochen und der Krieg ausgelöst wurde. Das Volk wird unter einem Führer leiden und seinetwegen jammern, und die Erde wird mit muslimischem Blut bedeckt sein.

V, 80
Ligmion grande Bisance approchera,
Chassée sera la barbarique ligue:
Des deux lois d'une l'estinique lachera,
Barbare et franche en perpetuelle brigue.

Als Substantiv verwendet bedeutet »grande« im Altfranzösischen soviel wie: große Gefahr. »L'estinique« ist die französierte Form des griechischen Adjektivs *lestikis,* zu deutsch: von Piraten, von Wegelagerern. Das Wort »brigue« ist altfranzösisch in der Bedeutung: Tumult bzw. Aufruhr.

Herkules (König von Frankreich) wird sich von großer Gefahr umgeben Istanbul nähern; die Arabische Liga wird vertrieben werden. Von den beiden Gesetzen (dem christlichen und dem islamischen) wird eines zurückweichen, das der Piraten, denn der Islam und Frankreich befinden sich in ständigem Tumult.

VI, 42
A Logmyon sera laissé le regne,
Dur grand Selyn qui plus sera defaict:
Par les Itales estendra son enseigne,
Regy sera par prudent contrefaict.

»Selyn« ist die französierte Form des griechischen Terminus *Selene,* zu deutsch der Mond, und bezeichnet folglich den Islam (den Halbmond). Der Terminus »contrefait« ist altfranzösisch für Imitation bzw. Nachahmung.

Die Macht des großen islamischen Führers wird an den König abgetreten, der seine Fahne in Italien hißt, das unter der Regierung eines weisen Mannes steht, der diesen nachahmen wird.

IV, 23
La légion dans la marine classe,
Calcine Magnes soulphre, & poix bruslera
Le long repos de l'asseurée place,
Port Selyn, Hercle feu les consummera.

»Calcine« ist die französierte Version des griechischen Wortes *Chalcis* und Name dreier Städte: eine liegt in Griechenland auf der Insel Euböa, eine in Makedonien und eine in Syrien. Magnes ist eine Stadt auf dem Peloponnes. Schwefel (»soulphre«) war früher ein üblicher Bestandteil von Zündstoffen, und Pech (»poix«) steht für Erdölerzeugnisse (Napalm?). Der Griechenland am nächsten gelegene Hafen eines islamischen Landes ist Istanbul.

Land- und Seestreitkräfte werden Griechenland in Flammen aufgehen lassen, nachdem es in Frieden und Sicherheit gewesen war. In dem islamischen Hafen wird das Feuer des Königs sie in Aufruhr versetzen.

IX, 33
Hercules Roy de Rome & d'Annemarc,
De Gaule trois Guion surnommé:

Trembler l'Italie & l'unde de Saint-Marc,
Premier sur tous Monarque renommé.

Herkules, König (von Frankreich) von Rom und von Dänemark, wird den Beinamen »dritter Führer von Frankreich« erhalten; er wird Italien und die Adria erzittern lassen und als Monarch größeren Ruhm erlangen als jeder andere vor ihm.

X, 27
Par le cinquesme, & un grand Hercules,
Viendront le temple ouvrir de main bellique:
Un Clement, Iule & Ascans reculés,
L'Espagne, clef, aigle, n'eurend onc si grande picque.

»Par« ist altfranzösisch und bedeutet: während. Tempel (»temple«) ist die poetische Bezeichnung für eine Kirche. Das Wort »main« (Hand) – leitet sich vom lateinischen *manus* ab und steht hier im übertragenen Sinne für Kraft. San Clemente ist der Name einer kastilischen Stadt und bezeichnet in diesem Fall Spanien. Ascanius oder Julius, Sohn des Aeneas, der seinen Vater nach Italien begleitete und zum Ahnherrn des Julischen Geschlechtes in Rom wurde, steht mithin für Italien. Der Schlüssel (»clef«) von Sankt Peter symbolisiert den Vatikan, der Adler (»aigle«) die Vereinigten Staaten. Im übertragenen Sinne bedeutet »pique«, zu deutsch: Pieke oder Spieß, hier Zwist bzw. Qual.

Während der Fünften (Republik) wird ein großer König kommen und die Kirche mit Hilfe der Streitkräfte befreien, nachdem Spanien und Italien zurückgewichen sind. Weder Spanien noch der Vatikan oder die Vereinigten Staaten haben je solche Qualen erleiden müssen.

In seinem Brief an Heinrich, König von Frankreich, steht in diesem Zusammenhang über jenen Monarchen folgendes zu lesen: »Schließlich wird eine Persönlichkeit aus dem lange Zeit so unfruchtbar gebliebenen Stamm (der Bourbonen) hervorgehen und während der fünften Stufe (der Fünften Republik) an Einfluß gewinnen, um die gesamte christliche Kirche zu erneuern ...«

X, 79
Les vieux chemins seront tous embellis.
Lon passera à Memphis somentrées:
Le grand Mercure d'Hercules fleur de lys,
Faisant trembler terre, mer & contrées.

Nach Theben wurde das fünfzehn Kilometer vom heutigen Kairo entfernte Memphis (heute Menfe) zur Hauptstadt Ägyptens. Mit dem Wort ist hier also wahrscheinlich die ägyptische Metropole gemeint. Der Terminus »somentrées« von »somentir« ist altfranzösisch und bedeutet fehlen. Merkur (»Mercure«) war für seine Beredsamkeit und seine Schönheit berühmt.

Die alten Straßen werden geschmückt sein, und man wird die Dinge nach Kairo bringen, die gefehlt hatten. Der beredte König im Zeichen der Lilie (der Bourbonen) wird die Erde, das Meer und die Völker erzittern lassen.

IX, 93
Les ennemis du fort bien esloignez,
Par chariots conduict le bastion:
Par sur les murs de Bourges esgrongnez,
Quand Hercules battra l'Haematien.

In altfranzösisch bedeutet »esgrogner« soviel wie angreifen. »Haematien« oder Emathien ist der alte Name für Makedonien, das einen Teil des ehemaligen Jugoslawien bildet. Heute weiß man, daß Griechenland dieser Republik den Namen Makedonien streitig macht. Prophezeiungen in bezug auf die Makedonier sind im Zusammenhang mit dem Vierzeiler zu sehen, in dem der Satz »der Iran wird sich wenden und in Makedonien einfallen« (»la Perse tourne envahir Macédoine«) enthalten ist, denn der Haematier ist womöglich eine Bezeichnung für den iranischen Staatschef.

Die Feinde werden vom Fort ferngehalten, und die Befestigungsanlagen werden durch Panzertruppen geschützt. Während dieser Zeit wird die Stadt Bourges angegriffen, wenn der König den makedonischen (oder iranischen) Anführer schlägt.

X, 58
Au temps du dueil que le selin monarque,
Guerroyera le jeune Aematien,
Gaule bransler pericliter la barque,
Tenter Phossens au Ponant entretien.

Zum Zeitpunkt des Todes des islamischen Anführers wird der junge Makedonier (oder Iraner) Krieg führen. Frankreich wird erschüttert werden und die Kirche in Gefahr geraten; er wird die Bewohner von Marseille angreifen, das Abendland aber wird standhalten.

IV, 77
SELIN Monarque l'Italie pacifique
Regnes unis, roy chrestien du monde,
Mourant voudra coucher en terre blesique,
Après pyrates avoir chassé de l'onde.

Das Wort »blésique« ist eine Abwandlung von »Blésois«, der Bezeichnung für die Einwohner von Blois.
Nach dem Tod des islamischen Führers wird in Italien Frieden einkehren, und die Länder werden in Einigkeit leben; der christliche König aller Welt wird in Blois begraben werden wollen, nachdem er die Piraten (oder Barbaresken) vom Meer vertrieben hat.

I, 94
Au port Selin le tyran mis à mort,
La liberté non pourtant recouvrée:
Le nouveau Mars par vindicte et remort,
Dame par force de frayeur honorée.

Der altfranzösische Begriff »remort« bedeutet soviel wie Krieg oder Auseinandersetzung, und »honorée« heißt angesehen bzw. berühmt.
Im islamischen Hafen (Istanbul?) wird der Tyrann eines gewaltsamen Todes sterben. Dennoch wird die Freiheit wegen eines neuen aus Rachsucht und Kampfeslust begonnenen Krieges nicht wiederhergestellt sein. Eine Frau (in der Regierung) wird durch die von ihr ausgehende Macht und Schreckensherrschaft zu Berühmtheit gelangen.

VI, 78
Crier victoire du grand Selin croissant,
Par les Romains sera l'Aigle clamé,
Ticcin, Milan, & Gennes n'y consent,
Puis par eux mesme Basil grand réclamé.

Bei dem Adler (»aigle«), von dem hier die Rede ist, handelt es sich um das amerikanische Wappentier. »Basil« leitet sich vom griechischen *basileus,* zu deutsch König, ab.
Nach der Empörung über den Sieg des großen islamischen Halbmonds werden die Römer den Amerikanern zujubeln. Das Tessin, Mailand und Genua werden es ihnen nicht übelnehmen und schließlich selbst nach dem großen König verlangen.

II, 1
Vers Aquitaine par insuls Britanniques,
De par eux mesmes grandes incursions:
Pluyes, gelees feront terroirs iniques,
Port Selyn fortes fera invasion.

Von Aquitanien bis zu den Britischen Inseln wird es große Truppeneinschiffungen geben; diese Regionen werden wegen des Regens und der Kälte (für die Angreifer) wenig günstig sein. Von einem islamischen Hafen (Istanbul?) aus wird eine mächtige Invasion stattfinden.

V, 35
Par cité franche de la gran mer Seline,
Qui porte encore à l'estomach la pierre:
Anglaise classe viendra sous la bruine,
Prendre un rameau, de grand ouverte guerre.

Mit dem Ausdruck »cité franche« bezeichnet Nostradamus Mekka, das Jahr für Jahr Tausende von Pilgern anzieht. Mekka ist sechsundvierzig Kilometer vom Roten Meer entfernt, das zwischen Arabien und Ägypten liegt. Das Wort »estomach« leitet sich vom griechischen *stomion,* zu deutsch: Öffnung oder Aussparung, ab. Im Zentrum des Hofes der Moschee von Beith Allah (dem Haus Gottes) befindet sich in einer Öffnung der Kaaba der Schwarze Stein (»pierre«), dem die ganze Verehrung der Gläubigen gilt. Das altfranzösische Wort »bruine« steht hier für Kampf bzw. Schwierigkeit, und »ouvert« bedeutet: offensichtlich, manifest.

In Mekka unweit des Roten Meeres, wo der Stein noch immer in seiner Aussparung ruht, wird die im Kampfeinsatz befindliche englische Flotte in dem Augenblick, da die Bedeutung des Krieges offensichtlich wird, ein Friedensangebot unterbreiten.

VI, 27
Dedans les isles de cinq fleuves à un,
Par le croissant du grand Chyren Selin:
Par les bruynes fureur de l'un,
Six eschappez, cachez fardeaux de lyn.

Das altfranzösische Wort »lyn« bezeichnet eine leichte Fregatte (Kriegsschiff).

Auf den Britischen Inseln wird der Große Heinrich wegen des islamischen Halbmonds über einen Fluß (die Themse), der zu fünf weiteren hinführt, kommen, denn sein Zorn wurde durch die Kämpfe und die Flucht von sechs Menschen entfacht, die sich in einem Boot versteckt hielten.

II, 79
La barbe crespe & noire par engin,
Subjuguera la gent cruelle & fiere:
Le grand CHIREN ostera du longin,
Tous les captifs par Seline baniere.

Der altfranzösische Terminus »engin« steht hier für List bzw. Betrug oder Täuschung. Bei »longin« handelt es sich um eine durch Epenthese veränderte Form des lateinischen *longinquus,* zu deutsch: entfernt, entlegen.

Der Große Heinrich wird den Mann mit krausem, schwarzem Bart (Ajatollah?) aus dem grausamen und stolzen Volk unterwerfen und aus den entfernten (Gefängnissen) alle unter dem Banner des Islam Eingekerkerten befreien.

VI, 58
Entre les deux monarques eslongnez,
Lors que le Sol par Selin clair perdue:
Simulté grande entre deux indignez,
Qu'aux Isles et Sienne la liberté rendue.

Im Altfranzösischen bedeutet »simulté« soviel wie Haß oder Feindschaft und »indigner« hassen bzw. verachten. »Sol« bezieht sich möglicherweise auf Papst Johannes Paul II. und den ihm zugedachten Sinnspruch in der Weissagung der Päpste des heiligen Malachias: *de labore solis.*

Zwischen den beiden voneinander entfernt residierenden Staatschefs (König von Frankreich und von Spanien?) wird großer Haß aufkommen, denn sie sind aufgebracht, wenn der islamische Führer die Sonne verfinstert; die Britischen Inseln und Siena (Italien) werden unterdessen ihre Freiheit wiedererlangt haben.

VIII, 54
Soubs la couleur du traicté marriage,
Fait magnanime par grand Chyren selin:

Quintin, Arras recouvrez au voyage,
D'Espagnols fait second banc macelin.

Das Wort »soubs« leitet sich vom lateinischen *sub* ab in der Bedeutung: unmittelbar nach, infolge von. Im Altfranzösischen steht »couleur« für Gunst oder Freundschaft. Quintin ist eine kleine Stadt an den Côtes-d'Armor und könnte als Bezeichnung für die Bretagne stehen; es könnte aber auch Saint-Quentin gemeint sein. Aus dem Zusammenhang heraus läßt sich sagen, daß es sich hier um eine Reise (»voyage«) über das Meer handelt, eine jener Reisen also, die die Christen einst unternahmen, um gegen die Muselmanen in den Krieg zu ziehen. Als Bank (»banc«) bezeichnete man früher den Hof oder Rat eines Souveräns, und *secundus* ist lateinisch für günstig, vorteilhaft. Das altfranzösische »macel« oder »maisel« heißt soviel wie Gemetzel, Massaker; aus Gründen des Reimes mit »selin« wurde der Begriff um die Silbe »in« erweitert.

Zugunsten eines Bündnisses wird sich der Große Heinrich dem Islam gegenüber großmütig erweisen. Das Artois und die Picardie (oder die Bretagne) werden dank seines Feldzuges gegen den Islam befreit werden, und nach dem Massaker wird sich ein Regierungsvertreter den Spaniern gegenüber günstig zeigen.

IX, 53
Les trois pellices de loing s'entrebattront,
La plus grand moindre demeurera à l'escoute:
Le grand Selin n'en sera plus patron,
Le nommera feu pelte blanche route.

Bei »pellices« handelt es sich um Ehrenroben, wie sie der Sultan seinen Beamten und bedeutenden ausländischen Gästen zum Geschenk machte. Hier steht das Wort aller Wahrscheinlichkeit nach für drei islamische Staatsmänner. Das altfranzösische »route« heißt Truppe, Kompanie, Flotte. Das Wort »pelte« leitet sich vom lateinischen *pellitus* ab, zu deutsch: mit Pelz bekleidet; im weiteren Sinne heißt »pelte blanche« mit weißer Haut, also die Weißen.

Die drei islamischen Staatsmänner werden sich gegenseitig bekriegen; der wichtigste unter ihnen wird Zurückhaltung üben. Der große islamische Führer wird nicht mehr ihr Anführer sein und ihn (den, der Zurückhaltung übte) beauftragen, die abendländische Flotte in Brand zu stecken.

VI, 70
Un chef du monde le grand CHYREN sera,
Plus outre après aymé, craint, redouté:
Son bruit & los les cieux surpassera,
Et du seul titre Victeur fort contenté.

Die altfranzösischen Wörter »bruit« und »los« bedeuten beide Ruf, Leumund. Die Begriffsverdoppelung dient zur Unterstreichung. »Victeur« heißt soviel wie Sieger.

Der Große Heinrich wird Führer der Welt sein. Man wird ihn dann noch mehr lieben, respektieren und fürchten; sein Ruhm wird bis in die Himmel reichen, und allein mit dem Titel Sieger wird er sich voll und ganz zufriedengeben.

IV 34
Le grand mené captif d'estrange terre,
D'or enchainé au Roy CHIREN offert:
Qui dans Ausone, Molan perdra la guerre,
Et tout son ost mis a feu & à fer.

Der Terminus »ost« ist altfranzösisch für Heer oder Streitkräfte.

Der Führer eines ausländischen (islamischen?) Staates wird gefangengenommen und, in goldene Ketten gelegt, König Heinrich übergeben; denn er wird den Krieg in Italien, in Mailand, verlieren und sein ganzes Heer wird ausgelöscht sein.

Hauptstadt Avignon – Der König von Blois

IX, 41
Le grand CHYREN soy saisir d'Avignon,
De Rome lettre en miel plein d'amertume:
Lettre ambassade partir de Chanignon,
Carpentras pris par duc noir rouge plume.

Das Wort »miel« ist die verkürzte Form des altfranzösischen »miels«, zu deutsch: mehr, mehrere. Chanignon steht für Canino, eine Stadt in der Provinz Rom, sechsundzwanzig Kilometer nordwestlich von Viterbo.

Der Große Heinrich wird Avignon einnehmen, nachdem er aus Rom mehrere Botschaften voll Bitterkeit empfangen hat. Eine diplomatische Nachricht wird von Canino aus aufgegeben, weil ein General mit rot-schwarzem Banner Carpentras eingenommen hat.

Die Fahnen folgender islamischer Länder weisen die Farben Rot und Schwarz auf: Irak, Syrien, Libyen, Ägypten, Sudan und Jemen. Um welches dieser Länder es sich hier handelt, wird uns nur die Zukunft zeigen können.

VIII, 38
Le roi de Blois dans Avignon regner,
Une autre fois le peuple en monopole,
Dedans le Rosne par murs fera baigner,
Jusques à cinq le dernier près de Nole.

Das Wort »monopole« ist altfranzösisch für Konspiration oder Verschwörung. »Cinq«, also fünf, steht wahrscheinlich für die Fünfte Republik. »Nole« ist die französierte Form des Namens der unweit von Neapel gelegenen italienischen Kleinstadt Noli.

Der König von Blois (der Große Heinrich) wird in Avignon regieren, weil sich das Volk erneut verschwört. Er wird sehen, wie die Rhône die Mauern der Stadt umspült, bis das Ende der Fünften Republik kommt und der letzte (Papst – vgl. die Weissagung des Malachias: *de gloria olivae* – oder auch eine andere Person) sich in der Nähe von Noli aufhält.

VIII, 52
Le roy de Blois dans Avignon regner,
D'Amboise & seme viendra le long de Lyndre:
Ongle à Poitiers sainctes aisles ruyner,
Devant Boni.

Der Terminus »seme« steht wahrscheinlich für Semnon, einen Zufluß der Vilaine südlich von Rennes. Das altfranzösische Wort »ongle« (Klaue) bezeichnet ein klauentragendes Tier, den Bären, Symbol für Rußland, und auch »sainctes« (heilig) könnte sich möglicherweise auf dieses Land beziehen, das man auch das »heilige Rußland« nennt. Bei den Römern stand die Kavallerie auf den Flügeln (»aisles«). Boni könnte sich vom griechischen *Bononia,* dem alten Namen für Boulogne, ableiten. Was der Vierzeiler uns genau sagen will, wird erst im gegebenen Augenblick eindeutig ersichtlich werden. Die Deutung stützt sich in diesem Fall weitgehend auf Hypothesen.

Der König von Blois (der Große Heinrich) wird in Avignon regieren. Er wird von der Stadt Amboise und Rennes aus dem Lauf der Indre[1] folgen. Die Russen werden in Poitiers sein, und er wird ihre Panzertruppen vor Boulogne zerstören.

X, 44
Par lors qu'un Roy sera contre les siens,
Natif de Bloye subjuguera Ligures:
Mammel, cordube & les Dalmatiens,
Des sept puis l'ombre à Roy estrennes & lemures.

Das altfranzösische »contre« bedeutet: für, zu Ehren von; »natif« heißt: natürlich; »estrennes«: Kampf, Stoß. »Mammel« oder Memel ist der alte Name des weißrussischen Flusses Njemen. In der Mythologie sind Lemuren (»lemures«) Geister oder Seelen bzw. Schatten der Verstorbenen.

Wenn ein König um der Seinigen willen kämpft, wird der rechtmäßige Erbe derer von Blois die Liguren (Italien), Rußland, Spanien und (das von den Serben besetzte?) Dalmatien unterwerfen; mit der Hilfe der sieben Länder (G7) wird der König die Kämpfe aufhören lassen (in den »Schatten« stellen), und das Sterben wird ein Ende finden.

Hier nun die Vierzeiler, in denen das Ende dieses Feldzuges beschrieben ist:

I, 20
Tours, d'Orléans, Blois, Angers, Reims & Nantes,
Citez vexées par subit changement,
Par langues estranges seront tendues tentes,
Fleuves, dars, Renes, terre & mer tremblement.

Der Begriff »dars« bzw. »dard« in der Bedeutung von Wurfspieß weckt Assoziationen an Raketen. »Renes« ist das altfranzösische Wort für Land.

Tours, Orléans, Blois, Angers, Reims und Nantes – diese Städte werden von einer plötzlichen Veränderung betroffen sein; Menschen, die eine fremde Sprache sprechen, werden sie besetzen. Wegen der Raketen werden die Flüsse und Länder, die Erde und das Meer erzittern.

---

1 Indre: Nebenfluß der Loire in Westfrankreich.

IV, 46
Bien défendu le faict par excellence,
Garde toy Tours de ta proche ruine,
Londres & Nantes, par Reims fera défense,
Ne passe outre au temps de la bruine.

Wie in dem bereits an anderer Stelle erläuterten Vierzeiler 35, Centurium V, bedeutet das Wort »bruine« auch hier: Kampf oder Schwierigkeit.

Nachdem du die (militärische?) Attacke auf hervorragende Weise abgewiesen hast, nimm dich in acht, Tours! Es steht dir die Zerstörung bevor! Die englischen Streitkräfte werden von Reims kommend Nantes verteidigen; du wirst dich diesen Kämpfen nicht entziehen können.

V, 74
De sang Troyen naistra coeur germanique,
Qui deviendra en si haute puissance:
Hors chassera gent estrange arabique.
Tournant l'Église en pristine prééminence.

Ein germanophiler König von königlicher französischer Abstammung wird geboren werden und zu großer Macht gelangen. Er wird die islamischen Fremden aus Frankreich vertreiben und der Kirche wieder zu ihrer ursprünglichen Vormachtstellung verhelfen (Rückkehr zum Urchristentum, für das die ökumenische Bewegung zweifellos ein Vorbote ist).

Die Rolle der Schweiz in dem angekündigten Konflikt

Aus verschiedenen Vierzeilern geht hervor, daß sich die Schweiz diesmal dem Konflikt nicht entziehen kann. Sie nimmt eine strategische Position im Herzen Europas ein. Andererseits gibt es auf der ganzen Welt kein Gebirge, durch das so viele Tunnel führen: Die ausgehöhlten Berge (»les montagnes cavées«), so schrieb Nostradamus im sechzehnten Jahrhundert, zu einer Zeit, da es in den Alpen noch keinen einzigen Tunnel gab!

X, 49
Jardin du monde auprès de cité neuve,
Dans le chemin de montagnes cavées:

Sera saisi & plongé dans la cuve,
Buvant par force eaux soulphre envenimées.

Garten (»jardin«) ist hier im übertragenen Sinne von reichem Land gemeint. Bei der neuen Stadt (»cité neuve«) handelt es sich um Genf, deren Name »neue Erde« bedeutet. »Cavées« leitet sich vom lateinischen *cavare,* zu deutsch: aushöhlen, ab.

Das reiche Land der Erde (die Schweiz) wird in der Nähe von Genf, (das eingelassen ist) im Wegenetz der ausgehöhlten Berge, besetzt und in den Konflikt hineingezogen werden. Man wird gezwungen sein, chemisch verseuchtes Wasser zu trinken.

II, 64
Seicher de faim, de soif, gent Genevoise,
Espoir prochain viendra au défaillir,
Sur point tremblant sera loy Gebenoise,
Classe au grand port ne se peut accueillir.

»Gebenoise« leitet sich vom lateinischen Gebbanitae,[1] dem Namen eines arabischen Volksstammes, ab; und »point« ist altfranzösisch in der Bedeutung: Moment, Augenblick, Gelegenheit.

Die Genfer werden vor Hunger und Durst vergehen. Nach dem Niedergang wird bald eine Hoffnung kommen. Einen Augenblick lang wird man unter dem islamischen Gesetz erzittern. Der große Hafen kann die Flotte nicht aufnehmen.

Nur die Zukunft kann zeigen, welcher große Hafen hier gemeint ist (Marseille, Genua, Barcelona, Le Havre ...?).

IX, 44
Migrés, migrés de Genesve trestous
saturne d'or en fer se changera:
Le contre RAYPOZ exterminera tous,
Avant l'advent le ciel signes fera.

Saturn ist der Gott der Zeit. RAYPOZ ist ein Anagramm von Zopyra. Während Darius das von Nebukadnezar III. verteidigte Babylon belagerte, ließ sich Zopyra eine List einfallen, um den Sieg seines Herrn über die Stadt sicherzustellen. Er verstümmelte sich, gelangte in die Stadt, gab sich dort als Überläufer aus, und nachdem er erst einmal das Vertrauen der Belagerten ge-

---

[1] Gebanitae: Bewohner der Arabia felix, des heutigen Jemen.

wonnen hatte, öffnete er den Persern die beiden Tore, mit deren Bewachung man ihn betraut hatte (519 v. Chr.). Nostradamus meint hier den Iran, und mit der oben beschriebenen List spielt er wahrscheinlich auf den Krieg zwischen Irak und Iran an.
Adventus ist lateinisch für: Ankunft, Erscheinen.

Wandert aus, wandert aus, Bewohner von Genf! Euer goldenes Zeitalter wird sich in ein Zeitalter des Eisens (des Krieges) verwandeln. Derjenige, der gegen den Irak war, wird euch vernichten. Bevor dies geschieht, wird der Himmel euch Zeichen setzen (einen Kometen oder ähnliches).

IV, 9
Le chef du camp au milieu de la presse,
D'un coup de fleche sera blessé aux cuisses,
Lorsque Geneve en larmes & détresse,
Sera trahie par Lozan et par Souysses.

Der Terminus »presse« ist die altfranzösische Bezeichnung für: üble Sache, und »cuisses« steht für »cuissels«, jenen Teil einer Rüstung, der die Beine schützt; der Pfeil (»fleche«) versinnbildlicht zweifellos die Geschosse mit ihren spitz zulaufenden Köpfen.

Dem Führer der Streitkräfte wird eine üble Sache widerfahren; seine Rüstung wird von Raketen getroffen werden, während Genf in Tränen und Not sein und von (den Besetzern von) Lausanne und der Schweiz verraten wird.

X, 92
Devant le père l'enfant sera tué,
Le père après entre cordes de jonc:
Genevois peuple sera esvertué,
Gisant le chef au milieu comme un tronc.

Das altfranzösische Wort »esvertué« von »esvertuer« bedeutet: verstärken, jemandem Kraft verleihen.

Das Kind wird vor den Augen des eigenen Vaters getötet werden, den man danach in Ketten legt. Dann wird Genf wieder erstarken, wenn der (militärische) Führer reglos wie ein Baumstamm in der Mitte (der Stadt) liegt.

VIII, 6
Clarté fulgure à Lyon apparente,
Luysant, print Malte, subit sera estainte,

Sardon, Mauris traitera décevante,
Geneve à Londes à Coq trahison fainte.

Im Altfranzösischen bedeutet »fulgure« Blitz und »luire« Funken sprühen. »Sardon« kommt von »Sardonnais«, einem Volksstamm im Languedoc (Narbonne).
Das blitzende Licht (Bombenhagel?), das in Lyon erscheinen und den Himmel erleuchten wird, wird nach der Einnahme von Malta plötzlich verlöschen. Die Moslems werden die Bewohner des Languedoc arglistig hintergehen. Von Genf bis London wird man Frankreich verraten.

VIII, 10
Puanteur grande sortira de Lausanne,
Qu'on ne sçaura l'origine du fait,
L'on mettre hors toute la gent loingtaine,
Feu vu au ciel, peuple estranger deffait.

Aus Lausanne wird ein großer Gestank dringen, dessen Ursache man nicht kennt. Man wird die Fremden ausweisen. Man wird Feuer am Himmel sehen (Raketen?), und das fremde Volk (der Feind) wird eine Niederlage erleiden.

V, 85
Par les Suèves et lieux circonvoisins,
Seront en guerre pour cause de nuées:
Camp marins locustes & cousins,
Du Léman fautes seront bien desnuées.

Als Sueven oder Sueben (vergl. Schwaben) bezeichneten die Römer seit Julius Cäsar die Völker Germaniens. Im Altfranzösischen bedeutet »nuées« so viel wie geplündert, und »desnués« heißt öde, verlassen. »Camp« leitet sich vom lateinischen *campa,* Seepferdchen, ab; hier steht es wohl für Amphibienfahrzeuge. Auch »locustes« ist lateinischen Ursprungs; der Begriff kommt von *locusta,* zu deutsch: Heuschrecke – bei Nostradamus ein Symbol für Luftwaffe und Marine, denn es sind Insekten, die sich sowohl am Boden als auch durch die Luft bewegen; bei Stechmücken (»cousins«) hingegen handelt es sich um eine nur in Wassernähe vorkommende Insektenart, die hier somit für Schiffe oder Landungsboote steht.

Deutschland und die angrenzenden Staaten werden sich im Kriegszustand befinden, nachdem sie von gepanzerten Amphibienfahrzeugen, Flugzeugen und Booten ausgeplündert wurden. Den Fehlern vom Genfer See (nutzlose Genfer Friedenskonferenzen) wird man den Rücken kehren.

VI, 81
Pleurs, cris & plaincts, hurlemens, effrayeur,
Coeur inhumain, cruel, noir & transy:
Leman les Isles, de Gennes les maieurs,
Sang espancher, frofaim, à nul mercy.

Das altfranzösische »transy« bedeutet tot; »maieur« ist die alte Bezeichnung für Bürgermeister und »frofaim« setzt sich aus den beiden Wörten »froid« (Kälte) und »faim« (Hunger) zusammen.

Weinen, Schreien, Klagen und Schreckensrufe wird eine unmenschliche, grausame, finstere und kalte Persönlichkeit vom Genfer See bis zu den Britischen Inseln und bei den Gewählten von Genua verbreiten. Er wird Blut fließen lassen, und inmitten des Winters und der Hungersnot wird niemand vor ihm Gnade finden.

Weissagung 4, Februar
Près du Léman la frayeur sera grande,
Par le conseil, cela ne peut faillir:
Le nouveau roy fait apprester sa bande,
Le jeune meurt faim, poeur fera faillir.

Das Wort »conseil« ist altfranzösisch für Entscheidung, Beschluß; »faillir« heißt enden, aufhören.

In der Nähe des Genfer Sees wird großer Schrecken herrschen; selbst ein Beschluß kann dem kein Ende bereiten. Der neue Anführer wird seine Streitkräfte mobilisieren; man wird vor lauter Entbehrung Hungers sterben; die Angst wird dem ein Ende bereiten.

II, 73
Au lac Fucin de Benac le rivage,
Prins du Léman au port de l'Orguion,
Nay de trois bras predict bellique image,
Par trois couronnes au grand endymion.

Das Fuciner Becken befindet sich östlich von Rom. *Lacus Benacus* ist die alte Bezeichnung für den Gardasee in Oberitalien. *Orguion* ist der griechische Name der der Toskana vorgelagerten Insel Orgon (heute Gorgona). »Bras« ist ein altes französisches Längenmaß, das in etwa der Elle entspricht. Die bezaubernde Schönheit des Endymion, Sohn des Jupiter, der in seiner Grotte am Berg Latmos in Karien (altes Königreich in Kleinasien, die heutige Türkei) schlief, entflammte das kalte Herz der Mondgöttin Selene. Sie stieg vom Himmel herab, um ihn zu küssen und neben ihm zu ruhen. Hier verwendet Nostradamus den Namen wegen seiner Assoziationen zum Mond (Halbmond) und der Türkei wahrscheinlich als Bezeichnung für einen großen islamischen Führer.

Vom Fuciner Becken bis zum Gardasee und vom Genfer See bis zur Insel Gorgona wird alles besetzt sein. Der »aus drei Armen hervorgegangene« (was es mit den drei Armen auf sich hat, wird die Zukunft erweisen) große islamische Führer, dem ein kriegerisches Leben geweissagt wurde, wird mit drei Ländern ein Bündnis eingehen.

III, 12
Par la tumeur de Heb, Po, Tag, Timbre, & Rome,
Et par l'estang Léman & Arétin:
Les deux grands chefs & citez de Garonne,
Prins, morts, noyez. Partir butin humain.

Der altfranzösische Terminus »tumeur« steht für Unruhe, Agitation. »Arétin« heißen die Bewohner von Arezzo, einer italienischen Stadt unweit des Trasimenischen Sees[1].

Wegen der Unruhen in Hebron (Israel), am Po, Tajo und Tiber, bei Rom und zwischen Genfer See und Arezzo werden die beiden großen Oberhäupter der Städte an der Garonne (Bordeaux und Toulouse) gefangengenommen, ins Wasser geworfen und getötet werden. Menschen werden als Beute abtransportiert werden.

VI, 38
Un règne grand demourra désolé,
Auprès de l'Hebro se seront assemblées.

---

1 Trasimenischer See: größter Binnensee Italiens nordwestlich von Perugia (128 km^2)

Monts Pyrénées le rendront consolé,
Lorsque dans May seront terres tremblées.

Ein großes Land wird öde und leer sein, nachdem unweit von Hebron (Israel) eine Zusammenziehung stattgefunden hat; aus den Pyrenäen (Spanien?) wird Trost kommen, wenn es im Mai Erdbeben geben wird.

IV, 74
Du lac Léman & ceux de Brannonices,
Tous assemblez contre ceux d'Aquitaine,
Germains, beaucoup, encor plus Souisses,
Seront defaicts avec ceux d'humaine.

Brannonices war eine Stadt der Aulerken, eines alten Volksstammes in der Gegend um Lyon. Der Begriff »ceux d'humaine« – wörtlich »jene des Humanen« – bezeichnet wahrscheinlich Italien, die Geburtsstätte des Humanismus.

Die vom Genfer See und aus der Gegend um Lyon werden sich gegen jene aus Aquitanien zusammenschließen. Vor allem die Deutschen und mehr noch die Schweizer werden mit den Italienern geschlagen werden.

Dieser Vierzeiler ist schwirig zu deuten, und wie bei vielen anderen auch, werden wir erst beim Einteffen der angekündigten Ereignisse endgültige Klarheit haben. Es ist nicht auszuschließen, daß sich Schweizer, Franzosen und Deutsche gegen die Besetzer von Aquitanien verbünden werden.

KAPITEL IV

Der Antichrist kommt aus Asien

Nostradamus hat nicht nur die beiden bisherigen Weltkriege angekündigt, sondern darüber hinaus vor einem dritten großen Konflikt gewarnt, der noch vor dem Ende des zwanzigsten Jahrhunderts ausbrechen soll, denn in nachstehendem Vierzeiler ist die Jahreszahl 1999 genannt:

> X, 72
> L'an mil neuf cens nonante neuf sept mois,
> Du ciel viendra un grand roi d'effraieur:
> Resusciter le grand Roy d'Angolmois,
> Avant après Mars régner par bon heur.

Im Juli 1999 wird ein großer Schreckensherrscher aus Asien kommen und den großen König von Angoumois[1] oder der Mongolen wiedererwecken. Vor und nach 1999 wird der Krieg (Mars, Gott des Krieges) herrschen, zum Glück.

Mit der Wendung »du ciel viendra«, zu deutsch: »vom Himmel kommen«, wird sicher nicht gesagt, daß es sich hier um eine Invasion Außerirdischer handelt, wie in vielen Deutungsbüchern zu lesen ist. Nostradamus mag hier zwei Dinge gemeint haben: entweder eine Invasion auf dem Luftweg (Flugzeuge oder Raketen) oder aus China, dem Reich des Himmels bzw. himmlischen Königreich. Der große König von Angoumois (»Angolmois«) könnte wohl für zwei Persönlichkeiten stehen: zum einen für den aus Asien kommenden Antichristen (das Wort »Mongols« ist als Anagramm in Angolmois enthalten) und zum anderen für dessen Gegenspieler, den künftigen König von Frankreich, der im weiteren Textverlauf der Königliche (»le Royal«) genannt wird; in letzterem Falle würde man das Bild des großen Königs von Angoumois heraufbeschwören, von Franz I.[2] also, der in Cognac als Sohn des Grafen von Angoulême, Charles d'Orléans, geboren wurde und vor seiner Inthronisation selbst Graf von Angoulême war. Was nun die Aussage anbelangt, Krieg würde zum Glück herrschen, so ist dies nur zu verstehen, wenn man bedenkt, daß die Welt am Ende dieses letzten großen Konfliktes endgültigen Frieden finden wird, was in der Offenbarung des Johannes mit der »Fesselung des Satans auf tausend Jahre« ausgedrückt ist.

---

1 Angoumois: frühere Grafschaft in Westfrankreich, heute das Département Charente mit der Hauptstadt Angoulême.
2 Franz I.: König (1515-1547) aus der Seitenlinie Orléans-Angoulême des Hauses Valois.

Der nun folgende Vierzeiler bezieht sich möglicherweise auf Franz I., in dem Frankreich sogleich einen seiner größten Könige wiedererkennen könnte:

III, 94
De cinq cens ans plus compte l'on tiendra,
Celuy qu'estoit l'ornement de son temps,
Puis à un coup grande clarté donra.
Que par le ciel les rendra très contens.

Im Altfranzösischen bedeutet »contens« soviel wie Verteidiger.

Fünfhundert Jahre lang wird man jenem keine Beachtung schenken, der eine Bereicherung und Zierde seiner Zeit war. Dann wird man ihn auf einmal wieder ins Licht rücken, und er wird viele Verteidiger »auf den Wellen« (in den Medien) haben.

Franz I. wurde 1494, also vor fünfhundert Jahren, geboren. Als Förderer der Literatur und der schönen Künste sowie der Naturwissenschaften verdiente er sich den Titel des Vaters der Bildung; er gründete das Collège de France und die königliche Druckerei, begann mit dem Bau des Louvre und ließ die Schlösser von Fontainebleau und Chambord errichten oder verschönern; er unterstützte die Expeditionen von Verazzani und Jacques Cartier zur Erkundung Amerikas und so weiter. Der großartige Louvre stellt an sich bereits eine gewisse Hommage an seinen Gründer dar!

In seinem Brief an Heinrich, König von Frankreich, geht Nostradamus auf die geographische Herkunft des Antichristen ein: »Schließlich wird das große Imperium des Antichristen in Atila und Zerfes beginnen und in so großer und unmeßbarer Zahl herabsteigen, daß die Ankunft des Heiligen Geistes vom 48. Grad zu einer Fluchtbewegung vor den Greueln des Antichristen führen wird, der in den Krieg zieht gegen den Königlichen (›le Royal‹), der zu gegebener Zeit und im gewählten Augenblicke (1999?) als Stellvertreter Jesu Christi auftreten wird; er wird einer Sonnenfinsternis vorausgehen, die so dunkel und düster ist wie keine zuvor seit der Erschaffung der Erde bis zum Tod und Leidensweg Jesu Christi. Und im Monat Oktober wird es zu einer großen ›Verlagerung‹ kommen, und sie wird so sein, als habe die Erde ihre natürliche Bewegung eingebüßt und sei in ewige Finsternis gefallen; und dies alles wird sich vor Beginn des Frühlings ereignen.«

In den alten Schriften wird Atila ausnahmslos nur mit einem t geschrieben. Es handelt sich hier nicht um einen orthographischen Fehler, sondern um eines jener Wortspiele, denen wir bei Nostradamus so häufig begegnen. Die Tatsache, daß er Atila nur mit einem t schreibt, erlaubt es ihm auch hier, zwei Bedeutungen damit zu verbinden: Attila, der Hunnenkönig, und über ein Anagramm die geographische Herkunft jenes Antichristen, nämlich das Altaigebirge in der Mongolei. Der Name »Zerfes« weist eine gewisse Ähnlichkeit zu einer kleinen Stadt im Kleinen Altai auf, nämlich Sevrej. Schließlich liegt die Hauptstadt der Mongolei, Ulan Bator, auf dem achtundvierzigsten Breitengrad (genau wie Paris!). Damit wäre die Achse der Invasion bekannt. Erinnern wir uns an dieser Stelle, daß es in Paris auf dem 48. Breitengrad am 12. August 1999 eine absolute Sonnenfinsternis geben wird. Was nun die angekündigte »große Verlagerung« anbelangt, ob sich diese im Oktober 1999 oder eines anderen Jahres zwischen 1999 und 2025 ereignen wird, weiß man heute noch nicht.

In seinem Brief an Heinrich, König von Frankreich, macht Nostradamus weitere Angaben zur Ankunft dieses Antichristen: »Der große Papst (Peter der Römer aus der Weissagung des Malachias) wird seine Vorrechte zurückerlangen; doch am Ende (der Prophezeiungen) wird sein Reich öde und leer sein, und die Ereignisse werden auf eine Zerstörung des Heiligen aller Heiligen (Rom) durch das Heidentum hinsteuern. Das Alte und das Neue Testament werden verfemt und verbrannt werden, und danach wird der Antichrist zum Fürsten des Höllenreiches. Und ein letztes Mal werden alle christlichen Länder erzittern, auch wegen der Ungetreuen und Ungläubigen (der Muslime?), und das fünfundzwanzig Jahre lang (1999 – 2025?). Es wird noch verheerendere Kriege und Schlachten geben; Städte, Dörfer, Burgen und sonstige Gebäude werden niedergebrannt, verwüstet oder zerstört werden; es wird großes Blutvergießen unter Mädchen und verheirateten Frauen geben; Witwen werden vergewaltigt und Säuglinge gegen die Mauern der Städte geschleudert und zerschlagen werden. Und so viel Unheil wird Satan, der Fürst der Höllenmächte, über die Menschen bringen, daß er fast den ganzen Planeten in Chaos und Verwüstung stürzen wird. Nach dieser den Menschen sehr lange erscheinenden Zeit (fünfundzwanzig Jahre!) wird das Antlitz der Erde durch die Ankunft des Goldenen Zeitalters seine Erneuerung erfahren ...«

Es ist interessant anzumerken, daß zwischen dem ersten Antichristen, Attila, und dem zweiten, Dschingis-Khan, die beide aus der Mongolei kamen, acht Jahrhunderte liegen (von Pannonien bzw. Ungarn kommend verwüstet Attila im Jahre 451 n. Chr. Gallien; die Mongolen erreichen Ungarn 1241). Zwischen dem zweiten und dritten lägen dann ebenfalls noch einmal acht Jahrhunderte.

Nostradamus liefert uns sowohl geographische als auch zeitliche Einzelheiten zu dem angekündigten dritten Weltkrieg: Er wird zwischen dem Süden (den islamischen Ländern) und dem Westen ausbrechen und sich dann bis nach Japan (dem Reich der aufgehenden Sonne) hinein ausbreiten.

Der Karfunkel (»escarboucle«) ist ein leuchtendroter Edelstein. Er versinnbildlicht das kommunistische China und seine rote Fahne.

Sechszeiler 27
Celeste feu du costé d'Occident,
Et du Midy courir jusqu'au Levant,
Vers demy morts sans point trouver racine,
Trosiesme aage, à Mars le belliqueux,
Des Escarboucles on verra briller feu,
Aage Escarboucle, & à la fin famine.

Feuer vom Himmel wird auf den Westen niederkommen und vom Süden bis nach Japan reichen. Tiere und Pflanzen werden »halb tot« sein. Dies wird die dritte Ära kriegerischer Auseinandersetzung (im zwanzigsten Jahrhundert) sein. Man wird die (Kriegs-)Feuer der Roten leuchten sehen, denn das Reich der Roten wird gekommen sein, und am Ende wird es eine Hungersnot geben.

Wie für den König von Frankreich, so verwendet Nostradamus auch für den Antichristen verschiedene Bezeichnungen:
– der Antichrist
– der Große aus Asien
– der Orientale
– *mendosus* (lat.), der Verderbte oder Lügner.

Die Gelben werden sich mit den islamischen Ländern verbünden, so wie Attila und Dschingis-Khan bei ihren kriegerischen Eroberungszügen die Turkvölker einbezogen haben: Usbeken, Tadschiken, Afghanen, Kirgisen und so weiter.

VI, 10

Un peu de temps les temples des couleurs,
De blanc & noir les deux entremeslée:
Rouges & jaunes leurs embleront les leurs,
Sang, terre, peste, faim, feu d'eau affollée.

Im Altfranzösischen steht »couleur« für Gunst, Freundschaft; das Wort »embleront« von »embler« heißt stehlen, rauben, und »affoller« (zu »affollée«) bedeutet töten.

Eine Zeitlang wird an den Kultstätten Freundschaft zwischen Muslimen und Schwarzen herrschen, die sich untereinander vermischen. Dann werden die Roten (die Kommunisten) und die Gelben (die Chinesen) sie ausplündern; die Menschen werden durch Blutvergießen, Seuchen, Hungersnöte, durch Feuer und Wasser von der Erde gerafft.

VI, 80

De Fez le regne parviendra à ceux d'Europe,
Feu leur cité, & lame trenchera:
Le grand d'Asie terre & mer à grand troupe,
Que bleux, pers, croix à mort dechassera.

Mit den Adjektiven »bleu« (blau) und »pers« (blaugrün) assoziiert man im weiteren Sinne die im Altfranzösischen gegebenen Bedeutungen von fahl bzw. bleich und meint damit die »Gelben«.

Von Fez (Marokko) wird die Macht zu den Europäern gelangen, um ihre Stadt (Brüssel oder Straßburg, die europäischen Hauptstädte?) in Brand zu stecken, und die Klinge wird (Köpfe) abschneiden. Der Große aus Asien (China?) wird eine gewaltige Armee zu Lande und zu Wasser mit sich führen, und die Gelben werden jene unter dem Kreuz (die Christen) verfolgen und zu Tode hetzen.

Dieser Text führt uns auf direktem Wege zu den Vierzeilern über den Antichrist.

II, 29

L'Oriental sortira de son siege,
Passer les monts Apennins voir la Gaule:
Transpercera le Ciel, les eaux & neige,
Et un chacun frappera de sa gaule.

Der Orientale wird sein Land verlassen, um die Apenninen (Italien) zu überqueren und nach Frankreich zu gelangen. Er wird China, das Wasser (Meere und Flüsse) und den Schnee (Nordpol?) durchqueren und alle mit seinen Waffen schlagen. Die Aussage dieses Vierzeilers wird durch den folgenden ergänzt:

V, 4
Du pont Euxine, & la grand Tartarie,
Un roy sera qui viendra voir la Gaule:
Transpercera Alane et l'Arménie,
Et dans Bisance lairra sanglante gaule.

Der Begriff »pont Euxine« leitet sich vom lateinischen *Pontus Euxinus*, dem alten Namen für das Schwarze Meer, ab. Das frühere Tatarenreich nahm einst einen Großteil Asiens ein und umfaßte in etwa die Gebiete der Mongolei, der Mandschurei, Turkistans, Afghanistans und Belutschistans. »Alane« kommt vom lateinischen *Alani,* dem Namen eines skytischen Volksstammes, der wohl im Altaigebirge beheimatet war und einst die ausgedehnte Tundralandschaft zwischen Wolga und Don bevölkerte. Es ist durchaus denkbar, daß Nostradamus diesen Begriff wegen der darin enthaltenen Anspielung auf das Altaigebirge, der Heimat des Antichrist, für Rußland gewählt hat.

Vom Schwarzen Meer und der Mongolei (oder China) wird ein Herrscher bis nach Frankreich kommen; er wird Rußland und Armenien durchqueren und in Istanbul ein Heer in seinem Blut zurücklassen.

IX, 45
Ne sera soul jamais de demander,
Grand MENDOSUS obtiendra son empire:
Loing de la cour fera contremander,
Piedmont, Picard, Paris, Thyren le pire.

Das lateinische *mendosus* bedeutet mit Fehlern behaftet, verdorben, verderbt, und »contremander« ist altfranzösisch in der Bedeutung von: sich weigern, vor Gericht zu erscheinen.

Seine Forderungen werden niemals ganz erfüllt werden, der »große Verderbte« wird sein Reich bekommen. Fern der Gerichtsbarkeit wird er sich weigern zu erscheinen (Urteile ohne Verhandlung). Dem Piémont, der Picardie, Paris und dem Tyrrhenischen Meer wird es am schlimmsten ergehen.

IX, 50

MENDOSUS tost viendra à son haut regne,
Mettant arrière un peu le Norlaris:
Le rouge blesme le masle à l'interregne,
Le jeune crainte & frayeur Barbaris.

Das Wort »blesme« (bleich, blaß) steht hier als Bezeichnung für die Hautfarbe der Gelben.
»Der Verderbte« wird schnell zum Gipfel seiner Macht gelangen und den Lothringer (König von Frankreich) ein wenig in den Schatten stellen. Der rote Asiate wird während des Interregnums des edlen (Königs) herrschen; währenddessen werden die Moslems wieder Furcht und Schrecken verbreiten.

Weissagung 76, Oktober

Par le légat du terrestre & marin,
La grande Cape à tout s'accomoder:
Estre à l'escoute tacite LORVARIN,
Qu'à son advis ne pourra accorder.

LORVARIN ist ein Anagramm von LORRAIN V. – der fünfte Lothringer.
Der Papst wird sich mit den Vorschlägen des Abgesandten der Streitkräfte zu Lande und zu Wasser arrangieren. Er wird auf den Lothringer (den während der Fünften Republik entdeckten König) hören, doch er wird sich seiner Meinung nicht anschließen können.

VIII, 77

L'antechrist trois bientost annichilez,
Vingt & sept ans durera sa guerre:
Les heretiques morts: captifs exilez,
Sang corps humain eau rougie gresler terre.

Der dritte Antichrist wird bald vernichtet werden. Sein Krieg wird 27 Jahre gedauert haben. Seine Gegner werden getötet und die Gefangenen in die Verbannung geschickt worden sein. Menschliches Blut wird das Meer rot färben, und auf die Erde werden Bomben fallen.

Weissagung 40, Juni

De maison sept par mortelle suite,
Gresle, tempeste. pestilent mal, fureurs:

Roy d'Orient d'Occident tous en fuite,
Subjuguera ses jadis conquéreurs.

Die Sieben (»sept«), von denen hier die Rede ist, bezeichnen wahrscheinlich die Länder der G7, das heißt, die sieben führenden Industrienationen (Deutschland, Kanada, Vereinigte Staaten, Frankreich, Italien, Japan und Großbritannien).

Die sieben (Länder) aus dem gleichen Haus werden wegen einer tödlichen Jagd Hagel (Bombenangriffe?), Unwetter (Umstürze), Seuchen und Terror über sich ergehen lassen müssen. Alle Staatschefs aus dem Osten und dem Westen (G7?) werden auf der Flucht sein, weil (China) seine früheren Eroberer (Frankreich, Deutschland, England, Japan und Rußland) unterwerfen wird.

1997 bereits wird Hongkong von den Engländern an China zurückgegeben werden; ein erster Schritt ...

DIE ROLLE AMERIKAS

In seinem Brief an Heinrich, König von Frankreich, spricht Nostradamus von einer Truppenanlandung an der spanischen Küste: »Es werden Truppen an Land gehen, um Spanien von den islamischen Besatzern zu befreien. Und all diese Angriffe werden sicher Wirklichkeit werden; und der Ort, wo sich Abraham niederließ (Palästina), wird vom Westen angegriffen ...«

X, 66
Le chef de Londres par regne l'Americh,
L'isle d'Escosse t'empiera par gelée:
Roy Reb auront un si faux antechrist,
Que les mettra trestous dans la meslée.

Bei dem Wort »t'empiera« handelt es sich um eine Wortbildung aus dem altfranzösischen »tempier« in der Bedeutung Unwetter, Tumult, Lärm, Unordnung, Durcheinander. »Reb« wurde mittels Anagramm, Synkope und Apokope aus lateinisch *r(u)be(us)* gebildet und bedeutet rot.

Der englische Regierungschef wird mit Unterstützung der amerikanischen Regierung während des Winters in Schottland Unruhe stiften (Landung von Amerikanern in Schottland?). Die roten Führer (Chinesen) werden (an ihrer Spitze) einen derart falschen Antichristen haben, daß er sie allesamt in den Krieg hineinziehen wird.

Erinnern wir uns daran, daß der erste chinesische Satellit der Welt folgende Botschaft übermittelte: »Der Orient ist rot.«

V, 93
Soubs le terroir du rond globe lunaire,
Lorsque sera dominateur Mercure:
L'isle d'Escosse fera un luminaire,
Qui les Anglais mettra à desconfiture.

Der runde Globus (»rond globe«) steht hier für den Islam. Merkur hat in diesem Fall keine astronomische, sondern vielmehr eine symbolische Bedeutung. Er ist nicht nur der Gott der Händler, sondern auch der Diebe. Das altfranzösische »desconfiture« bedeutet Chaos. Ob es sich bei dem Licht (»luminaire«) womöglich um die Fackel handelt, die die Freiheitsstatue am Hafeneingang von New York in der Hand hält?

Wenn unter der islamischen Flagge geraubt und geplündert wird, werden die Vereinigten Staaten das Licht bringen, denn die Engländer befinden sich im Chaos.

Nostradamus bezeichnet die Vereinigten Staaten von Amerika mit deren Wappentier, dem Adler.

V, 62
Sur les rochers sang on verra pleuvoir,
Sol Orient, Saturne Occidental:
Près d'Orgon guerre, à Rome grand mal voir,
Nefs parfondrées & prins le Tridental.

Wie bereits an anderer Stelle erläutert, ist Orgon die Insel Gorgona vor der toskanischen Küste. Der »Tridental« (von »trident«: Dreizack) spielt auf den Dreizack des Neptun an, der stets England symbolisiert.

Auf die Felsen wird man Blut herabregnen sehen, bevor das Goldene Zeitalter (Saturn) von der aufgehenden Sonne (Japan) bis in den Westen kommt. In der Nähe der Toskana wird Krieg herrschen; in Rom wird man ein großes Unglück erleben, eine Flotte wird versenkt und England eingenommen werden.

I, 90
Bourdeaux, Poitiers au son de la campagne,
A grande classe ira jusqu'à Angon.
Contre Gaulois sera leur tramontane,
Quand monstre hideux naistra près de Orgon.

Angon ist der altgriechische Name für die an der Adria gelegene italienische Stadt Ancona. Das Wort »tramontane« ist altfranzösisch und heißt soviel wie jenseits der Berge, also von Spanien oder Italien her gesehen: aus dem Norden.

In Bordeaux und Poitiers wird der Lärm des Heeres auf den Feldern zu hören sein, denn eine große Streitmacht wird bis nach Ancona vordringen und über die Berge gegen Frankreich ziehen, wenn unweit der Insel Gorgona ein Ausbund des Grauens seinen Anfang nehmen wird.

VIII, 9
Pendant que l'Aigle & le Coq à Savone,
Seront unis, Mer, Levant & Ongrie:
L'armée à Naples, Palerme, Marque d'Ancone,
Rome, Venise par Barbe horrible crie.

Während sich die amerikanischen und französischen Streitkräfte in Savona auf dem Meer, in Japan und in Ungarn zusammenziehen, werden sich in Neapel, Sizilien, Ancona, Rom und Venedig Truppen befinden; und grauenvolle Schreie werden wegen des islamischen Führers ertönen.

I, 31
Tant d'ans en Gaule les guerres dureront,
Outre la course du Castulon monarque:
Victoire incerte trois grands couronneront,
Aigle, Coq, Lune, Lyon, Soleil en marque.

Bei Castulon handelt es sich um eine kleine Stadt in Spanien, die heute den Namen Cazorla trägt und in der Provinz von Granada liegt. Der Monarch (»monarque«), von dem hier gesprochen wird, ist also der spanische König; diese Vermutung wird durch die in der letzten Zeile erwähnte Sonne (»soleil«) der Bourbonen bestätigt. Aus dem Zusammenhang dieses Vierzeilers heraus ist der Begriff »couronner« (krönen) hier im übertragenen Sinne zu verstehen, nämlich von: beenden, zum Abschluß bringen. Im provenzalischen Dialekt bedeutet das Wort »marque«: Repressalien, Vergeltungsmaßnahmen.

Die Kriege werden in Frankreich viele Jahre währen und noch über die Regierungszeit des Königs von Spanien (Juan Carlos I.) hinausgehen. Drei Staatschefs werden am Ende einen Sieg erreichen, der bis dahin fraglich war. Amerika, Frankreich, der Islam, England (der britische Löwe – »lyon«) und Spanien werden dem Beachtung schenken.

I, 93
Terre Italique près des monts tremblera,
Lyon et Coq non trop confederez,
En lieu de peur l'un l'autre s'aidera,
Seul Catulon et Celtes moderez.

Italien wird in der Nähe der Berge (Alpen und Apeninnen) erzittern. Der britische Löwe und Frankreich werden kein allzu enges Bündnis pflegen, doch aufgrund ihrer Angst werden sie sich gegenseitig helfen. Der König von Spanien und die Franzosen werden gemäßigt sein.

Am Ende dieses Kapitels ist im Abschnitt *Hypothesen zur Chronologie* ein weiterer Vierzeiler zu Catulon zu finden (VIII, 48).

Weissagung 83, April
En debats Princes et Chrestienté esmeu',
Gentils estranges, siège à CHRIST molesté:
Venu tres mal. prou bien mortelle veu'.
Mort Orient peste, faim, mal traité.

Als Heiden (»gentils«) werden die nicht-christlichen Völker bezeichnet. Der Sitz Christi (»siège à CHRIST«) ist wahrscheinlich entweder Rom oder Jerusalem, von wo aus sich das Christentum ausbreitete; es könnte hier aber auch der Vatikan gemeint sein. Das Wort »prou« bedeutet viel; es dient hier zur Verstärkung von »bien« (gut).

Die Staatschefs werden debattieren, und die Christenheit wird sich Sorgen machen. Heidnische Ausländer werden dem Sitz Christi (Rom) Schaden zufügen. Dies wird sehr schlimme Auswirkungen haben, und es wird zu einem tödlichen Spektakel kommen. Die aus dem Osten kommende Seuche wird den Tod säen; die Menschen werden Hunger leiden und schlecht behandelt werden.

Zerstörung von Paris

Als in *Nostradamus, Historiker und Prophet* die Auslöschung der französischen Hauptstadt angekündigt wurde, löste dies einen unglaublichen Sturm der Entrüstung aus. Natürlich fällt es nicht leicht, eine solche Katastrophe ins Auge zu fassen; dennoch läßt sich der Wortlaut der Prophezeiungen nicht ändern, der allzu klar ist, um auf andere Weise verstanden oder ausgelegt zu werden.

Abgesehen von jenem Vierzeiler, in dem davon die Rede ist, daß Avignon zur Hauptstadt wird, weil Paris wie ausgestorben (»désolé«) sei, werden an anderer Stelle der Schriften weitere Einzelheiten zu diesem dramatischen Ereignis gegeben. Wie bereits ausgeführt, steht der Ausdruck »la grand cité« (die große Stadt) immer für Paris.

III, 84
La grand cité sera bien désolée,
Des habitants un seul n'y demourra:
Mur, sexe, temple, & vierge violée,
Par fer, feu, peste, canon peuple mourra.

Die große Stadt (Paris) wird wie ausgestorben sein. Kein einziger Einwohner wird mehr dort bleiben, nachdem in ihren Mauern Menschen beiderlei Geschlechts Gewalt angetan wurde, die Kirchen entheiligt und die Mädchen geschändet wurden. Durch das Eisen, das Feuer, durch Seuchen und Bombenhagel wird die Bevölkerung zugrundegehen.

In dem nun folgenden Vierzeiler macht Nostradamus genauere Angaben zum Ort des Geschehens: am Zusammenfluß von Seine und Marne.

VI, 43
Long temps sera sans estre habitée,
Où Signe & Marne autour vient arrouser,
De la Tamise & martiaux tentée,
Deceus les gardes en cuidant repousser.

Temptare (zu »tentée«) ist der lateinische Terminus für angreifen. Bei dem Wort »deceus« haben wir es mit einer durch Synkope abgewandelten Form des altfranzösischen »deceveus« (täuschend) zu tun, und »repousser« heißt soviel wie vertreiben, verjagen.

Das Gebiet, wo Seine und Marne fließen, wird lange Zeit unbewohnt bleiben, nachdem England und seine Krieger angegriffen wurden, weil man in ihnen die verräterischen Garden zu vertreiben glaubte.

Es stellt sich die Frage, aus welchem Grund die Region von Paris unbewohnbar werden soll (atomare, chemische oder bakterielle Verseuchung?)

> V, 30
> Tout à l'entour de la grande cité,
> Seront soldats logez par champs & ville:
> Donner l'assaut Paris, Rome incité,
> Sur le pont lors sera faicte grande pille.

Im Lateinischen bedeutet *incitare* (zu »incité«): vorstoßen, sich stürzen auf.

Die Soldaten werden ihre Lager auf dem Land und in der Stadt aufschlagen, denn man wird Paris erstürmt und sich auf Rom gestürzt haben. Dann wird ein großer Raubzug auf dem Meere stattfinden.

Die Zerstörung Roms und das Ende des letzten Königs

Der heilige Malachias, Erzbischof von Irland (1095-1148), nennt in seiner berühmten *Weissagung der Päpste*[1] die Namen der einhundertelf Päpste, die von 1143 bis in unsere Tage den Heiligen Stuhl bekleiden sollten. Nach Johannes Paul II. (dem einhundertzehnten in der Reihe) fehlt noch ein Papst, dem Malachias den Sinnspruch »die Herrlichkeit des Olivenbaumes« (das Symbol Israels – Erzbischof Lustiger?) gegeben hat. Neben diesem einhundertelften Papst wird am Ende der Weissagung eine weitere, nicht numerierte Persönlichkeit angekündigt und folgendermaßen beschrieben: »In der letzten Verfolgung der heiligen römischen Kirche wird Peter der Römer den Sitz innehaben, und er wird seine Schafe inmitten zahlreicher Widerwärtigkeiten weiden lassen; danach wird die Stadt auf den sieben Hügeln zerstört werden, und der schreckliche Richter wird über das Volk urteilen.« Dieser Text ist völlig klar und kündigt die Zerstörung

---

1 Vgl. Jean-Charles de Fontbrune, *Prophétie des papes de saint Malachie*, Édition du Rocher, 1984.

der Stadt auf den sieben Hügeln, also Roms, an. Nachdem auf Johannes Paul II. nur ein weiterer Papst sowie Peter der Römer folgen werden, liegt das angekündigte Ereignis innerhalb der von Nostradamus beschriebenen Zeitspanne, das heißt, es ist bis spätestens 2025 zu erwarten.

I, 69
La grand montagne ronde de sept stades,
Après paix, guerre, faim, inondation,
Roulera loin abismant grans contrades,
Mesmes antiques, & grand fondation.

Im Altfranzösischen bedeutet »loin«: für lange Zeit und »abismer«: in den Abgrund werfen.

Die auf sieben Hügeln erbaute Stadt wird nach einer Zeit des Friedens von Krieg, Hunger und Überschwemmungen heimgesucht und einstürzen; sie wird große Gebiete und selbst die antiken Bauwerke und die mächtigen Fundamente (der Kirche: den Vatikan) mit sich in den Abgrund reißen.

II, 93
Bien près de Tymbre presse la Lybitine,
Un peu devant grande inondation:
Le chef du nef, prins mis à la sentine.
Chasteau, palais en conflagration.

Libitina (»Lybitine«) ist die Göttin der Toten. Das Wort »presse« ist altfranzösisch in der Bedeutung: schwere Aufgabe, harte Notwendigkeit; »sentine« bezeichnet Abfall oder Ausschuß, also etwas, das weggeworfen oder ausrangiert wird.

Nahe des Tiber stellt sich die harte Notwendigkeit, die Toten zu begraben; kurz zuvor wird eine große Überschwemmung stattgefunden haben. Das Oberhaupt der Kirche (der Papst oder Peter der Römer?) wird gefangengenommen und »ausrangiert« werden. Die Burg (die Engelsburg, die sich am Ufer des Tiber befindet) und der Palast (des Vatikan) werden in Flammen aufgehen.

X, 20
Tous les amis qu'auront tenu party,
Pour rude en lettres mis mort et saccagé:
Biens publiez par fixe grand néanty,
Onc Romain peuple ne fut tant outragé.

Im Altfranzösischen bedeutet »fixion« (zu »fixe«): registrieren, erfassen.

Alle Freunde der politischen Parteien werden durch die Härte der Presse in Leid und Tod gestürzt, nachdem die Großvermögen im einzelnen registriert und öffentlich bekanntgegeben wurden. Nie zuvor war das römische Volk derart entrüstet.

II, 65

Le parc enclin grande calamité,
Par l'Hespérie & Insubre fera,
Le feu en nef peste et captivité,
Mercure en l'Arc Saturne fenera.

Im Altfranzösischen bedeutet »parc« befestigtes Lager, »enclin« niederreißen, zerstören und »fener« schneiden, mähen. Insubrer (»Insubre«) ist der alte Name für einen Bewohner von Mailand. Saturn ist der Gott der Zeit.

Die Zerstörung des befestigten Lagers (Hauptquartier?) wird die Menschen im Westen und die Norditaliener in eine große Katastrophe stürzen. Die Kirche (der Vatikan?) wird zum Zeitpunkt der Seuche und der Gefangennahme (des Papstes?) in Flammen stehen; Merkur wird dann im Schützen stehen, und es wird eine Ära des Todes sein.

III, 17

Mont Aventin brusler nuict sera veu,
Le ciel obscur tout à un coup en Flandres,
Quand le monarque chassera son neveu,
Leurs gens d'Eglise commettront les esclandres.

Im Altfranzösischen bedeutet »neveu« Enkelsohn und »esclandre« beleidigen, Skandale hervorrufen.

Bei Nacht wird der Monte Aventino[1] brennen; in Belgien wird sich der Himmel plötzlich verfinstern, wenn der König seinen Enkelsohn hinauswirft und die kirchlichen Würdenträger Skandale hervorrufen.

VII, 37

Dix envoyez, chef de nef mettre à mort,
D'un adverty, en classe guerre ouverte:

---

[1] Monte Aventino: einer der sieben Hügel Roms.

Confusion chef, l'un se picque & mord,
Leryn, Stecades nefs, cap dedans la nerte.

Das Wort »mordre« (zu »mord«) ist altfranzösisch in der Bedeutung: Mörder. Die »Stecades« sind die der Stadt Hyère vorgelagerten sog. Goldenen oder Hyèrischen Inseln (Iles d'Hyères). »Nerto« (zu »nerte«) ist der provenzalische Name eines Ortes bei Marseille (der Nerthe-Tunnel).

Zehn Leute werden ausgesandt werden, um das Oberhaupt der Kirche (den Papst) zu ermorden; doch dieser wird gewarnt sein. Man wird sich inmitten eines Krieges befinden, und das (Ober-)Haupt (der Kirche) wird in Bedrängnis geraten; einer sticht sich (spritzt sich Drogen?) und begeht seinen Mord; währenddessen werden die (Kriegs-)Schiffe im Bereich der Lérins[1]-Inselkette und der Goldenen Inseln sein und Kurs auf Marseille nehmen.

VIII, 73

Soldat barbare le grand Roy frappera,
Injustement non esloigné de mort,
L'avare mere du faict cause sera,
Conjurateur et regne en grand remort.

Die Awaren, ein zu den Hunnen gehörender tatarischer Barbarenstamm, lebten in der Gebirgslandschaft des Altai. Das Wort »mere« ist die altfranzösische Bezeichnung für ein Boot mit großem Tiefgang, und »remort« heißt Zerreißen, Verletzung. Ein »conjurateur« ist jemand, der sich übernatürliche Kräfte anmaßt, um Dinge heraufzubeschwören, die Schaden anrichten können.

Kurz vor seinem Tod, der ihn auf unbillige Weise ereilt, wird der große König (Heinrich) die islamischen Truppen schlagen. Die asiatische Flotte wird das Ereignis (seinen Tod) auslösen, und derjenige, der das böse Schicksal heraufzubeschwören versucht, wird zerrissen werden und seine Macht verlieren.

V, 44

Par mer le rouge sera pris de pyrates,
La paix sera par son moyen troublée:
L'ire & l'avare commettra par sainct acte
Au grand pontife sera l'armée doublée.

---

[1] Lérins-Inseln: Inselgruppe vor Cannes.

Das Wort »ire« steht für Iris, einen Fluß in Kleinasien (der Türkei), der ins Schwarze Meer mündet, und bezeichnet hier die Türkei; »doubler« (zu »doublée«) ist altfranzösisch für falten, zurückweichen, zurückrollen.

Das Rote (China) wird auf dem Meer Piraterie betreiben und damit den Frieden stören; die Türkei und China werden den Heiligen Krieg führen. Die Streitkräfte des großen Pontifex werden zurückweichen.

IV, 15
D'où pensera faire venir famine,
De là viendra le rassasiement:
L'oeil de la mer par avare canine,
Pour de l'un l'autre donra huyle, froment.

Das Auge (»oeil«) steht hier im übertragenen Sinne für Hoheit und Macht wie in der Redewendung »das wachsame Auge des Meisters«. *Caninus* ist lateinisch für aggressiv.

Von dort, wo man glaubt, den Hunger erwarten zu müssen, wird die Sättigung kommen; nachdem die asiatische Aggression die Hoheit über das Meer gewonnen hat, werden alle mit Nahrungsmitteln versorgt werden.

VI, 93
Prélat avare, d'ambition trompé,
Rien ne fera que trop cuider viendra:
Ses messagers, & luy bien attrapé,
Tous au rebours voir qui le bois fendroit.

Im Altfranzösischen bedeutet »prélat«: der Überlegene oder Führer; »cuider« heißt glauben, sich vorstellen, und »rebours« ist die Weigerung.

Der asiatische Führer wird durch seinen Ehrgeiz in die Irre geführt und nichts wird an der Tatsache rütteln, daß er allzusehr auf sich selbst gebaut hat. Seine Botschafter und er selbst werden hereingelegt, und ungeachtet seiner ganzen Bemühungen wird ihm alles verweigert werden.

Sechszeiler 34
Princes & Seigneurs tous se feront la guerre,
Cousin germain le frère avec le frère,
Fini l'Arby de l'heureux de Bourbon,

> De Hiérusalem les Princes tant aimables,
> Du fait commis énorme & exécrable,
> Se ressentiront sur la bourse sans fond.

»Arby« ist eine durch Epenthese verwandelte Form des altfranzösischen »arbitrie«, was soviel bedeutet wie Schlichtung, Vermittlung.

Staatschefs und militärische Führer werden einander bekriegen, Vettern und Brüder werden gegeneinander kämpfen; dies wird das Ende der Vermittlungsbemühungen des glücklichen Bourbonen sein. Einer ungeheuerlichen und verabscheuungswürdigen Untat wegen werden die so freundlich gesinnten Regierenden in Jerusalem die Folgen des Zusammenbruchs der Börse spüren (den Untergang des kapitalistischen Systems).

Der Sieg des Westens und der universale Frieden

Wie Johannes in seiner Offenbarung (»Fesselung des Satans auf tausend Jahre«), kündigt auch Nostradamus weltweiten Frieden und eine spirituelle Erneuerung an.

IV, 39
> Les Rhodiens demanderont secours,
> Par le neglect de ses hoirs délaissée,
> L'Empire Arabe ravalera son cours,
> Par Hespéries la cause redressée.

Das Wort »ravalera« leitet sich von dem altfranzösischen Verb »ravaler« ab, in der Bedeutung: erniedrigen, zum Abstieg bringen.

Die Bewohner von Rhodos werden um Hilfe rufen, nachdem ihre Erben sie in ihrer Unbekümmertheit im Stich gelassen haben. Das arabische Reich wird seinen Eifer bremsen. Die Situation wird vom Westen (Vereinigte Staaten) her wieder in Ordnung gebracht werden.

X, 74
> Au revole du grand nombre septiesme,
> Apparoistra au temps jeux d'Hécatombe:
> Non esloigné du grand eage milliesme,
> Que les entrez sortiront de leur tombe.

Der Terminus »revole« leitet sich von dem altfranzösischen Verb »revoler« her und bedeutet soviel wie umkehren. *Hecatombe* ist das griechische Wort für ein Opfer im Wert von hundert Rindern und im weiteren Sinne von hundert Leben.

Wenn sich die große siebte Zahl (siebentes Jahrtausend: das Jahr 2000) nähert, wird eine Zeit des ungeheuren Blutvergießens anbrechen; dann wird es nicht mehr lange dauern, bis die tausend Jahre (des universalen Friedens) beginnen (2026 bis 3000). Jene, die ins Grab (oder in einen schützenden Unterschlupf) gegangen waren, werden dann wieder hervortreten (spirituelle Erneuerung).

VII, 41
Les os des pieds & les mains enserrez,
Par bruit maison longtemps inabitée,
Seront par songes concavant deterrez,
Maison salubre & sans bruit habités.

Im Altfranzösischen bedeutet »songe« Schlaf und »concaver« graben.

Jene, deren Knochen an Händen und Füßen gebunden waren (jene, die in Fesseln lagen) und deren Häuser infolge des Krieges lange Zeit unbewohnt waren, werden aus der Erde ans Licht gebracht, also ausgegraben werden – wie in einem Traum –, um in sicheren Häusern ohne Krieg zu leben.

HYPOTHESEN ZUR CHRONOLOGIE

Im folgenden werden verschiedene Vier- und Sechszeiler mit astronomischen Angaben zusammengestellt, die ich dank der unschätzbaren Hilfe eines befreundeten Astrologen erläutern konnte. Einige Gestirnkonstellationen sind selten, andere kommen häufig vor; letztere ermöglichen keine präzise Datierung von Ereignissen, und so bleiben Texte mit solchen Angaben hier unberücksichtigt. Da konkrete Zeitangaben in den Schriften des Nostradamus nun einmal ausgesprochene Mangelware sind, sind astronomische Angaben besonders wertvoll. Die chronologische Zuordnung reicht bis ins Jahr 2025, dem Jahr also, in dem die Prophezeiungen enden.

Wenn Nostradamus auf die Astronomie zurückgreift, so verweist er dabei auf die Gleichzeitigkeit bestimmter Konstellationen und Ereignisse, ohne dabei jedoch einen ursächlichen Bezug zwischen den Sternen und der Geschichte der Menschheit herzustellen. Diese Vorgehensweise ermöglicht es ihm, in seine Texte Zeitangaben einfließen zu lassen. Dies ist zweifellos der Grund, warum er in seinem Brief an Heinrich, König von Frankreich, schreibt, daß er jeden Vierzeiler mit einem Datum hätte versehen können. Auch hinsichtlich der Zuordnung von Symbolen zu Planeten und Konstellationen greift er auf die Astrologie zurück: Mars steht für Krieg; Venus als weibliches Sinnbild der Marianne[1] für die Republik; Neptun, Gott des Meeres, und sein Dreizack für England; Saturn für das Goldene Zeitalter und so weiter. Gelegentlich verkompliziert er die Sache weiter, indem er in ein und demselben Text eine astronomische Zeitangabe und ein astrologisches Symbol miteinander verknüpft.

10. August 2002 oder 27. Juli 2017

VIII, 2
Condom & Aux & autour de Mirande,
Je voy du ciel feu qui les environne:
Sol Mars conjoinct au Lyon, puis Marmande,
Foudre grand gresle, mur tombe dans Garonne.

Ich sehe, wie die Städte Condom, Auch, Morande und deren Umgebung in ein vom Himmel fallendes Feuer gehüllt sind, wenn die Sonne mit Mars im Sternbild des Löwen in Konjunktion steht. Blitz und Hagel (Bomben?) werden die Mauern in die Garonne stürzen lassen.
Die beiden folgenden Vierzeiler beziehen sich wahrscheinlich auf dasselbe Ereignis wie der vorausgehende:

I, 79
Bazaz, Lestore, Condom, Ausch, Agine,
Esmeus par loix, querelle & monopole:
Car, Bourd, Tholose Bay mettra en ruine,
Renouveller voulant leur tauropole.

1 Marianne: natürliche Personifikation (in Frauengestalt) der Französischen Republik; ursprünglich von deren Gegnern abwertend gebraucht, nach dem Namen einer sozialistischen Geheimgesellschaft der Restaurationszeit; mit der Symbolgestalt der Freiheit verschmolzen wird die Marianne zumeist mit der Jakobinermütze dargestellt.

»Esmeus« leitet sich von dem altfranzösischen Verb »esmoveor« ab und bedeutet hervorrufen, erregen; »monopole« heißt Konspiration, Verschwörung, und »renouveler« steht für wiederbeleben, wieder aufleben lassen. In der Mythologie ist Tauropolos der Beiname der Artemis; als Apollon mit der Sonne (Helios) gleichgesetzt wurde, betrachtete man Artemis als die Mondgöttin Selene; bei Nostradamus gilt der Mond als Symbol für den Islam.

Die Bewohner von Basas (Stadt in der Gironde), Lectoure, Condom, Auch (Städte im Département Gers) und Agen werden sich gegen die Gesetze, die Zwistigkeiten und eine Verschwörung erheben. Die dortigen Muslime möchten (ihre Zwistigkeiten) wieder aufleben lassen und werden Car(cassonne), Bord(eaux), Toulouse und Bay(onne) in Trümmer legen.

I, 46
Tout aupres d'Aux, de Lestore & Mirande,
Grand feu du ciel en trois nuits tombera:
Cause adviendra bien stupende & mirande,
Bien peu après la terre tremblera.

Im Lateinischen bedeut sowohl *stupere* als auch *mirari* erstaunen, verblüffen.

Ganz in der Nähe der Städte Auch, Lectoure und Mirande (Städte im Département Gers) wird drei Nächte lang ein gewaltiges Feuer vom Himmel fallen. Die Ursache dafür wird höchst verblüffend und erstaunlich sein, und kurze Zeit später wird die Erde beben (Anlandung von Truppen?).

Ob es sich bei diesem Feuer, das vom Himmel fällt, wohl um Bombenangriffe vor einer möglichen Truppenanlandung handelt?

September 2004

VIII, 48
Saturne en Cancer, Jupiter avec Mars,
Dedans Février Chaldondon salvaterre:
Sault Castallon asailly de trois parts,
Près de Verbiesque conflit mortelle guerre.

»Chaldondon« ist die französierte Variante des griechischen Wortes *Chaldaiois,* zu deutsch: chaldäisch oder babylonisch, heute also irakisch. Die Verdoppelung der Silbe »don« dient lediglich dem Reim. Salvaterra ist eine kleine portugiesische Stadt unweit des Tajo. Salvaterre ist eine zu Zwecken des Reims gewählte Abwandlung des lateinischen *salvator,* Retter. »Sault« ist altfranzösisch für Meerenge, Engpaß; in Verbindung mit Castulon, dem alten Namen der spanischen Stadt Cazorla in der Provinz Granada, steht der Begriff hier wahrscheinlich für die Meerenge von Gibraltar. Bei »Verbiesque« wurde in Anlehnung an das Lateinische stellvertretend für die Konjunktion »und« ein »que« angehängt; Verbier ist eine Stadt im Schweizer Wallis unweit des Mont-Blanc-Tunnels und des Tessin.

Wenn Saturn im Krebs und Jupiter mit Mars in Konjunktion steht (im September 2004), wird im Februar im Irak ein Retter auf den Plan treten; die Meerenge von Gibraltar wird von drei Seiten her angegriffen werden, und der Konflikt im Wallis (Schweiz) wird zu einem tödlichen Krieg werden.

18. Juni 2006

V, 14
Saturne & Mars en Leo Espagne captisve,
Par chef Lybique au conflict attrapé,
Proche de Malte heredde prinse vive,
Et Romain sceptre sera par Coq frappé.

Leo ist lateinisch für Löwe. Das altfranzösische »heredde« heißt Erbe (siehe auch Kapitel III, »die Erben des Romulus«, I, 9).
Wenn Saturn und Mars im Sternbild Löwe in Konjunktion stehen (18. Juni 2006), wird Spanien eingenommen werden; während der libysche Staatschef in den Konflikt hineingezogen wird und die Erben (des Romulus, die Italiener also) lebend gefangengenommen worden sind, wird die (politische oder religiöse?) Führung in Rom von den Franzosen geschlagen werden.

27. bis 29. September 2004 oder 10. bis 11. Dezember 2006

III, 3
Mars & Mercure, et l'argent joint ensemble,
Vers le Midy extreme siccité:

Au fond d'Asie on dira terre tremble,
Corinthe, Ephèse lors en perplexité.

Mit dem Wort Silber (»argent«) verweist Nostradamus auf das unter dem Einfluß von Jupiter stehende silberne Zeitalter, und »perplexité« ist altfranzösisch in der Bedeutung: verworrene Zusammenhänge.

Während einer Konjunktion von Mars, Merkur und Jupiter wird es im Mittelmeerraum (islamische Länder) eine große Dürre geben. Am Ende von Asien (in Japan) wird man sagen, die Erde habe gebebt, während in Griechenland (»Corinthe«) und der Türkei (»Éphèse«) das Chaos herrschen wird.

Der folgende Vierzeiler bezieht sich wahrscheinlich auf denselben Zeitraum:

II, 52
Dans plusieurs nuits la terre tremblera,
Sur le printemps deux efforts suite,
Corinthe, Ephèse aux deux mers nagera,
Guerre s'esmeut par deux vaillants de luite.

Im Altfranzösischen bedeutet »vaillant« von großer Tüchtigkeit, und »luite« steht für Kampf.

Die Erde wird mehrere Nächte lang beben (in Japan, wie im vorangegangenen Vierzeiler?). Im Frühling (2003, 2005 oder 2007) wird es zwei versuchte Offensiven (Truppenanlandungen?) geben; (eine Flotte) wird zwischen zwei Meeren (Schwarzes Meer und Ägäis?) Kurs auf Griechenland und die Türkei nehmen; zwei Persönlichkeiten von großer Tüchtigkeit im Kampfe (militärische Führer) werden in den Krieg treten.

Vom 30. Oktober 2009 bis Oktober 2012

Sechszeiler 4
D'un rond, d'un lis, naistra un si grand Prince,
Bien tost, & tard venu dans sa Province,
Saturne en Libra en exaltation:
Maison de Vénus en décroissante force,
Dame en après masculin sous l'escorce,
Pour maintenir l'heureux sang de Bourbon.

Dieser Sechszeiler ist ein gutes Beispiel dafür, wie Nostradamus in einem Text eine astronomische Angabe und ein astrologisches Symbol nebeneinanderstellt.

Das Wort »rond« leitet sich vom lateinischen *rota* ab, der Bezeichnung für die Sonnenscheibe. Die Großschreibung des Begriffes »Province« – zu deutsch Provinz – legt nahe, daß es sich hier um die Provinz schlechthin, also um die Provence *(Provincia romana)* handelt. *Libra* ist der lateinische Terminus für Waage. Das Haus der Venus (»maison de Vénus«) steht für die Republik; die Dame versinnbildlicht die Königin. Das altfranzösische »escorce« heißt soviel wie Haut.

Von der Sonne und aus der Lilie (der Bourbonen) wird ein sehr großer Fürst hervorgehen, der rechzeitig kommt (für Frankreich – vor 2009), doch spät in der Provence (zwischen 2009 und 2012), wenn Saturn im Sternbild Waage erhöht steht. Die Republik wird ihre Kraft verloren haben. Danach wird die Königin mit einem Jungen schwanger sein, damit das glückliche Blut der Bourbonen erhalten bleibe.

Juni 2012

> I, 16
> Faux à l'Estang, joinct vers le Sagittaire,
> En son haut auge et exaltation:
> Peste, famine, mort de main militaire,
> Le siècle approche de rénovation.

Die Sense (»faux«) ist ebenso wie die Sanduhr eines der Attribute des Planeten Saturn, dessen Symbol eine Sense mit darübergestelltem Kreuz ist. »Estang« ist als Bezeichnung für das Sternbild Skorpion zu verstehen. Dieses feste oder unbeugsame Wasserzeichen stellt das ruhende Wasser dar. Das altfranzösische Wort »auge« ist ein Synonym für die »Apsiden«, also die äußersten Punkte der großen Achse der elliptischen Bahn, die ein Planet um die Sonne beschreibt. Die am weitesten von der Sonne entfernte Apside wird als Aphel oder obere Apside (»hault auge«), die am nächsten liegende als Perihel oder untere Apside bezeichnet. Der französische Begriff »exaltation«, zu deutsch: Erhöhung, bezeichnet in der Astrologie eine Planetenstellung, die je nach ihrer Art die sich bei der Horoskopinterpretation ergebenden Aussagen positiv oder negativ verstärkt. Diese Konstellation ist im Jahre 2015 gegeben; darüber hinaus wird es im Juni desselben Jahres zu einem höchst seltenen Phänomen kommen, dann nämlich, wenn Saturn im Skorpion den Fixstern Haleka verdunkeln wird.

Wenn Saturn im Aphel und erhöht im Sternbild Skorpion steht und sich in Konjunktion mit dem Schützen befindet, wird eine Seuche ausbrechen und eine Hungersnot kommen; es wird Tote wegen des Krieges geben. Doch das Jahrhundert der Erneuerung (das Goldene Wassermannzeitalter) naht.

Aus diesem Vierzeiler kann man schließen, daß Nostradamus den Beginn des Wassermannzeitalters auf das Jahr 2026 datiert.

15. August 2015

V, 25
Le Prince Arabe Mars, Sol, Vénus, Lyon,
Regne d'Eglise par mer succombera:
Devers la Perse bien près d'un million,
Bisance, Egypte ver.serp. invadera.

Der Begriff *ver.serp.* ist die abgekürzte Form des lateinischen *verus serpens,* die echte Schlange – hier möglicherweise ein Sinnbild für den asiatischen Drachen. »Succombera« leitet sich von dem altfranzösischen Verb »succomber« ab in der Bedeutung: zerstören, in Trümmer legen; und »invadera« kommt von »invadir«, zu deutsch: attackieren, angreifen.

Wenn Mars, Sonne und Venus im Löwen in Konjunktion stehen, wird der arabische Führer vom Wasser her die Macht der Kirche vernichten; sobald sich eine Million (Soldaten) im Iran zusammengezogen haben, wird die Schlange (China) die Türkei und Ägypten angreifen.

4. Juni 2024

Sechszeiler 49
Venus & Sol, Jupiter & Mercure,
Augmenteront le genre de nature
Grande alliance en France se fera,
Et du Midy la sangsue de mesme,
Le feu esteint par ce remède extrême,
En terre ferme Oliver plantera.

Feste Erde (»terre ferme«) bedeutet Kontinent. Der Olivenbaum (»oliver«) ist das Symbol sowohl des Friedens als auch des israelischen Staates.

Wenn Venus und Sonne sowie Jupiter und Merkur in Konjunktion stehen, verbessert sich das Wesen der Natur (Erneuerung der Umwelt?). Ein großes Bündnis wird in Frankreich, den islamischen und kapitalistischen Ländern (USA?) geschlossen werden, und dem Krieg wird durch dieses letzte Mittel Einhalt geboten. Der Friede wird auf dem (europäischen) Kontinent und in Israel Einzug halten.

EPILOG

Der universale Friede

Befrage man doch die Geschichte nicht, ob die Menschen im Ganzen rein sittlicher geworden! Zu ausgedehnter, umfassender Willkür sind sie herangewachsen; aber beinahe wurde es notwendig durch ihre Lage, daß sie diese Willkür fast nur zum Bösen anwendeten.

JOHANN GOTTLIEB FICHTE
Die Bestimmung des Menschen

Du hattest nicht die Wahl zwischen dem Goldenen Zeitalter und der Steinzeit.

ARAGON, *Le Roman inachevé*

Es ist zu hoffen, daß das düstere Szenario, das Nostradamus in seinen Schriften malt und das hier dargelegt wurde, nicht unausweichlich ist. Nach seiner Reise in einen Teil des Zeit-Raum-Kontinuums hinterließ der Prophet im Jahre 1555 der Nachwelt seine gesamte »Vision«. Trotz des, wie er selber schreibt, »Verschlüsselns« seiner Prophezeiungen, sowohl was die chronologische Reihenfolge als auch was bestimmte Ereignisse anbelangt, muß man sich fragen, welches wohl sein Hauptanliegen war. Es ist kaum anzunehmen, daß er aus einer sadistischen Freude heraus Angst und Schrecken unter ganze Generationen nach ihm verbreiten wollte.

In dem seinem prophetischen Werk vorangestellten – am Schluß des vorliegenden Bands abgedruckten – Brief an seinen Sohn César schreibt Nostradamus: »Deine späte Ankunft, mein Sohn César Nostradamus, ließ mich lange Zeit die Nächte durchwachen, um diese Schrift zu verfassen, auf daß sie nach Deines Vaters Tod in Deine Hände übergehe und das Wissen dem allgemeinen Wohl der Menschheit diene.« Dies ist sicherlich ein Satz, der einen kleinen Hoffnungsschimmer am wolkenverhangenen Himmel erkennen läßt.

In seinem Brief an Heinrich, König von Frankreich, kündigt Nostradamus am Ende aller Leiden eine Zeit des Friedens und der Erneuerung auf der Erde an: »Nach dieser den Menschen sehr lang erscheinenden Zeit (fünfundzwanzig Jahre) wird das Antlitz der Erde durch die Ankunft des Goldenen Zeitalters seine Erneuerung erfahren. Gott, der Schöpfer, der um das Leid seines Volkes weiß, wird den Satan in Ketten legen und in den Abgrund der Hölle werfen lassen, in den tiefen Graben: Dann wird zwischen Gott und den Menschen allumfassender Friede herrschen, und Satan wird ungefähr tausend Jahre lang in Fesseln bleiben; dies wird die Macht der Kirche stärken. Und dann wird er wieder aus seinen Fesseln befreit ... « Diese Textstelle deckt sich genau mit Kapitel 20 der Offenbarung des Johannes: »Dann sah ich einen Engel vom Himmel herabsteigen; auf seiner Hand trug er den Schlüssel zum Abgrund und eine schwere Kette. Er überwältigte den Drachen, die alte Schlange – das ist der Teufel oder der Satan –, und er fesselte ihn für tausend Jahre. Er warf ihn in den Abgrund, verschloß diesen und drückte ein Siegel darauf, damit der Drache die

Völker nicht mehr verführen konnte, bis die tausend Jahre vollendet sind. Danach muß er für kurze Zeit freigelassen werden.«

Seit dem Erscheinen von *Nostradamus, Historiker und Prophet* haben bereits mehrere »rote Warnlichter« aufgeleuchtet. Der zunehmende Einfluß des islamischen Fundamentalismus in allen muslimischen Ländern bedroht die Stabilität mehrerer Staaten. Die Revolution im Iran im Jahre 1978 hat zur Gründung einer anti-westlichen islamischen Republik geführt. Was, wenn die sogenannten gemäßigten Staaten ähnliche Entwicklungen durchmachen würden? Im Maghreb sind bereits derartige Strömungen unterschwellig zu spüren. In Ägypten werden Christen ermordet und Kirchen in Brand gesteckt, und die islamische Bedrohung wächst von Tag zu Tag.

In Europa brodelt der Hexenkessel des Balkan. Im ehemaligen Jugoslawien geschieht unter dem Namen der ethnischen Säuberung vor unser aller Augen ein Völkermord; Muslime werden von den gleichen Serben verfolgt und ermordet, die auch mit den Kroaten und den bosnischen Katholiken im Krieg liegen. Groß-Serbien ist auf dem Vormarsch, und weder Europa noch die internationale Staatengemeinschaft sind in der Lage, dieser Entwicklung Einhalt zu gebieten.

Der Kaukasus wird von nationalistischen und separatistischen Bewegungen erschüttert, die mit dem Zusammenbruch der Sowjetunion aus ihrem Dornröschenschlaf erwacht sind: Tschetschenien, Ossetien, Aserbaidschan (Nagorny-Karabach). In der Gemeinschaft Unabhängiger Staaten sind mehrere fundamentale Probleme ungelöst geblieben. So wollen die Staaten des Baltikum keine russischen Truppen mehr auf ihrem Boden dulden; Rußland will die militärische Kontrolle eines strategisch wichtigen Teils der Ukraine – der Krim am Schwarzen Meer – nicht aufgeben, ganz zu schweigen von den Kurilen, die einen permanenten Zankapfel zwischen Russen und Japanern bilden. Der Westen hat sich womöglich allzu früh über den Zusammenbruch des Sowjetreiches gefreut, denn Kommunisten oder Ex-Kommunisten sind entweder immer noch an der Macht oder warten hinter den Kulissen auf ihre Rückkehr. Unter dem vielsagenden Titel »Die Rückkehr des imperialen Rußland« schrieb Jean-Baptiste Naudet am 20. April 1995 in *Le Monde:* »Auf der internationalen Bühne scheut Moskau nicht mehr davor zurück, den Westen herauszufordern ... Ob im Nahen Osten oder in Afrika – der Kremel hat sich mit den ›Parias‹ eingelassen: mit dem Iran, dem er gegen den ausdrücklichen Rat Washingtons ein Nuklearpaket verkauft; mit dem Irak, dem er dabei helfen will, eine Aufhebung des von der UNO verhängten Ölembargos zu erreichen ...; mit dem Sudan, mit dem er gerade im Begriff stehen dürfte, ein Abkommen über wirtschaftliche und technische Zusammenarbeit abzuschließen (erinnern wir uns an dieser Stelle daran, daß im sudanesischen Khartum erst vor kurzem eine Konferenz der islamischen Staaten zu Ende gegangen ist, auf der extrem anti-westliche Standpunkte vertreten wurden)... Trotz allen Rückzugs hat Rußland seine Brückenköpfe in Amerika (Kuba) und Asien nicht völlig aufgegeben. In Vietnam will Rußland auch weiterhin den Flugzeugträgerstützpunkt Cam Ranh für seine Pazifikflotte nutzen, während die Amerikaner sich von den Philippinen zurückziehen ... Doch am aktivsten zeigt sich Rußland sicherlich in Europa und darüber hinaus auf dem Balkan. Es tritt immer offener für die Serben ein ... Es macht sich für eine Aufhebung der Sanktionen gegen Belgrad stark ... Während des an Sarajewo gestellten Ultimatums vor einem Jahr beschworen russische Diplomaten gar das Gespenst eines dritten Weltkriegs herauf, sollte die NATO in Aktion treten ...« Diese Beschreibung der Situation weist durchaus »nostradamische« Züge auf, wenn man sie im Lichte der in diesem Buch erläuterten Prophezeiungen betrachtet. Es wäre uns allen zweifellos lieber, wenn nichts von alledem eintreffen würde.

Leider gibt es darüber hinaus noch weitere Krisenzonen und Massaker. Auch die versuchte Auslöschung des kurdischen Volkes im Grenzgebiet zwischen Türkei, Iran und Irak ist ein Völkermord, wenn auch nur hinter vorgehaltener Hand davon gesprochen wird. In Palästina und Israel lasten Gewalt und Intoleranz als schwere Hypothek auf einem Friedensprozeß, dessen Ausgang immer fraglicher erscheint. Nostradamus hat in diesem Teil der Welt ein explosives Potential gesehen, das den gesamten Planeten in Brand stecken könnte. Eine nur allzu logische Hypothese, wenn man die russische Parteinahme für die am vehementesten anti-israelisch orientierten arabischen Staaten wie den Iran, den Irak oder den Sudan betrachtet.

Wie ist es um die Nützlichkeit und Wirksamkeit internationaler Organisationen (UNO) bestellt, wenn man bedenkt, daß der Stammeskrieg in Ruanda trotz ihres Eingreifens bisher bereits eine halbe bis eine Million Tote gefordert hat und das Blutvergießen noch immer kein Ende gefunden hat? Nostradamus hat diese Unfähigkeit der Friedenskonferenzen von Genf – vergangene und zukünftige – vorausgesehen: »Die Reden vom Genfer See werden zu Zwistigkeiten führen« und »Die Fehler von Genf werden klar zutage treten«.

Betrachtet man einmal nüchtern den Zustand der Welt seit Beginn dieses Jahrhunderts, so gelangt man zu der Erkenntnis, daß nie zuvor in der Geschichte sich so viele Menschen mit solcher Grausamkeit gegenseitig umgebracht haben, wo doch die modernen Waffensysteme, die an die Stelle des Schwertes getreten sind, ein Morden aus der Distanz ermöglichen! Im August 1945 genügte ein Knopfdruck, um innerhalb weniger Sekunden in Hiroschima das Leben von einhundertachtzigtausend Japanern auszulöschen ...

Im kollektiven Unbewußten lauert derzeit das Gefühl einer drohenden Katastrophe. Der Mensch hat es in der Hand, diesem bereits in Gang gesetzten Prozeß Einhalt zu gebieten, wenn er es nur will. Sicher, er hat noch nie auf die Warnungen von Propheten und Prophezeiungen gehört, und deshalb nimmt er auch um so vehementer aus freiem Willen an der Vollendung der Katastrophen teil, je mehr man ihn davor warnt.

Die »klugen Köpfe« unserer materialistischen und rationalistischen Gesellschaft tragen ihren Teil der Verantwortung, wenn die apokalyptischen Visionen Wirklichkeit werden. Sie wenden sich auf das schärfste gegen prophetische Schriften mit dem Argument, es sei unmöglich, in die Zukunft zu sehen. Dennoch liefern sie nicht einmal die Spur eines Beweises für diese ihre Behauptung. Anstatt die Schriften des Nostradamus als Unsinn, Geschwätz und Hirngespinst abzutun, sollten sie ihre Energie lieber darauf verwenden, den Propheten Lügen zu strafen, damit der Mensch nicht bis zum Jahre 2026 zu warten braucht, um den universalen Frieden zu erleben und er bis dahin durch eine Katastrophe gehen muß, die – sollte sie tatsächlich eintreffen – zwei Drittel der Menschheit dahinraffen würde. Es wäre nur zu wünschen, wenn wir zu Beginn des einundzwanzigsten Jahrhunderts das Gegenteil von dem sagen könnten, was Georges Clemenceau 1919 in seinem *Discours de paix* (»Abhandlungen über den Frieden«) geschrieben hat: »Es ist leichter, Krieg zu führen als Frieden zu schließen.« Auf die heutige Zeit trifft dieser Satz leider immer noch zu.

Das Goldene Zeitalter oder die Ära des Wassermanns mit seinem Füllhorn ist nahe. Die Rettung der Menschheit erfolgt im wesentlichen über den Weg einer spirituellen Erneuerung. André Malreaux hat es so formuliert: »Das einundzwanzigste Jahrhundert wird entweder spirituell oder gar nicht sein.« Möge der Mensch so handeln, daß wir es erleben...

AKTUALISIERUNG
ZUM 30. SEPTEMBER 1995

In der nostradamischen Zukunftsvision werden parallel zueinander Ereignisse geschildert, die oft nicht nur zeitlich, sondern auch räumlich weit voneinander entfernt sind. So kann es sein, daß manche der Dinge, von denen in einem Vierzeiler berichtet wird, zu dem Zeitpunkt, da man darüber schreibt, bereits eingetreten sind, andere aber noch in der Zukunft liegen. Aus diesem Grunde ist es notwendig, die Deutungen und Kommentare ständig im Lichte geschichtlicher Entwicklungen neu zu überdenken und zu korrigieren.

Wie bei verschiedenen der im folgenden interpretierten Vierzeiler deutlich wird, wurde der islamische Terrorismus, der in Frankreich zum zweiten »Vigipirate-Plan« führte (ersterer betraf den Golfkrieg im Jahre 1991), von Nostradamus angekündigt, obgleich man den Namen des Planes selbst erst in dem Augenblick zuordnen konnte, als man von ihm erfuhr. Der Prophet verwendet das Wort »veille« (zu deutsch: Wache, Wachsamkeit) anstelle des gleichbedeutenden »vigi«, das sich vom lateinischen *vigilia* herleitet. Für die islamischen Fundamentalisten hingegen benutzt er den genauen Begriff: »pirate«! Manche der in den Schriften enthaltenen Angaben werden erst in dem Augenblick verständlich, in dem das entsprechende Ereignis eingetreten ist – eine Tatsache, die sich bei der Deutung und Übertragung als eine der Hauptfehlerquellen erweist.

So läßt sich in den Prophezeiungen zwar eine allgemeine Darstellung der Ereignisse erkennen, deren Einzelheiten uns aber erst im Laufe der Zeit verständlich werden. Es ist also Aufgabe des Exegeten, die fehlenden Teile des Puzzles zu ergänzen. Wichtig ist auch die Feststellung, daß ein in einem Vierzeiler beschriebenes Ereignis oftmals ein Vorzeichen für die nachfolgenden Geschehnisse ist, das als eine Art »Warnlicht« im großen Buch der Menschheitsgeschichte aufleuchtet.

GENF
ZENTRUM DER FRIEDENSKONFERENZEN

I, 47

Du Lac Léman les sermons fascheront,
Des jours seront réduits par des semaines:
Puis moins puis ans, puis tous defailleront,
Les Magistrats damneront leurs lois vaines.

Die Reden vom Genfer See werden zu Zwistigkeiten führen; Tage werden sich in Wochen verwandeln, dann in Monate und schließlich in Jahre. Dann wird alles zusammenbrechen, und die Magistraten werden jene nutzlosen Statuten verdammen.

Die erste »Genfer Konvention« wurde am 22. August 1864 geschlossen. Sie wurde 1905 und 1929 revidiert. Weitere Vereinbarungen wurden am 12. August 1949 unterzeichnet. Heute kann man nicht umhin festzustellen, daß diese Reden (»sermons«), wie Nostradamus sie nennt, von den Unterzeichnerstaaten nicht eingehalten worden sind.

Am Freitag, dem 8. September, fand in Genf wieder einmal eine Konferenz über das ehemalige Jugoslawien statt. Dabei wurde zugleich die Integrität und die Teilung Bosniens anerkannt. Wenn wir diesem Vierzeiler Glauben schenken, dann dürfte auch diese neuerliche Konferenz zu keinem Frieden führen.

V, 85

Par les Sueves et lieux circonvoisins,
Seront en guerre pour cause de nuées:
Camp marins locustes & cousins,
Du Léman fautes seront bien desnuées.

Deutschland und die Nachbarstaaten (Balkanstaaten?) werden sich wegen der drohenden Massen (Anspielung auf die vielen ethnischen Gruppierungen?) im Kriegszustand befinden. Flugzeuge und Amphibienfahrzeuge werden landen (ihre Lager an der Küste aufschlagen). Die Fehler von Genf (der »Lac Léman« ist der Genfer See) werden klar zutage treten. (Das lateinische Wort *locusta* bedeutet Heuschrecke, und »cousins« sind Stechmücken, die in feuchten Uferzonen vorkommen).

VII, 23

Despit le règne numismes descriés,
Et seront peuples esmeus contre leur Roy:
Paix, fait nouveau, seinctes lois empirées
Rapis onc fut en si tres dur arroy.

Wegen der Geldentwertung (»numismes« leitet sich ab vom lateinischen *nomisma*, Geldstück, und »descriés« kommt von »descrier«, entwerten) wird die Macht mit Verachtung gestraft (»despit« ist die altfranzösische Variante von »mépris«, in der

Bedeutung von verachten), und die Völker werden sich gegen ihr Staatsoberhaupt erheben (»esmuer« ist altfranzösisch für sich erheben). Man wird von Frieden sprechen, was ein Novum sein wird (Friedenskonferenz zwischen Israelis und Arabern), die Moralvorschriften werden verfallen (Anstieg der Kriminalität), und nie zuvor hat es in Paris (»Rapis« ist ein Anagramm für Paris) so viel Durcheinander und Chaos gegeben.

Dieser Vierzeiler liefert uns eine getreue Beschreibung der derzeitigen Situation in Frankreich und der westlichen Welt ganz allgemein.

Das Börsentief, die Unmöglichkeit von Steuersenkungen angesichts des Defizits im Staatshaushalt (vergleiche auch den vorangegangenen Vierzeiler 28, Centurium VII), die Attentate der islamischen Fundamentalisten in Paris, die Verhängung des Ausnahmezustands (Vigipirate-Plan) über die französische Metropole und die wichtigsten Großstädte – das alles sind Warnlichter, die auf ROT gehen. Nie zuvor hat es in Paris so viel Durcheinander und Chaos gegeben, wie aufgrund der allgemeinen Verunsicherung, die durch die Terroristen verbreitet wird. Andererseits ist die bei Meinungsumfragen zutage tretende geringe Popularität des Staatschefs und der Regierung als solche zum Dauerzustand geworden. Die Gewerkschaften mobilisieren ihre Kräfte gegen die herrschende Macht, und selbst die Arbeitgeberschaft übt Kritik an den getroffenen Entscheidungen. Wie es wohl weitergehen wird?

III, 3
Mars et Mercure, & l'argent joint ensemble,
Vers le Midy extreme siccité:
Au fond d'Asie on dira terre tremble,
Corinthe, Ephèse lors en perplexité.

Krieg (Mars ist der Gott des Krieges) (Balkan und Kaukasus), Korruption (Merkur ist der Gott der Diebe) und die Macht des Geldes werden gemeinsam regieren. Im Mittelmeerraum wird es eine große Dürre geben. Japan wird von ungeheuren Erdbeben heimgesucht, und Griechenland und die Türkei werden sich großen Problemen gegenübersehen (Balkanfrage, Makedonien?).

Unter dem Titel »Griechenland-Türkei, Turbulenzen« veröffentlichte die Zeitschrift *L'Express* am 17. Juni 1995 einen Artikel, in dem zu lesen stand: »Die Türkei und Griechenland, die sich schon seit Urzeiten wie Hund und Katze gegenüberstehen, versuchen nun erneut, sich in der Auseinandersetzung um ihre Hoheitsgewässer gegenseitig zu überbieten. Und dazu noch die Marinemanöver und die ›Kriegsvollmachten‹, die der türkischen Regierung vom Parlament in Ankara übertragen wurden – alles nur, um Athen zu schaden. Das Verhältnis zwischen den beiden verfeindeten Brüdern des Ägäischen Meeres hat auf diese Weise drastisch an Spannung zugenommen ... «

Andererseits war in *Le Monde* in der Ausgabe vom 31. Mai 1995 unter dem Titel: »Islam nach türkischer Art« folgendes zu lesen: »Die Türkei ist der Schauplatz für den Aufstieg des Islam, der vor einem Jahr im Sieg der religiösen Parteien bei den Wahlen zu den Städteparlamenten seinen konkreten Ausdruck fand. Diese Entwicklung hat zu Reibungen in jenem Land geführt, das in der muslimischen Welt als Pionier für die Trennung von Kirche und Staat aufgetreten ist ... Kämen die unverbesserlichen Traditionalisten an die Macht, so wäre dies das Ende der Republik. Die Türkei ist in Gefahr.«

Angesichts der Tatsache, daß die Türkei eigentlich eher dem Westen zugeneigt ist, versteht man die Bedeutung des Anschwellens fundamentalistischer Einflüsse in diesem Land, dem traditionell eine Brückenfunktion zwischen Europa und Asien zukommt.

VII, 14
Faux exposer viendra topographie,
Seront les cruches des monuments ouvertes:
Pulluler secte faincte philosophie,
Pour blanches, noires & pour antiques vertes.

Der Schwindel wird beim Besuch der Stätten offengelegt. Man wird Monumente in Form von Krügen entdecken (»ouvertes« ist eine durch Aphärese verkürzte Form von »découvertes«, zu deutsch: entdeckt). Sekten werden sich mit falschen Philosophien ausbreiten, ob es sich nun um weiße oder schwarze (Magie) oder islamischen (Fundamentalismus [»vertes«, also Grün, ist die Farbe des Islam als Symbol des Heils]) handelt .

Und waren nicht in der Presse tatsächlich Fotos der Tempel von Mandarom zu sehen, deren Dächer die Form umgekehrter Krüge aufweisen? In der Zeitschrift *Challenges économiques* war im Januar 1993 zu lesen: »Der Wanderer, der durch die Heide schlendert, sieht sich urplötzlich der ›heiligen Stadt von Mandarom‹ gegenüber – ein Dutzend Tempel *(Monumente)* zu Ehren des goldenen Lotus, flankiert von dreißig Meter hoch aufragenden riesigen Statuen zur Ehre von Buddha und Hamsh Manara, alias Gilbert Bourdin.« Es ist verständlich, daß sich Nostradamus bei dieser Sekte aufhält, die sich in seiner provenzalischen Heimat niedergelassen hat.

In diesem Vierzeiler ist das Wort »ouvertes« sowohl in seiner ersten Bedeutung von offen als auch in Sinne einer synkopischen Verkürzung von »découvertes«, zu deutsch: entdeckt, zu verstehen. Am 17. Juni 1995 war in *L'Express* unter dem Titel »Mandarom, der Guru verliert seine Herrlichkeit« folgendes zu lesen: »Am Montag wurde der Guru der Sekte ›Ritter des goldenen Lotus‹ im Morgengrauen in seinem lotusförmigen Turm (bei Nostradamus heißt es: in Form eines *Kruges*) auf den Höhen von Castellane verhört, den er nur selten verließ ... In den letzten Monaten hatte die zuständige Polizei Gelegenheit, das von Bourdin geschaffene ›Guruland‹ zu besuchen ...«

Eine Seuche: Aids oder eine andere?

In verschiedenen der zuvor kommentierten Vierzeilern lesen wir von einer Seuche oder Geißel im Zusammenhang mit Hungersnöten. Handelt es sich bei dieser Seuche etwa um Aids oder – schlimmer noch – eine Mutation des diese Krankheit verursachenden Virus, dessen Übertragung sich auf die gleiche Weise wie bei der Grippe vollziehen würde? Diese Horrorvision wird in *Outbreak*, einem Film mit Dustin Hoffman und Donald Sutherland, gezeichnet, in dem die unkontrollierte Mutation einer vom Pentagon 1967 im Kongo (Zaire) versuchsmäßig eingesetzten bakteriologischen Waffe eine Seuche auslöst. Einer der Vierzeiler von Nostradamus rückt ein vergleichbares Szenario mit Ausgangspunkt in Italien in den Bereich des Möglichen:

IV, 48
Planure Ausonne fertile, spatieuse,
Produira taons si tant de sauterelles,
Clarté solaire deviendra nubileuse,
Ronger le tout grand peste venir d'elles.

Das Wort »Planure« ist die französierte Form von *planura*, lateinisch für Ebene. »Ausonne«, lateinisch *Ausonia,* ist der alte

Name für Italien. Bei der großen, fruchtbaren Ebene Italiens, von der hier die Rede ist, handelt es sich um die Poebene. »Taons« (Stechfliegen) und »sauterelles« (Heuschrecken) werden in mehreren Vierzeilern als Bezeichnung für Luftstreitkräfte (Flugzeuge und Raketen) verwendet. »Produira« kommt vom lateinischen *producere*, was so viel heißt wie führen, ausrücken lassen.

Über die fruchtbare und weite Ebene Italiens wird eine so große Menge an Raketen und Flugzeugen ausrücken, daß die Sonne wie mit Wolken verdeckt sein wird. Eine Seuche wird von diesen Waffen ins Land gebracht werden, die alles vernichten wird.

Aller Wahrscheinlichkeit nach ist das Aidsvirus nicht in der Lage, eine derartige »Entvölkerung« zu bewirken. *Le Monde* schreibt am 31. Mai 1995 unter dem Titel »Die Geheimnisse des neuen Virus«: »Innerhalb weniger Tage hat die in Zaire ausgebrochene Epidemie des hämorrhagischen Fiebers die jahrhundertealten Ängste wiederaufflammen lassen, wie sie beim Auftreten eines neuen, hochgradig ansteckenden Erregers entstehen. So wird nach dem Aidsvirus nun der Ebola-Erreger, von dem bis gestern die meisten von uns noch nie etwas gehört hatten, auf brutale Weise zum aktuellsten Symbol der sogenannten neuen Ansteckungskrankheiten, vor denen Biologen wie Mediziner gleichermaßen machtlos dazustehen scheinen. Seit Anfang der sechziger Jahre wurden etwa dreißig neue für den Menschen pathogene Viren identifiziert ... In den letzten zehn Jahren war die Anzahl neu entdeckter Erreger besonders hoch ...«

Wirft man Nostradamus Schwarzmalerei vor, so sollte man bedenken, daß die oft katastrophalen Aussichten nur ein Abbild der Wirklichkeit unserer realen Umwelt sind. Die dramatischen Ereignisse der Gegenwart werden wie in diesem Beispiel in aller Regelmäßigkeit in den Medien beschrieben, denen man dies keinesfalls zum Vorwurf macht.

X, 88
Pieds & cheval à la seconde veille,
Feront entrée vastient tout par la mer:
Dedans le poil entrera de Marseille,
Pleurs, crys, & sang, onc nul temps si amer.

Das Wort »poil« ist altfranzösisch und heißt soviel wie Beute. Die Infanterie und ein Kontingent von Panzerfahrzeugen werden nach dem zweiten »VIGI«(PIRATE-Plan) eindringen und vom Meer her in Marseille alles verwüsten, nur um Beute zu machen. Tränen, Schreie, Blut – nie zuvor wird es eine solch bittere Zeit gegeben haben.

Der zweite Plan könnte sich gut und gerne auf den »Vigipirate-Plan« beziehen, der zur Bekämpfung von Terroranschlägen in Aktion gesetzt wurde. Nicht nur, daß sich »vigi« vom lateinischen *vigilia,* Wachen, Wachsamkeit, herleitet – auch die Eingreiftruppen, die im Anschluß an die Besetzung Kuweits durch die Soldaten Saddam Husseins in den Persischen Golf entsandt wurden, liefen unter dem Namen »Operation Vigipirate«. Wie bereits in bezug auf andere Vierzeiler erläutert, können in ein und demselben Text verschiedene Ereignisse miteinander verknüpft sein, selbst wenn diese zeitlich weit auseinanderliegen. Das erste Ereignis ist dann als Vorzeichen für die weiteren zu betrachten.

IV, 77
SELIN Monarque l'Italie pacifique
Regnes unis, roy chrestien du monde,
Mourant voudra coucher en terre blesique,
Après pyrates avoir chassé de l'onde.

Das Wort »blésique« ist eine Abwandlung von »Blésois«, der Bezeichnung für die Einwohner von Blois.

Nach dem Tod des islamischen Führers wird in Italien Frieden einkehren, und die Länder werden in Einigkeit leben; der christliche König aller Völker wird in Blois begraben werden wollen, nachdem er die Piraten (oder Barbaresken) vom Meer vertrieben hat.

Wie so oft, verwendet Nostradamus auch hier den genauen Begriff, wie er später in die Geschichte eingehen wird. Er bezeichnet die islamischen Fundamentalisten als Piraten (»pirates«), ein Begriff, der im sechzehnten Jahrhundert gang und gäbe war. Wer aber hätte vorhersehen können, daß die französische Regierung viereinhalb Jahrhunderte später ihren Plan zur Bekämpfung des islamischen Terrorismus »Vigipirate-Plan« nennen würde? Im weiteren Text finden wir denselben Namen auch in Centurium V, Vierzeiler 44, wieder. All dies sind »Warnlichter«, die eines nach dem anderen im Zuge der Verwirklichung der prophetischen Vision vor unserem Auge aufleuchten.

X, 72
L'an mil neuf cens nonante neuf sept mois,
Du ciel viendra un grand roi d'effraieur:
Resusciter le grand Roy d'Angolmois,
Avant après Mars régner par bon heur.

Im Juli 1999 wird ein großer Schreckensherrscher von Asien kommen und den großen König von Angoumois oder der Mongolen wiedererwecken. Vor und nach 1999 wird der Krieg (Mars, Gott des Krieges) herrschen, zum Glück.

Mit der Wendung »du ciel viendra«, zu deutsch: »vom Himmel kommen«, wird sicher nicht gesagt, daß es sich hier um eine Invasion Außerirdischer handelt, wie in vielen Deutungsbüchern zu lesen ist. Nostradamus mag hier zwei Dinge gemeint haben: entweder eine Invasion auf dem Luftweg (Flugzeuge oder Raketen) oder aus China, dem Reich des Himmels bzw. himmlischen Königreich.

In *Le Monde* vom 27. September 1995 schreibt Francis Deron unter dem ausgesprochen »nostradamischen« Titel »China wehrt sich gegen den westlichen Hegemonismus«: »Peking bemüht sich um die Pflege neuer sino-russischer Beziehungen und spielt dabei seine Karte als Dritte-Welt-Land aus. Der chinesische Außenminister Quian Qichen und sein amerikanischer Amtskollege Warren Christopher sollen diese Woche in New York am Rande der Hauptversammlung der Vereinten Nationen zusammentreffen ... Diese Wiederaufnahme diplomatischer Kontakte hindert Peking nicht daran, die dritte Welt gegen den Westen ausspielen zu wollen ...«

Seit dem Zusammenbruch des Sowjetreiches formiert sich ein neuer anti-westlicher Block, der hier erwähnt wird. Er wird gebildet aus China, Rußland und der Dritten Welt, in der der Islam stark vertreten ist. Die zentrale Gestalt in diesem Block – Nostradamus bezeichnet sie als »Antichrist« –, von der aber auch in vielen anderen Prophezeiungen die Rede ist, dürfte also nicht lange auf sich warten lassen.

III, 84
La grand cité sera bien désolée,
Des habitants un seul n'y demourra:
Mur, sexe, temple, & vierge violée,
Par fer, feu, peste, canon peuple mourra.

Die große Stadt (Paris) wird wie ausgestorben sein. Kein einziger Einwohner wird mehr dort bleiben, nachdem in ihren Mauern Menschen beiderlei Geschlechts Gewalt angetan wurde, die Kirchen entheiligt und die Mädchen geschändet wurden. Durch das Eisen, das Feuer, durch Seuchen und Bombenhagel wird die Bevölkerung zugrundegehen.

Als die fundamentalistischen Terroristen in Paris ihre Anschläge verübten, verwendeten sie dazu Butangasflaschen, die sie mit Bolzen oder anderen Metallteilen gefüllt hatten. Man braucht keine besondere Phantasie, um dies mit Nostradamus' Ankündigung in Verbindung zu bringen: »Durch das Eisen, das Feuer, ... wird die Bevölkerung zugrundegehen.«

ANHANG

Von Nostradamus
vorhergesehene
Ereignisse 1555 – 1994

VON NOSTRADAMUS VORHERGESEHENE EREIGNISSE 1555 BIS 1994

(Vergleiche hierzu auch *Nostradamus, Historiker und Prophet,* in dem die Ereignisse teilweise wiedergegeben wurden)

Das Ancien régime

1557	Krieg zwischen dem Herzog von Alba und dem Herzog von Guise[1] (VII, 29).
1559	Tod von König Heinrich II. von Frankreich in einem Turnier (I, 35).
1560	Die Verschwörung von Amboise, der Aufruhr und der Krieg des Hauses Guise (IV, 62 und XII, 52).
1562	Der Krieg von Condé (XII, 52).
1565	Belagerung von Malta durch die Türken (IX, 61).
1566	Nostradamus sagt seinen eigenen Tod für den 2. Juli voraus (Weissagung 141).
1571	Einnahme von Zypern durch die Türken. Schlacht von Lepanto zwischen Christen und dem Osmanischen Reich (XII, 36; III, 64; VI, 75).
1572	Das Blutbad der Bartholomäusnacht und die Ermordung Colignys[2] (Sechszeiler 52 und IV, 8).
1574 – 1575	Der Krieg der „Politiker" – Heinrich III. und der Herzog von Alençon (VI, 11).

1 Guise: franz. Herzogsfamilie, seit 1527 Nebenlinie des Hauses Lothringen, nach der Stadt Guise an der Oise.
2 Coligny, Gaspar de: franz. Heerführer und Staatsmann (1519-1572); stand an der Spitze der Hugenotten und wurde in der Bartholomäusnacht ermordet.

1574-1576	Fünfter Kreuzzug (III, 98).
1588	Ermordung des Herzogs von Guise (III, 51).
1589	Ermordung Heinrichs III., Thronbesteigung Heinrichs IV., König von Frankreich (IV, 60). Belagerung von Paris durch Heinrich von Navarra (IX, 86).
1594	Weihe Heinrichs IV. in Chartres und dessen Einzug in Paris (IX, 86).
1600	Verfolgung der Astronomen Galilei, Kopernikus, Giordano Bruno bzw. ihrer Lehren (IV, 18).
1599-1602	Verrat an Heinrich IV. durch dessen Freund Biron, der daraufhin hingerichtet wird (Sechszeiler 6).
1610	Vertreibung der Mohamedaner aus Spanien (III, 20).
1625-1628	Belagerung von La Rochelle durch die Engländer (VI, 60 und IX, 18).
1632	Hinrichtung des Herzogs von Montmorency (IX, 18).
1634	Besetzung Lothringens (IX, 18).
1636	Krieg gegen das Haus Habsburg (IX, 18).
1640	Die Truppen Ludwigs XIII. besetzen Barcelona. Besetzung des Herzogtums Montserrat (VIII, 26).
1642	Tod Marias von Medici; ihr Exil in den unter spanischer Herrschaft stehenden Niederlanden (IX, 78).
1618-1648	Dreißigjähriger Krieg. Gaston von Orleans in Lothringen, seine geheime Heirat mit Margarete von Lothringen (VII, 9).
1646	Die französische Flotte wird vor der Küste Korsikas versenkt (III, 87). Die Ära Ludwigs XIV. (X, 98).
1649	Hinrichtung Karls I. von England. Cromwell als „Protektor" (X, 22).
1658-1714	Besetzung Belgiens durch Frankreich (IX, 49).
1683	Belagerung Wiens durch die Osmanen (X, 61).
1688	Aufstand in England. Verschwörung gegen James II. Landung Wilhelms von Oranien (IV, 89).
1689	Wilhelm von Oranien wird König von England (IV, 89).

1699	Krieg zwischen dem Osmanischen Reich und Rußland (I, 49).
1700	Der Herzog von Anjou wird König von Spanien. Spanischer Erbfolgekrieg (V,49).
1702-1717	Krieg der Liga von Augsburg. Der Herzog von Savoyen befreit die Provence. Aufstand der Kamisarden[1] und das Auftreten des Marschalls Villars (Weissagung 2 und IV, 99).
1715	Die Zeit der Régence[2] (III, 15).
1720	Die Pest in Marseille. Literatur und Philosophie im 18. Jahrhundert (II, 53 und IV, 28).
1732	Die Erbfolge der Farneser[3] in Italien (VIII, 66).
1769	Die Geburt von Napoleon Bonaparte (I, 60).

Die Französische Revolution

1789	Sturm auf die Bastille. Ballhausschwur (I, 65).
1791	Flucht der königlichen Familie nach Varennes (IX, 20).
1792	Krieg vor dem Niedergang der Monarchie (I, 37).
1792	Ende der Monarchie. Ausrufung der Ersten Republik (II, 2 und Brief an Heinrich, König von Frankreich).
1792-1799	Die sieben Jahre der Ersten Republik (VI, 63).
1792	Sturm auf die Tuilerien. Die königliche Familie wird in den Pariser Temple gesperrt. Die Kanonade von Valmy (IX, 34;IX, 58 und Sechszeiler 9).
1793	Der Prozeß Ludwigs XVI. Die Affäre um den eisernen Schrank. Hinrichtung Ludwigs XVI. Die Schreckensherrschaft „La Terreur". Flucht Ludwigs XVII. aus dem Gefängnis des »Temple«. Hinrichtung Marie-Antoinettes (VIII, 23; II, 58 und IX, 24).

1 Kamisarden: Hugenotten der Cevennen und des Languedoc; ihr Aufstand wurde im Cevennenkrieg 1702-1705 niedergeschlagen.
2 La Régence: Herrschaft des Herzogs von Orléans (1715-1723) nach dem Tod Ludwigs XIV.
3 Farnese: ital. Adelsgeschlecht, aus dem Papst Paul III. stammt. Er verlieh 1545 seinem natürlichen Sohn die Herzogtümer Parma und Piecenza.

	Das Bündnis Philipps von Orléans mit den Revolutionären und sein Tod. Das Blutbad von Nantes. Der Aufstand der Chouans[1] (II, 98, III, 66 und V, 33).
1794	Robespierre, die Schreckensherrschaft und der Kult des „höchsten Wesens". Die Bergpartei. (VIII, 80; IV, 63).
1795	Pitt der Jüngere gegen die Revolution; die Engländer unterstützen die Vendéer. Krieg zwischen Frankreich, Deutschland und Spanien (X, 40 und II, 39).
1796	Bonapartes erster Italienfeldzug. Die sardische Armee ergibt sich. Cremona und Mantua. Bonapartes erste Ehe (I, 24).
1797	Niederlage der Österreicher. Bonaparte in Verona und Venedig (VIII, 11 und VIII, 33).
1795-1799	Der vierjährige Pontifikat von Pius VI. und seine Absetzung durch Bonapartes Truppen (VI, 26).
1798-1802	Karl Emanuel II. wird König von Sardinien (VIII, 88).
1799	Das Ende der Ersten Republik. Der Staatsstreich vom 18. Brumaire (November). Der Ägyptenfeldzug. (VII, 13; I, 8).
1799-1814	Die vierzehnjährige Herrschaft von Napoleon I. (VII, 13).
1800	Masséna[2] in Genua. Die Niederlage der Österreicher. Napoleon in Mailand (VII, 39 und VII, 15).
1804	Krönung Napoleons und Ausrufung des Kaiserreichs (Sechszeiler 57 und I, 74).
1805	Der Herzog von Braunschweig und die Divisionen von Oranien, sein Geheimbündnis mit Dumouriez. Die Schlacht von Trafalgar. Die Verletzungen von Admiral Gravina (X, 46 und VII, 26).
1806	Würzburg – Ausgangspunkt der Napoleonischen Eroberungszüge. Annexion von Neapel und Si-

---

1 Chouans: königstreue Gegner der französ. Revolution in der Bretagne, die erbitterte Kleinkriege gegen die Republik und die Rückkehr Napoleons führten.
2 Masséna: André, Herzog von Rivoli und Fürst von Eßling, französischer Marschall (1758-1817).

	zilien. Die Erfindung der Raketen. Die Kontinentalsperre (X, 13; III, 25; IV. 43 und I, 75).
1807	Französische Truppen in Spanien. Verhandlungen der Pontifikalstaaten und deren Annexion (IV, 36).
1808-1809	Belagerung von Saragossa. Die spanische königliche Familie flüchtet nach Frankreich (I, 33, III, 75 und IV, 2).
1809	Zweite Eheschließung Napoleons mit Marie-Louise von Österreich. Religionsverfolgung in Italien und Verhaftung von Priestern (Sechszeiler 57 und VI, 9).
1810	Internierung von Papst Pius VII. in Fontainebleau. Scheidung Napoleons (VII, 73).
1812	Wellington in Saint-Jean-de-Luz und General Soult in Bayonne im Département Basses Pyrénées. Niederlage der Großen Armee. Rückzug aus Rußland. Die Beresina. (IV, 70; VII, 85 und VIII, 55).
1814	Die Schlacht von Reims. Die erste Abdankung. Der Verrat von Marie-Louise (I, 26 und III, 44).
1814	Niederlagen in Italien und die Schlacht von Toulouse (I, 33).
1815	Frankreichfeldzug und Napoleons Scheitern (I, 22).
1815	Rückkehr von der Insel Elba. Die Schlacht von Waterloo. Die zweite Abdankung. Napoleon wird von den Engländern gefangengenommen und nach Sankt-Helena ins Exil geschickt. Die Rückkehr der Bourbonen (X, 24; II, 11; I, 23 und IV, 75; I, 58).
1820	Ermordung des Herzogs von Berry durch Louvel (VI, 32).
1821	Napoleons Tod auf Sankt-Helena (IV, 35).
1825-1833	Griechischer Unabhängigkeitskrieg. Schlacht von Navarino. Blutbad von Chios und Tripolis. (IX, 75, V, 95 und VI, 55).
1830	Sturz der Bourbonen. Die Trikolore. Die Ermordung des letzten Condé. Die Aufstände von 1830 und 1848. (II, 69 und I, 39).
1832	Die Revolte in der Rue Saint-Merri (VII, 42).
1840/1861	Überführung der Asche Napoleons nach Frank-

	reich und Beisetzung im Invalidendom (I, 43).
1840-1847	Die siebenjährige Eroberung Algeriens (IX, 89).
1842	Unfalltod des ältesten Sohnes von Louis-Philippe (VII, 38).
1849	Krieg im Piemont. Niederlage von Mortara (IX, 31).
1854-1856	Napoleon III. Der Krimkrieg. Belagerung von Sewastopol (III, 68).
1858	Das Attentat von Orsini (V, 10).
1859	Der Italienfeldzug von Napoleon III. Napoleon III. in Bufalora. Einmarsch in Mailand. Die Franzosen in Turin und Novara. Die Versammlung der Tausend in Genua. (VIII, 12; I ,6, IV, 16).
1860	Viktor-Emanuel wird König von Italien, Florenz Hauptstadt. Frankreich annektiert Savoyen. Garibaldi von Sizilien bis Rom. Garibaldi und der „Zug der Tausend" (V, 39; V, 42; I, 11 und VII, 31).
1870	Die Emser Depesche; Bazaine in Metz. Garibaldi in Magnavacca und Ravenna. Ende der weltlichen Macht des Papsttums. Beschuß der Porta Pia in Rom. Das erste Vatikanische Konzil. Die Niederlage von Sedan. Die Dritte Republik (X, 7; IX, 3; III, 63; III, 37; II, 44).
1871	Landung Garibaldis in Marseille. Niederlage von Bourbaki in Le Mans und von Faidherbe in Cambrai. Die Armee des Ostens in Villersexel. Der Frankfurter Friede. Die Annektierung von Elsaß-Lothringen. Rom als Hauptstadt Italiens. Die Kommune, Bürgerkrieg (Sechszeiler 1;X, 51-1, 89-IV, 87-II, 77).
1883	Die Geburt Mussolinis zwischen Rimini und Patro (IX, 2).
1889	Die Geburt Hitlers (III, 58).
1830-1870	Vierzig Jahre Krieg für Frankreich (I, 17).
1870-1914	Vierzig Jahre Frieden (I, 17).

Das zwanzigste Jahrhundert
Der Kommunismus. Der Nationalsozialismus.
Die Weltkriege

20. Jahrh.	Jahrhundert der Linken (II, 10).
1900	Die Belle Époque (III, 18).
1914-1918	Erster Weltkrieg. Reims als Mittelpunkt des Krieges in Frankreich. Einnahme von Antwerpen durch die Deutschen (III, 18, X, 52).
1916/1918	Schlachten an der Somme (VI, 5).
1917	Bolschewistische Revolution. Ausländische Interventionen in Rußland. Das Geheimnis um die Ermordung der Romanows. Kommunismus und Revolutionsgesänge. Die Gefangenenlager. Stalin und der Sturz des Zaren (Weissagung 62, Weissagung 89; V, 26).
1908-1919	Die Balkankriege (II, 49).
1920	Mustafa Kemal. Die türkische Revolution. Der Zerfall des Osmanischen Reiches und der Verlust Ägyptens (II, 49; I, 40).
1922	Ausrufung der UdSSR (Weissagung 62).
1925	Genf als Mittelpunkt internationaler Konferenzen: Der Völkerbund und seine Nachfolgeorganisation, die UNO. Das Erscheinen des ersten Bandes von *Mein Kampf* (I, 47; V ,5).
1931	Alfons XIII. von Spanien geht ins Exil (I, 19).
1933	Hitlers Machtergreifung, die dreizehn Jahre seiner Macht (1933-1945). (VI, 84).
1934	Franco und die Revolte in Asturien. Der Nationalsozialismus und die Konzentrationslager (X, 48; VIII, 27).
1936	Franco wird in Burgos zum Regierungschef ernannt. Primo de Rivera als Begründer des spanischen Faschismus. Der Spanische Bürgerkrieg, die Einnahme von Sevilla. Das an Priestern verübte Massaker (IX, 16-VI, 19).
1938	Die Münchner Abkommen (I, 34, VI, 90).
1939	Tod Pius' XI. und Pontifikat Pius' XII. Das deutsch-russische Abkommen. Annexion der Slowakei und Polens. Die Maginot-Linie. Der Blitzkrieg und der Einmarsch in Polen (V, 56; V, 4, IX, 94, IV ,80, Sechszeiler 14).

1940	Einmarsch in den Niederlanden, in Belgien und Frankreich. Besetzung von Paris. Das Ende der Dritten Republik und die Regierung von Vichy. General de Gaulle: der zweite Thrasybulos. Die Demarkationslinie (VI, 30; Sechzeiler 54; Brief an Heinrich, König von Frankreich, I, 78).
1941	Einmarsch der Deutschen in Rußland (III, 33).
1942-1944	Zwanzig Monate totaler Besetzung Frankreichs durch die Deutschen. Die Gaskammern: Hitler, der neue Nero (VIII, 65; IX, 17).
1943-1944	Befreiung Italiens durch die Amerikaner, Engländer und Franzosen. Einnahme Roms. Befreiung Korsikas. Konferenz von Teheran (V, 99; V, 63; IX, 54; IV, 59).
1944	Attentat auf Hitler vom 20. Juli. Landung in der Normandie und der Provence. Entführung Petains durch die Deutschen, sein Verrat und seine Verbannung auf die Île d'Yeu (IX, 53; I, 29; X, 23; IV, 32 und III, 47).
	Landung in der Normandie (I, 29).
1945	Der Sturz des Dritten Reichs. Das Ende Mussolinis und des Faschismus auf der Piazza Colonna in Rom. Mussolini wird im Lastwagen nach Mailand transportiert und hingerichtet. Gemeinsames Vorgehen der amerikanischen, französischen, englischen und russischen Armeen an der Donau (VIII, 81; IX, 2; I, 10; II, 24).
1945	Zerstörung von Hiroschima und Nagasaki (II,6).
1945-1946	Der Nürnberger Prozeß. Der kalte Krieg (II, 38).
1948	Rückkehr der Juden nach Palästina. Gründung des Staates Israel. (II, 19).
1950	Die deutsch-französische Freundschaft (VIII, 3 bis).
1956	Der Ungarnaufstand und seine blutige Niederwerfung (II, 90).
1959	Der Sturz der Vierten Republik und die Rückkehr General de Gaulles an die Macht (III, 59).
1967	Der Sechstagekrieg (III, 97).
1973	Der Jom-Kippur-Krieg. Der Überraschungsangriff Ägyptens (Sechzeiler 32 und 35).
1974	Der Rücktritt von Golda Meir (VIII, 96).

1978	Iranische Revolution. Ajatollah Khomeini in Neauphle-le-Château (I, 70).
1979	Sturz des Schahs, Machtübernahme durch die Mullahs, Ausrufung der Islamischen Republik (X, 12).
1981	Die Rose (die Sozialisten) übernimmt die Macht in Frankreich. Die Lebensabschnitte von François Mitterand: 1916, 1966, 1970 und 1981 (1996). Die weltweite Verbreitung von Nostradamus' Prophezeiungen durch die Medien. Die Ermordung von Anwar el-Sadat. General Jaruselskis Staatsstreich und die Verfolgung der Kirche. Friedenskundgebungen. (II, 97 und V, 96; Sechszeiler 44; III, 2; II, 34; V, 73; I, 91).
1981-1984	Vom 10. Mai 1981 bis zum 20. Juli 1984: Drei Jahre und siebzig Tage roter Herrschaft im Elysée-Palast. (VI, 74).
1982	Falklandkrieg. Attentat auf Papst Johannes-Paul II. in Rom. (III, I, VIII, 94).
1985	Abbruch der diplomatischen Beziehungen zwischen Frankreich und dem Iran (Sechszeiler 8).
1986	Reaktorunglück von Tschernobyl, während der Halleysche Komet am Firmament gleich weit von Saturn und Mars entfernt war (IV, 67).
1988	Das Schisma des Erzbischof Lefebvre (V, 46). Überschwemmungen in Nîmes (X, 6).
1989	Rückkehr einiger Seminaristen Lefebvres von Écone in den Schoß der Kirche. Fall der Berliner Mauer und nächtliches Fest am Brandenburger Tor in Berlin in der Nacht des 31. Dezember (Weissagung 75, V, 81)
1990	Der Irak gegen den Westen: Überraschungsangriff auf Kuweit sieben Monate nach dem Fall der Berliner Mauer. Der Zerfall des Warschauer Paktes (VII, 23 und V, 81; II, 88).
1991	Bürgerkrieg in Jugoslawien. Niedergang des Kommunismus in der Sowjetunion nach siebzig Jahren, von der Ausrufung der UdSSR (30. Dezember 1922) bis zum August 1991 (II, 32; Brief an Heinrich, König von Frankreich, und Weissagung 21).
1994	Massaker von Hebron (VI, 88 und III, 12).

Hinweis:
Centurien sind mit römischen, Vierzeiler mit arabischen Ziffern bezeichnet. Zum Beispiel: (VI, 12) = Centurium 6, Vierzeiler 12.

BRIEF VON
MICHEL NOSTRADAMUS
AN SEINEN SOHN CÉSAR
ZU SEINEN PROPHEZEIHUNGEN
Gesundheit und Glück meinem Sohn
César Nostradamus

Deine späte Ankunft, mein Sohn César Nostradamus, ließ mich lange Zeit die Nächte durchwachen, um diese Schrift zu verfassen, auf daß sie nach deines Vaters Tod in deine Hände übergehe und das Wissen, welches mir das göttliche Wesen aus dem Lauf der Gestirne geoffenbart hat, dem allgemeinen Wohl der Menscheit diene. Und da du nach dem Ratschluß des unsterblichen Gottes nicht in dieser Region (Provence) das Licht der Welt erblickt hast – und ich will hier nicht von den Jahren sprechen, die erst kommen werden, sondern von deinen Mars-Monaten – wirst du in deinem beschränkten Verständnis unfähig sein zu verstehen, was ich dir nach meinem Tod übergeben muß, da es mir nicht möglich ist, dir schriftlich etwas zu hinterlassen, was in dieser ungerechten Zeit zerstört werden würde. Denn das Wort (der Klartext) der geheimen Prophezeiung, die du erben wirst, wird in meinem Herzen verschlossen sein. Bedenke auch, daß die menschlichen Geschicke nicht determiniert sind und alles von der unermeßlichen Allmacht Gottes gelenkt und geleitet wird, die uns die Inspiration weder im Rausch der Trunkenheit noch in Anfällen von Wahn, sondern durch die Sprache der Sterne zuteil werden läßt. Sie allein, vom göttlichen Willen und im besonderen von der Gabe der Weissagung beseelt, haben die Zukunft vorhergesagt. Wie oft schon habe ich lange Zeit vorher mehrfach vorausgesagt, was in den entsprechenden Gebieten inzwischen eingetreten ist. Dies alles ist dem Einfluß der göttlichen Kraft und Eingebung zuzuschreiben, wie auch andere Begebenheiten, deren plötzliches Eintreten im voraus angekündigt war und die sich seither in verschiedenen Gegenden der Erde ereignet haben. Doch wegen der Ungerechtigkeit nicht nur der Gegenwart (Inquisition), sondern auch der meisten künftigen Zeiten wollte ich schweigen und mein Werk aufgeben. Ich wollte es nicht (im Klartext) niederschreiben, weil die Regierungen, die Sekten und die Länder Veränderungen erleben werden, die in so diametralem Gegensatz zur Gegenwart stehen, daß, wenn ich die Zukunft enthüllen würde, die Vertreter der Regierungen, Sekten, Religionen und Überzeugungen sie mit ihren ausgeklügelten Vorstellungen derart unvereinbar fänden, daß sie zu verurteilen veranlaßt wären, was man erst in den kommenden Jahrhunderten zu sehen und zu erkennen wissen wird. Ich gedachte auch des Satzes unseres wahren Heilands: *Ihr sollt das Heilige nicht den Hunden geben, und eure Perlen sollt ihr nicht vor die Säue werfen! Sie könnten sie sonst mit ihren Füßen zertreten, sich wenden und euch zerreißen,* der mich dazu veranlaßt hat, meine Sprache dem Allgemeinverständlichen und meine Feder dem Papier zu entziehen. Darauf habe ich beschlossen, meine Aussage über die Machtergreifung des Gemeinen (Kommunismus) darzulegen und die Dinge der Zukunft, selbst die allernächsten, in verschlüsselte und rätselhafte Sätze zu kleiden. Und jene, die mir eingefallen sind, werden – welche Veränderungen die Menschheit auch erfahren wird – zarte Ohren nicht verletzen, da alles in einer nebelhaften Form beschrieben ist, deren ich mich mehr als alle anderen Propheten bedient habe. Denn *den Gelehrten und den Weisen, den Mächtigen und den Königen hast Du (o Gott) es verborgen und es geoffenbart den Kleinen und den Geringen* und den Propheten, denen durch die Gnade des ewigen Gottes und die guten Engel die Gabe der Weissagung zuteil wurde, dank derer sie weit entfernte Dinge erschauen und die Zukunft vorauszusagen vermögen. Denn nichts kann sich ohne IHN erfüllen. So groß ist Seine Macht und Güte gegenüber jenen, die diese Gabe erhalten haben, daß sie im Zustand der Selbstversenkung anderen Einflüssen ausgesetzt sind, die von demselben guten Geist herrühren. Dieses heilige Feuer und diese prophetische Kraft kommen über uns wie die Strahlen der Sonne, die ihre Wirkung auf einfache wie auf zusammengesetzte Körper ausüben. Wir Menschen aber vermögen mit Hilfe unserer natürlichen Fähigkeiten und unseres Verstandes die verborgenen Geheimnisse des

Schöpfers nicht zu ergründen, *denn wir kennen weder den Tag noch die Stunde etc.* Nun kann es freilich schon in der Gegenwart einzelne Personen geben, denen Gott, der Schöpfer, durch bildliche Eindrücke in Übereinstimmung mit den Gesetzen der judiziellen Astrologie auch manche Geheimnisse der Zukunft wie der Vergangenheit hat offenbaren wollen. Dadurch ist uns eine gewisse Macht und gottgewollte Fähigkeit geschenkt, welche, aufleuchtend wie die Flamme des Feuers, den Inspirierten befähigt, zwischen göttlichen und menschlichen Eingebungen zu unterscheiden. Denn die göttlichen Werke, welche alle absolut sind, vollendet Gott selbst; die mittleren vollenden die Engel, die dritten die bösen Geister.

Hier freilich, mein Sohn, spreche ich in allzu dunkler Weise zu dir. Was jedoch die verborgenen Prophezeiungen betrifft, so empfängt man sie bei der Beobachtung des Sternenhimmels während der Nachtwachen durch den Hauch des gestigen Feuers, das die Erkenntnisfähigkeit anregt; ebenso ist es bei den Verkündigungen selbst, bei denen es mir plötzlich gegeben war, ohne jede Fucht vor ehrfurchtloser Geschwätzigkeit Voraussagen niederzuschreiben. Wieso aber? Weil alles aus der heiligen Kraft des großen ewigen Gottes hervorging, von dem alles Gute ausgeht. Nun aber, mein Sohn, da ich schon das Wort Prophet erwähnt habe, möchte ich mir in der Gegenwart einen Titel von so hoher Erhabenheit doch nicht zulegen: denn *der heute Prophet genannt wird, hieß ehedem Seher,* Prophet im eigentlichen Sinn, mein Sohn, ist jener, der ferne Dinge durch die natürliche Erkenntnis aller Kreatur sieht; und wenn es so wäre, daß sich dem Propheten im vollkommenen Licht der Prophetie göttliche ebenso wie menschliche Dinge offenbarten, so kann dies deshalb nicht geschehen, weil sich die Wirkungen der Zukunftsvoraussage in weite Ferne erstrecken. Denn die Geheimnisse Gottes sind unbegreiflich, und Seine Schöpferkraft rührt von ferne an das weite Feld der menschlichen Erkenntnis, die ihren allerersten Ursprung im freien Willen hat. Sie offenbare jene Ursachen, die nicht aus sich selbst heraus erkennbar sind, weder durch menschliche Deutungen noch durch irgendeine andere Form der Erkenntnis oder okkulte Wissenschaft unter dem Himmelszelt, wenn auch die gesamte Ewigkeit, welche alle Zeiten in sich schließt, gegenwärtig ist. Aufgrund dieser Unteilbarkeit der Ewigkeit aber lassen sich im Zustand starker epilepsieartiger Erregung die Ursachen aus den Bewegungen der Himmelskörper erkennen.

Auf daß du mich recht verstehst, mein Sohn; ich sage nicht, daß die Kenntnis dieser Materie sich deinem beschränkten Gehirn nicht noch einprägen kann, beziehungsweise daß die in weiter Ferne liegenden Ursachen der Zukunft sich der Erkenntnis der vernunftbegabten Kreatur wahrlich nicht widersetzen, sind dieser gegenwärtige und entfernte Dinge keinesfalls allzu verborgen, noch allzu offenkundig. Die vollkommene Erkenntnis dieser Ursachen aber kann man nicht ohne göttliche Inspiration erlangen: denn jede prophetische Inspiration nimmt ihren eigentlichen Ursprung und Beweggrund von Gott, dem Schöpfer, erst danach von den zeitlichen Gegebenheiten und der Natur. Weil die Ursachen indifferent sind, sich indifferent verwirklichen oder nicht verwirklichen, tritt die Vorhersage nur teilweise so ein, wie sie vorausgesagt wurde. Denn die verstandesmäßige Erkenntnis kann das Verborgene nicht schauen, es sei denn mit Hilfe der Sprache des Tierkreises, mittels jenes winzigen Flämmchens, in dem ein Teil der Zukunftsursachen sich enthüllt.

Auch flehe ich dich an, mein Sohn, deinen Verstand niemals zu Träumereien und eitlen Wahnvorstellungen zu mißbrauchen, die den Körper auszehren, die Seele ins Verderben stürzen und unseren schwachen Verstand vewirren. Vor allem warne ich dich vor der Eitelkeit der abscheulichen Magie, die seit jeher von der Heiligen Schrift und den göttlichen Gesetzen verworfen wurde; davon ausgenommen ist die judizielle Astrologie, durch die ich aufgrund göttlicher Inspiration und Offenbarung mittels vieler langer Nachtwachen und Berechnungen meine Prophezeiungen niedergeschrieben habe. Befürchtend, daß dieses mein okkultes Wissen abgelehnt werden würde, wollte ich es in seiner schrankenlosen Überzeugungskraft niemals veröffentlichen. Obgleich ich selbst zu mehreren Büchern, die viele Jahrhunderte lang geheimgehalten worden waren, Zugang hatte, fürchtete ich, was mit ihnen geschehen würde, und habe sie, nachdem ich sie gelesen hatte, Vulcanus (dem Feuer) übergeben; und während er (es) sie verzehrte, ging von der auflodernden Flamme eine ungewöhnliche Helligkeit aus, heller als alle natürlichen Flammen, gleich dem Licht eines gewaltigen Blitzes, das mit einem Schlag das gesamte Haus erleuchtete, als stünde es plötzlich in Brand. So also habe ich sie in Asche verwandelt, auf daß sie nicht mißbraucht würden bei den Bestrebungen nach der vollkommenen Verwandlung sowohl des Mondes (Republik) wie der Sonne (Monarchie), die durch tiefgreifende Umstürze die edelsten Dinge unter die Erde bringen werden.

Was nun aber die Einsicht anbelangt, die sich mittels der astronomischen Erkenntnisse vervollkommnen läßt, so will ich dir folgendes sagen: Man kann Einsicht in zukünftige Ursachen gewinnen, indem man die Vorstellungen, die die Phantasie einem vorgaukelt, weit von sich weist, die örtlichen Besonderheiten durch übernatürliche göttliche Inspiration gemäß den Sternkonstellationen bestimmt, ebenso auch die Orte selbst und gewisse Abschnitte der Zeit, die ihre geheimnisvolle Bedeutung durch die Gnade und Kraft der göttlichen Allmacht besitzt, vor deren Allgegenwart die drei Zeiten zur Ewigkeit zusammengeschlossen sind, während ihr Ablauf an die vergangenen gegenwärtigen und zuküftigen Ursachen gebunden ist: *weil alles bloß und offen (vor Deinen Augen) liegt (o Herr).*

Deshalb, mein Sohn, kannst du trotz deines jugendlichen Verstandes leicht begreifen, daß Dinge, die sich ereignen sollen, durch die natürlichen Lichter am nächtlichen Himmel und mit Hilfe des Geistes der Weissagung prophezeit werden können. Nicht daß ich selbst mir den Titel oder die Würde eines Propheten beimessen möchte, aber durch die Inspiration der Offenbarung bin ich, ein sterblicher Mensch, mit meinen Sinnen vom Himmel nicht weiter entfernt als mit den Füßen von der Erde und *kann weder irren, noch getäuscht, noch enttäuscht werden.* Ich bin ein größerer Sünder als irgendeiner sonst auf dieser Welt und allen menschlichen Anfechtungen ausgesetzt. – An manchen Tagen aber werde ich plötzlich von mystischer Begeisterung ergriffen; und so habe ich durch langwierige Berechnungen, die mir meine nächtlichen Studien versüßten, prophetische Bücher verfaßt, die je hundert astronomisch berechnete Vierzeiler umfassen, welche ich mit Absicht ein wenig schwer durchschaubar verschlüsselt habe: Es sind fortlaufende Weissagungen von der Gegenwart bis zum Jahr 3797. Möglich, daß manche angesichts einer so großen Zeitspanne ihre Stirn zurückziehen werden; doch unter der vollen Wölbung des Mondes (in der Blütezeit der Republik) werden sie eintreten, und die Ursachen werden überall auf der Erde verstanden werden, mein Sohn. Denn wenn du das natürliche Alter des Menschen erreichst, wirst du in deiner Heimat, am Himmel, unter dem du selbst geboren bist, die vorausgesagten künftigen Ereignisse schauen. Doch nur der ewige Gott allein kennt die Ewigkeit Seines Lichts, das aus Ihm selbst hervorgeht. Jenen, denen Seine unermeßliche und unbegreifliche Größe durch eine lange, melancholische Inspiration Offenbarungen zuteil werden ließ, sage ich offen, daß die verborgenen Ursachen, die ihnen Gott geoffenbart hat, vor allem auf zwei Ursachen beruhen, die nur für den Verstand desjenigen faßbar sind, der die Gabe der Weissagung besitzt: Die erste wohnt im Geist des Menschen, der im Licht einer übernatürlichen Erleuchtung anhand der Sternenlehre weissagt; die zweite ist die ihm eingegebene Offenbarung, und diese bedeutet eine gewisse Partizipation an der Ewigkeit Gottes. Durch sie vermag der Prophet das zu beurteilen, was sein göttlicher Geist ihm durch Gott den Schöpfer selbst und seine natürliche Begabung zuteil werden ließ: daß nämlich das Vorausgesagte wahr und von himmlischer Herkunft ist. Eine solche Erleuchtung und die kleine Flamme sind von der größten Wirkung und von nicht geringerer Erhabenheit als die natürliche Klarheit (des Verstandes), deren natürliches Licht die Philosophen so selbstsicher macht, daß sie nach den Prinzipien des ersten Grundes (den Verstandesregeln) durch höchste Gelehrsamkeit bis in die tiefsten Tiefen vorgedrungen sind.

Ich will aber nicht weiter in die Tiefe gehen, als du es fassen kannst, mein Sohn; so wisse denn, daß ich die Wissenschaften eine so gewaltige und unvergleichliche Prahlerei begehen sehe, und die Welt vor dem großen Brand des Universums von so vielen Sintfluten (Zerstörungen) und so starken Überschwemmungen (Revolutionen) heimgesucht werden wird, daß kein Land von diesen Schrecken verschont bleiben wird; und dies wird so lange dauern, bis mit Ausnahme der Geschichte und der Topographie alles untergegangen sein wird: Vor und nach diesen Überschwemmungen (Revolutionen) wird es überdies in manchen Gegenden so wenig regnen, und Feuer und glühende Steine werden in so großer Menge vom Himmel fallen, daß nichts dem Brand entkommen wird: Dies wird sich kurz vor der letzten Konflagration (1999) ereignen. Denn bevor Mars (der Krieg) sein Jahrhunder (20. Jh.) vollendet, gegen Ende seiner letzten Periode, wird er nochmals die Herrschaft antreten; die einen werden mehrere Jahre lang vom Wassermann (Revolution) beherrscht sein, die anderen noch länger und ununterbrochener vom Krebs (dem wirtschaftlichen Ruin). Und nach dem Mond (der Republik), von dem wir jetzt geleitet werden, wird mit Hilfe der Allmacht Gottes, noch bevor er (sie) seinen (ihren) Zyklus vollendet hat, die Sonne (die Monarchie) wiederkehren und danach dann Saturn (das Goldene Zeitalter).

Denn gemäß den Himmelszeichen wird die Herrschaft Saturns (das Goldene Zeitalter) zurückkehren, und zwar allen Berechnungen zufolge dann, wenn die Welt sich einem explosionsartigen Umsturz nähert. Von jetzt an, da ich dies schreibe, wird die Welt immerhalb von 177 Jahren, 3 Monaten und 11 Tagen durch Pest, lange Hungersnöte und Kriege mehrmals vor und nach diesem festgesetzten Zeitpunkt so stark dezimiert werden, und so wenig Menschen werden überleben, daß man niemanden finden wird, der die Felder bestellen will, welche so lange brachliegen werden, wie sie zuvor genutzt wurden. Und dies wird, dem sichtbaren Urteil des Himmels (Astronomie) zufolge, wieder geschehen, bevor wir noch das 7. Millennium erreicht haben, das alles vollenden wird, und wenn wir uns dem 8. Millennium nähern, dort befindet sich das Firmament der 8. Sphäre, das von weiter Ausdehnung ist, und dort wird der große ewige Gott die Revolution vollenden; dort werden die Konstellationen am Himmel ihre Bewegung wiederaufnehmen, und die höhere Bewegung, die uns die Erde fest und stabil macht, *wird durch alle Zeitalter nicht gebeugt werden:* denn es kann nichts anderes geschehen als Sein Wille; mögen auch durch die Träumereien eines Mohammed zwiespältige Meinungen aufkommen, die alle Grenzen der Vernunft überschreiten. Darum stellt Gott der Schöpfer, durch die Botschaft Seiner Feuerboten mit ihrer Flamme, vor unsere Sinne und vor unsere Augen die Ursachen jener Zukunftsvorhersagen, die von Bedeutung für das künftige Ereignes sind, das sich dem Weissagenden offenbaren soll. Denn die Weissagung, die vom äußeren Licht (der Sterne) ausgeht, kommt zu einem unfehlbaren Urteil, wenn sie sich zum Teil dieses äußeren Lichtes als Mittel bebient. So beruht also jener Teil des Verständnisses, der über das Auge zu gehen scheint, nicht auf krankhaften Einbildungen der Phantasie: Nur zu offenkundig ist der Grund dafür, da alles vom Hauch der göttlichen Majestät vorausgesagt ist und dem, der prophezeit, mit Hilfe des Geistes der Engel eingegeben wird. Dieser heiligt seine Weissagungen, erleuchtet ihn, schaltet seine vordergründige Phantasie durch verschiedene nächtliche Erscheinungen aus, so daß er in der Gewißheit des Tages anhand astronomischer Berechnungen und mit Hilfe der allerheiligsten (Gabe der) Weissagung prophezeit, sich im übrigen nur seinem freien Mut anvertrauend.

Versuche nur zu dieser Stunde zu verstehen, mein Sohn, was ich durch meine Berechnungen, welche in Einklang mit der offenbarten Inspiration stehen, herausgefunden habe, denn das tödliche Schwert kommt auf uns zu durch Seuchen, durch einen furchtbareren Krieg, als ihn die Menschheit je erlebt hat, und durch Hungersnöte; und dieses Schwert wird über die Erde kommen und oftmals wiederkehren, denn die Sterne stehen in Übereinstimmung mit der Revolution, wie es geschrieben steht: *Mit eiserner Ruhr will ich ihre Ungerechtigkeiten heimsuchen, und mit Geißeln werde ich sie schlagen.* Denn eine Zeitlang wird der Herr Seine Barmherzigkeit nicht walten lassen, mein Sohn, bis die meisten meiner Prophezeiungen sich erfüllt und dadurch vollendet haben werden. Mehrmals im Verlauf dieser finsteren, stürmischen Zeiten wird der Herr sagen: *In den Staub treten will ich sie also, sie zerbrechen und kein Erbarmen kennen;* und tausend andere Ereignisse werden durch Überschwemmungen und anhaltende Regenfälle (Umstürze und Revolutionen) hervorgerufen werden, wie ich dies in meinen anderen Prophezeiungen mit größerer Ausführlichkeit schriftlich niedergelegt habe. Diese anderen Phrophezeiungen sind durchwegs in ungebundener Rede (Prosa) verfaßt und enthalten genaue Angaben über die Orte, die Zeiten und die vorherbestimmten Zeitpunkte, welche die Menschen, die nach uns kommen, erleben und erkennen werden, wenn jene Ereignisse mit untrüglicher Sicherheit eingetreten sein werden, die ich in diesen anderen Prophezeiungen in klarerer Sprache aufgezeichnet hatte. Trotzdem werden sie unter dem Nebelschleier erkennbar sein und verstanden werden. *Einst aber wird die Unwissenheit aufgehoben sein,* dann wird hierüber größere Klarheit herrschen.

Zum Abschluß, mein Sohn, nimm also dieses Geschenk von deinem Vater Michel Nostradamus entgegen, der hofft, daß du jede einzelne der in diesen Vierzeilern enthaltenen Prophezeiungen weitergeben wirst. Ich bete zum ewigen Gott, er möge dir ein langes Leben in Glück und Gnade verleihen.

Salon, am 1. März 1555*

---

* Der Text des Briefes an den Sohn César wurde entnommen aus: Jean-Charles de Fontbrune, *Nostradamus – Historiker und Prophet,* Seite 29 – 37. Abdruck mit freundlichen Genehmigung der Paul Zsolnay Verlag Ges.m.b.H., Wien.

INHALT

PRÄAMBEL 7

KAPITEL I
Die Prophezeiung,
eine Reise durch das Raum-Zeit-Kontinuum 45

KAPITEL II
Das Ende der Europäischen Zivilisation – Vorzeichen 61

KAPITEL III
Islam und Christentum –
Dreizehn Jahrhunderte der Konfrontation 91

KAPITEL IV
Der Antichrist kommt aus Asien 173

EPILOG
Der universale Friede 201

AKTUALISIERUNG
Zum 30. September 1995 207

ANHANG
Von Nostradamus vorhergesehene
Ereignisse 1555 – 1994 219

Brief von Michel Nostradamus an seinen Sohn César. 231